쇠퇴하는
한국교회와
한 역사가의
일기

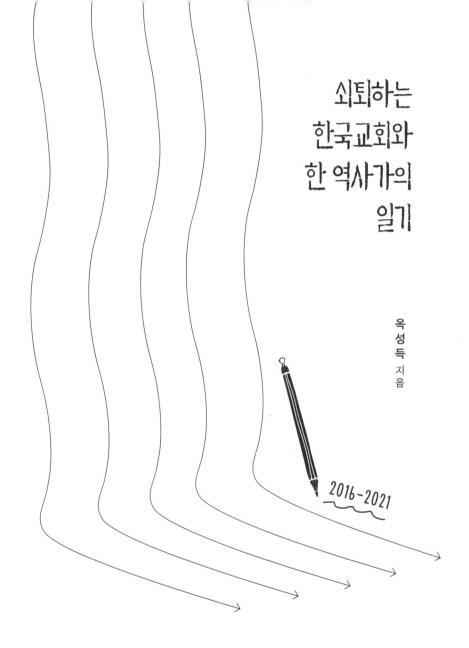

쇠퇴하는
한국교회와
한 역사가의
일기

옥성득 지음

2016-2021

새물결플러스

2018년

2019년

2020년

2021년

역사가가 하는 일은

단순명료하게 하는 것이 아니라 복잡하게 하는 것.

그는 잊고 지내던 과거의 낯선 사람과 사건을 들고 와서

현재의 밋밋하고 평평한 세계를 당혹하게 한다.

어제의 청동 거울에 지금의 세련된 얼굴을 비추어

희미해진 자아상에서 미래를 상상하게 만든다.

순례자처럼 지도도 없이 과거라는 이국에 가서

미지의 땅을 헤매며 온갖 인물을 만난다.

어떤 곳에서는 며칠을 머물고 되찾아간다.

역사가의 임무는

SNS 알고리즘을 깨는 것,

당대의 관심사를 뒤흔드는 것.

그의 언어는 애매하고 임시적이며

그의 이야기는 자주 다른 길로 빠진다.

고문서실에 쌓여 있는 먼지 덮인 자료들과

디지털 스크린마다 떠오르는 사료를 꼼꼼히 넘긴다.

때로 선무당 아마추어가 어떤 사료를 발견하고는

신대륙을 발견한 콜럼버스처럼 흥분해도

그는 해 아래 새것이 없다는 말을 던진다.

지난 6년간 쇠퇴하는 한국교회를 멀리서 바라보며

고뇌하며 쓴 글이다.

지난 한 해는 팬데믹으로 칩거가 늘면서 글이 더 길어졌다.

페이스북과 블로그와 유튜브로 나눈 이야기들이지만

사이버 공간의 글과 영상은 사막의 모래처럼

바람이 불면 흔적 없이 사라지기에

책 한 권으로 엮어보았다.

완결된 담화는 없지만

단상의 모래알에서

개혁의 돌팔매를 드는 예언자가,

묵시의 뜨인 돌을 보는 묵시가가,

도시 사막에 수도원을 짓는 성자들이 나오기를 바란다.

모래바람이 분다.

2016년

2014년 올해의 단어

1. 평형수(平衡水, ballast water)

2. 세월(歲月)

3. 골든타임(golden time)

4. 프란치스코 교황(Pope Francisco)

5. 섭리사관(攝理史觀)

6. 의리(義理)

7. 십상시(十常侍)

8. 바슈바르(waschbar)

9. LO(Liberation Organization, 解放機構)

10. 표절(剽竊, plagiarism)

11. 국제시장(國際市場)

12. 싱크홀(sinkhole)

2014년 올해의 단어로 평형수를 뽑아보았다. 돈이 되지 않는데도 보이지 않는 곳에서 묵묵히 자기 자리를 지키는 사람들이 사라지는 한국 사회는 복원력을 회복하기 힘들다. '국제시장'에서 생존을 위해 '굴뚝'에 올라가는 자들이 많아지는 사회는 'LO'(해방기구)를 부르며, '표절'로 정상에 올라가는 표절의 왕국 한국교회는 만사를 '섭리'로 정당화하고 '의리'로 '세월'을 유지해간다. 모든 것이 '세탁 가능'(waschbar)하고 무엇을 하든 '구원'을 얻을 수 있는 사회가 되면 '십상시'가 판을 친다. 골든타임을 놓치고 있는 한국 개신교회는 '싱크홀'처럼 무너지고 있다.

2015년의 정리
2015년 올해의 단어

1. 동성애·동성혼—사랑은 무엇이며 혼인은 무엇인가?

2. 부채춤—과 석고대죄로 반미 귀신 몰아내고 대사는 쾌유하시라.

3. 메르스(MERS, 중동 호흡기 증후군)—귀신 물러나거라.

3. 국정 국사 교과서 오신다—강단학파 기독교 분량을 서명으로 늘릴까?

4. 광복 70주년—평화의 기도는 계속된다.

5. 130주년(선교, 제중원, 교회, 학교)—은 없었다.

6. 표절 고발—앞에 연대하는 신학교 교수들, 고백은 언제 고대할까?

7. 봉은사역—은 멀고 코엑스는 가깝다.

8. 백석—으로 손잡고 횡령은 눈감았다고 전해라.

9. 육두품 교회—상위 1%의 강남스타일 교회시다, 잘 모셔라.

10. 가나안—선교의 현장

11. 다중직 부교역자―미생마를 살려라.

12. 종교인 과세―50년 만에 가진 납세권이로소이다.

1월 1일

성경을 소리 내어 읽어야 하는 이유

늘 그럴 수는 없겠지만 남에게 폐를 주지 않는 공간이라면 성경은 낭독하는 것이 좋다. 원래 경은 소리 내어 독경하다가 나중에는 몸을 흔들며 암송하는 것이 원칙이다. 묵독만 하는 경은 경이 아니다. 물론 교도소나 성경을 읽을 수 없는 곳에서는 암송한 경을 마음으로 외울 수 있지만 말이다.

구규(九竅)라는 말이 있다. 사람의 몸에 있는 아홉 개의 구멍을 말한다. 눈, 귀, 입, 코에 있는 양(陽)의 칠규(七竅)와 항문·요도에 있는 음(陰)의 이루(二漏)를 합쳐 아홉 구멍이 된다. 구혈(九穴), 구공(九孔), 구루(九漏), 구창(九瘡)이라고도 한다. 눈으로 책을 읽으면 눈구멍 두 개만 작동한다. 그러나 소리 내어 책을 읽으면 눈, 귀, 입, 코의 구멍 일곱 개가 동시에 작동하면서 뇌와 온몸에 파동을 전달하여 내용이 입력된다. 손에 묵주를 돌리면서 암송하는 이유가 바로 여기에 있다.

시편 1편부터 낭송하고 암송해보자. 이러한 낭독을 이유로, 길게 풀어쏜 현대 산문체가 아닌 전통 경전체로 압축된 운문체의 개역이나 개역 개정판이 사라지지 않고 긴 생명을 유지한다. 성경은 묵독하거나 줄을 치며 공부하듯 읽는 책이 아니라, 원래 무릎을 꿇거나 서서 때로는 공동체와 함께 소리를 내어 낭독하는 경전이다. 게일의 『연경좌담』(演經坐談, *The Gospel as Sung*, 1923)은 복음서를 가사체로 번역하여 암송하고 노래하게 함으로써 "뇌수에 깊이 들어가 잊어버리지 않도록" 했다.

다시 말하지만 말씀은 눈으로만 읽는 게 아니라 입으로 읽고 귀로 듣고 몸으로 흔들어 채우는 것이다. 물론 사경(寫經)할 때 소리 내어 읽고 손으로 기억한다면 아주 유익하지만, 기본적으로 본문을 노트에 기록하는 것이 아니라 말씀을 영혼의 심비에 새기는 것이다.

낭독(소리)과 암송(노래)을 잃었기에 말씀을 잃었다. 더불어 손과 몸으로 읽기(흔들기)를 잃었기에 교회가 굳어지고 약해졌다. 옛날 세로쓰기 한글 개역은 좌우로 흔들며 읽기 좋고, 가로쓰기 개역개정판은 앞뒤로 흔들며 읽기에 좋다. 원래 서당에서 선생은 좌우로 흔들고 제자는 앞뒤로 흔들어야 한다. 구세대는 좌우로 흔들어야 사상이 굳지 않고 신세대는 앞뒤로 흔들어야 역사와 미래를 안다.

미래가 불안한가, 과거가 불안한가?

낙오와 탈락에 대한 불안, 생존에 대한 실존적 불안의 시대다. 이태백, 장 미족, 삼포족(연애, 결혼, 출산 포기), 사오정, 오륙도, 미생, 오포족, 캥거루족 의 불안이 가득하다. 일을 하고 싶어도 일이 주어지지 않으므로 왜 열심 히 살지 않느냐고 다그칠 수 없다.

500년 전 루터도 불안의 시대를 살았다. 이단이 창궐하고 교회는 타 락하고 정의가 사라져 무질서, 무법, 탈법이 성행하였으며 빈자와 거지 와 노숙자가 늘었다. 불안을 해결하는 가장 간단하고 효과적인 방법은 교 황 레오 10세처럼 면죄부(indulgence)를 주는 것이었다. 면죄부 혹은 면벌 부는 권력자에게 "너 하고 싶은 대로 하세요"라고 아부한다. 권력자의 만 행과 관행을 눈감아준다. 부자에게는 "너 먹고 싶은 대로 먹고, 입고 싶은 대로 입으세요"라고 권한다. 부자의 사치와 중독이 경제를 유지한다고 말한다. 가난한 자와 패자에게는 "그건 네 잘못이 아니야"라고 위로한다. 패자가 자신에 대한 관용과 수용을 삶의 방식으로 삼게 한다. 한국에서 구원파의 면죄부가 잘 팔리는 이유도 여기에 있다.

불안을 해결하는 두 번째 방법은 전체주의, 국가주의, 권위주의에 미래를 저당하고 굴종함으로써 거짓 안전을 확보하는 정치·종교 중독 (indulgence)이라는 해결책이다. 1920-1930년대 불안의 시대가 요청한 것이 히틀러 숭배요 천황 숭배였다. 비슷한 맥락에서 나온 것을 한국에서는 '민족주의'라 쓰고 '국가주의'로 읽는다. 이승만, 박정희, 김일성 등은 모두 민족주의를 내세웠으나 기실 국가주의로 갔는데, 불안한 '국민'이 그것을 원했기 때문이었다. 그들의 '영도력'이라는 마약이 만병통치약인 줄 알고 국민은 매일 저녁 9시 '땡' 소리와 함께 그것을 먹었다. 대형 교회 대예배당에 가면 만사형통의 복이 보장되는 줄로 믿었다. "할렐루야! 아멘, 믿습니다"가 가나안 복지에 들어가는 패스워드인 줄로 알고 일요일 오전마다 그리고 새벽마다 크게 외쳤다.

그러나 면죄부나 자유로부터의 도피가 불안을 없애지는 못한다. 미래에 대한 불안은 어떻게 없어지는가? 과거는 새롭게 이해함으로써 바꿀 수 있지만 미래는 바꿀 수 없다. 미래는 하나님의 계획에 따라 이미 정해져 있기 때문이다. 미래가 불확실한 것이 아니라 과거가 불확실하다. 나라나 교회가 과거사를 투명하게 정리하지 않으면 미래는 오지 않는다. 바꿀 수 있는 것은 미래가 아니라 우리의 과거다. 잘못된 과거의 결과물인 현재의 나와 우리를 바꿀 때, 즉 회개할 때, 정해져 있는 미래인 하나님 나라가 다가온다.

과거사 죄에 대해 예언자들은 공동 회개(communal repentance)를 했다. 과거 그 자리에 없었지만 "우리가 죄를 범했다"고 고백했다. 조상의 허리 안에 우리가 있었기 때문이다. 마찬가지로 내 허리 안에 미래 세대가 있다. 하나님의 통치하심과 섭리하심 안에 미래는 확실하게 정해져 있다.

그러므로 "회개하라. 천국이 가까이 다가왔다", "내일 일은 내일이 염려하게 하라"는 말은 곧 염려할 내일은 없다는 말이다. 무엇을 먹을까 무엇을 입을까, '염려할 내일'인 창고에 쌓아둔 불안한 내일이 있는 자가 이방인이다. 쟁기를 갈다가 과거가 정리되지 않아 뒤돌아보는 자는 제자가 될 수 없다. 갈아야 할 더 넓은 밭이 앞에 놓인 것을 보고 쟁기를 단단히 잡는 자가 제자다. 두 개의 방종(indulgence)인 면죄부와 중독에 빠져 죽은 자는 죽은 자가 장사하게 하라.

과거가 정리되지 않으면, 해방이 와도, 홍해를 가르고 물밑을 마른 땅 지나듯 지나가도, 광야를 만나는 순간 몸이 다시 이집트로 돌아간다. 몸은 이 면죄부와 중독의 고기 맛을 잊지 않고 있기 때문이다. 그런 과거의 육체가 40년 광야에서 다 죽어야만, 내일의 내가 젖과 꿀이 흐르는 미래에 들어갈 수 있다.

\# 1월 8일

전천년설과 사회 참여

1910년대 이후 한국 개신교(장로교회)는 전천년설과 세대주의 종말론이 지배해왔다. 전천년설은 '천년왕국 전 재림설'로서, 예수님이 몸으로 재림할 때 그리스도인들이 다스리는 평화의 황금 시대인 천년왕국이 시작된다는 종말론이다. 한국교회는 지난 100년간 타계지향적 패배주의와 신비주의적 영지주의를 띤 종말론에 사로잡혀 있다고 비판받아왔다. 전천년설은 정말 현실 도피적인 사상인가? 왜 한국교회는 현실 도피적인 동시에 세속적 물질주의에 매몰되어 있을까? 왜곡된 전천년설이 작동하기 때문이다.

마틴 스펜스(Martin Spence)가 쓴 *Heaven on Earth: Reimagining Time and Eternity in Nineteenth-Century British Evangelicalism*(2015)은 19세기 복음주의자들의 전천년설이 당시 현실 도피적인 것이 아니라 오히려 세상사에 너무 깊숙이 개입하는 종말론으로 비판받았다고 주장한다. 빅토리아 시대 복음주의자들은 본래 타계 지향적 기독교에 둘러싸여 있었는데, 역사적 전천년설은 하늘 대신 땅에 관심을 둔 종말론이었다는 것이다. 그러나 케직 운동(the Keswick movement)과 같은 성결/부흥 운동의 영향으로 인해 전천년설은 현실의 물질적 공간, 곧 사회 질서와 자연 질서의 점진적 혁신에 대한 소망을 포기하고, 초월적·신적 개입인 재림을 통한 즉각적 변화를 추구하는 방향으로 전환했다. 그러나 초기 전천년설은 하나님과 인간을 갈라놓는 간격, 시간과 영원의 차별, 영과 육의 분리를 극복하는 종말론이었다. 인간의 몸을 중시하고 현세적 발전과 진보에 관심을 두었으며 그리스도의 인성과 창조 질서에 대한 긍정적 견해를 견지했다. 초기 전천년설론자들은 공중위생 개선, 노동 환경 개선 등을 위한 사회 개혁 운동에 참여했다. 가난을 개인 탓만으로 돌리지 않고 사회적·영적 결핍과 같은 환경 요인을 고려했다. 또한 당대 낭만주의가 그랬듯이 시간과 공간, 그리고 자연 질서를 중시했다. 재림한 그리스도는 천년 동안 지상에 머물며 이 땅이라는 피조세계를 변환시킨다고 믿었다. 그것은 물질세계의 성화, 곧 하늘의 뜻이 땅에서 이루어지는 지상 낙원을 믿는 낙관주의였다. 그리스도의 영적 임재만이 아니라 육체적 부활과 육체적 임재를 믿는 종말론이었다.[1]

전천년왕국설을 깊이 믿는다면, 이 풍진 세상을 떠나서 죽어 천당에 가자는 도피주의 신앙에 매몰될 수 없다. 세대주의와 풍수지리적 성지 중심 세계관이 결합한 '예루살렘 복귀'(Back to Jerusalem) 운동이 보이는 극단적 종말론이나, 2,000년 교회사를 무시하고 1세기 사도 시대로 환원하려는 '신사도 운동'은 세계와 교회의 개혁을 통한 하나님 나라 건설에 도움이 되지 않는다.

1   Peter Leithart, "Premillennial Time," *Theopolis* (January 7, 2016).

남반구 기독교의 반격

1세기 전 영국과 미국 선교사들은 복혼(複婚)이나 동성혼이 죄라고 가르쳤다. 지금의 영미 성공회는 거듭된 이혼으로 실제적 복혼을 실천하며 동성혼도 허용한다. 1세기 후 그 가르침을 그대로 지키는 아프리카 성공회는 영미 성공회가 타락하고 이교화되었다고 판단하고, 그들에게 복혼과 동성혼은 죄라고 다시 가르친다. 미국 성공회는 150만이 채 안 되고 아프리카 성공회는 1,500만이 넘는다. '진보'로 진화했는가 아니면 지나친 자유로 타락했는가? '보수'로 가치를 유지했는가 아니면 지체로 퇴행했는가?

3월 16일

많이 배우고 똑똑한 엘리트는 왜 이기적인가?

두 종류의 사람이 있다. 효율성(efficiency)을 중시하는 사람과 평등(equality)을 중시하는 사람이다. 레이먼드 피스먼(Raymond Fisman)의 연구에 의하면, 졸업하면 바로 약 16-20만 달러 연봉을 받는 예일대 법대생은 대개 민주당을 지지하고 진보적이지만, 1:4의 비율로 작은 빵이라도

나누어먹는 경제적 평등 정책보다 큰 빵을 만들 수 있는 경제적 효율성 정책을 지지했다.[2]

버클리대 학부생에게 물어보니 2:3으로 후자의 지지율이 높았고, 일반 미국인 성인은 1:1로 비율이 같았다. 따라서 예일대 법대나 하버드대 법대 출신 엘리트가 대통령이 되고 대법관이 되는 세상에서 경제 정책은 대개 경제적 효율성을 중시하는 방향으로 가게 되고 그 결과 양극화는 심화되기 마련이다. 특히 IT 산업이 발전하고 AI 사회가 될수록 엘리트는 파이를 키워 더 많이 먹게 된다. 그러니 스탠퍼드대 학부생의 약 절반이 컴퓨터 공학을 전공하는 것은 놀랄 일이 아니다.

효율성의 이름으로 빈익빈 부익부는 지속되고 가속된다. 이기심은 쉽게 지식, 능률, 효율의 옷을 입고 나타난다. 근현대 선교와 목회는 효율성을 우선시했다. 그 결과 초대형 교회가 출현하면서 교계도 10%의 상위 대형 교회가 교인의 90%를 가진 기형적 구조가 되었다. 지금의 한국이 그런 사회고 한국교회가 그런 생태계다.

---

2   Sara Rimer, "Power Brokers Care More about Efficiency Than Equality," *Bostonia* (Winter-Spring 2016): 20-22.

귀추법에 물든 교회

아침에 일어나서 잔디가 젖어 있는 것을 보고 '어젯밤에 비가 왔다'고 추측하는 것이 귀추법(abductive reasoning)이다. 여러 가능성 가운데 하나를 집어 추측하는 것으로서 맞을 때도 있지만 틀릴 때가 많다. 누가 물을 뿌렸거나 이슬이 많이 내렸거나 스프링클러가 작동했거나 누가 세차를 했을 수도 있다. 귀추법은 연역법이나 귀납법과 달리 여러 가능성 가운데 하나를 찍어서 인과 관계를 설명한다.

점쟁이의 논리가 귀추법에 가깝다. 그러나 생의 위기에 처한 사람에게는 다른 말보다 귀추 논리가 그럴듯해 보인다. 점쟁이의 한 달 전 공수대로 누가 죽거나 사업이 망한다면, 그다음부터는 그 용한 보살의 말을 듣게 되는 것이다.

한국 개신교회 안에도 귀추법이 만연해 있다. 연역법처럼 치밀한 사고를 하거나 귀납법처럼 많은 경우의 수를 경험하고 연구하지 않아도 된다. 쉽기 때문에 우중을 움직일 수 있다. 고민하지 않아도 그럴듯해 보이기 때문이다. 좋은 게 좋은 것으로 생각하고 철저히 따지면 야박한 사람으로 몰아붙이는 경향성 때문에 귀추법이 먹힌다.

교회가 내리막길을 걷자 온갖 귀추법이 나온다. 쇠락 원인의 분석이나 전망하는 미래 등을 살펴보면 직접 관계가 없는 것들을 그럴듯한 귀추 논리로 연결한다. 그중 한 예가 주일 저녁 예배를 없앴기 때문에 교회가 쇠락하게 되었다는 지적이다. 과연 그럴까? 주일 저녁 예배가 없으면 교회가 부흥하지 않을까? 1907년 대부흥이 일어났을 때 한국에는 주일 저녁 예배가 있었을까?

1960년 장로교회 합동과 통합이 싸울 때 모 목사는 통합 측을 신신학과 용공으로 비난하면서 그들의 문제 중 하나가 주일 저녁 예배를 드리지 않고 그 시간에 댄스홀에서 춤을 추는 것이라고 주장했다. 교단 분열 때 나온 이런 선전 문구를 최근에 재생하는 이들이 있다. 고장 난 레코드판이 헛도는 소리다. 재생 품목을 잘못 고르면 금방 파산한다.

교인이 왜 줄어드는가? 교회가 정치적 힘이 없어서 쇠퇴하므로 기독교 정당이 해법이라고 내세운 자들이 지난 몇 달 한바탕 정치 쇼를 벌였다. 1970-1980년대 성장기에는 뒷걸음질을 쳐도 쥐가 잡혔다. 그러나 이제는 스마트한 쥐들이 귀추 논리로 시대를 역행하는 교회를 비웃는다. 왜 잔디가 젖었는지 그 원인을 제대로 규명할 때다.

표절과 신화 만들기

표절 사태로 갈등이 심하다. 부인하는 저자와 출판사, 침묵하는 문인들로 인해 논쟁이 확산되고 있다. 표절 공화국의 암묵적 카르텔은 기독교계에도 그물망을 형성하고 있다. 설교나 목회학 박사 논문 표절은 공공연한 비밀이다. 최근 신학교가 쓰는 교과서, 주석서, 우수 도서들이 영어책을 상당 부분 표절한 것으로 드러났으나 신학교는 침묵뿐이다. 열악한 출판 생태계에서 표절을 깔고 생존하는 출판사와 저자의 공생 관계는 이번 기회에 정리되어야 한다. "표절하지 않은 자가 돌로 치라"는 말을 하려면 그런 말을 할 만한 윤리와 권위가 있어야 한다.

　　표절과 더불어 심각한 문제는 상상적 허구를 역사적 사실로 만드는 작업이다. '언더우드의 기도'나 루비 켄드릭 양이 썼다는 순교 이야기는 지어낸 것이다. 은혜가 되면 허구라도 조작하는 사이비 사가, 이를 수용하는 불성실한 학자와 설교자, 감동을 받고 싶은 독자가 있는 한, 역사 왜곡은 계속된다. 그러면서 어찌 일본이나 중국의 역사 왜곡에 항의하랴. 오려 붙이는 ctrl+v를 누르는 손가락을 잘라버리지 않는 한, 허구를 퍼나르는 '쥐'(마우스)를 죽이지 않는 한, 표절과 왜곡의 바이러스에 감염되어 고열에 시달리는 한국교회여, 결단코 천국에 들어가지 못하리라.

한 사람의 평가는 말년을 보라

개신교인 신앙의 선배들은 몇 살까지 살았을까? (특별한 선별 기준은 없다.)

61세 이전에 별세

류관순 18.

전태일 23.

이용도 33/ 박에스더 34/ 전덕기 39.

이수정 44/ 김교신 44/ 백홍준 45/ 하란사 47/ 주기철 47/ 손양원 48.

최태용 53/ 한경희 54/ 장준하 57/ 홍택기 57/ 손정도 59/ 오문환 59/

안창호 60.

61-70세 별세

윤성범 64/ 하용조 65/ 길선주 66/ 이승훈 66/ 조만식 67/ 강영우 67/

남궁혁 68/ 최병헌 69/ 권정생 69/ 박관준 70/ 강규찬 70.

71세 이후 별세

한석진 71/ 양주삼 71/ 김활란 71/ 김창식 72/ 옥한흠 72/ 김구 72/ 한

상동 75/ 신흥우 76/ 유일한 76/ 문익환 76/ 김익두 76/ 이기풍 77/ 이

상재 77/ 서상륜 78/ 김용기 79.

윤치호 81/ 박형룡 81/ 이명직 83/ 박윤선 83/ 박인덕 84/ 장기려 84/
김길창 85/ 최흥종 86/ 김재준 86/ 정대위 86/ 공병우 88/ 함석헌 88/
안이숙 89/ 강원룡 89.

이승만 90/ 백낙준 90/ 전택부 93/ 마삼락 98/ 한경직 98.

방지일 102.

소결론

첫째, 굳이 오래 살지 않아도 된다. 나보다 적게 산 훌륭한 위인과 의인들
이 많다. 건강하게 살다가 주변에 큰 폐를 끼치지 않고 편안히 죽으면 큰
복이다. 아등바등하지 말고 담담히 살자. 오래 살면 포기하는 법을 배우
니 감사하자.

둘째, 한 사람의 평가는 말년을 보면 된다. 히틀러도 한때 독일 국민
의 영웅이었다. 떡잎이 크다고 큰 나무가 되는 것은 아니다. 대기만성도
있다. 젊을 때, 40대에 뜬다고 교만할 게 아니다. 아직도 가야 할 길이 한
참 남았다. 떠날 때 아름다운 자가 잘산 자다.

셋째, 그러므로 매일 두려움과 떨림으로 살아야 한다. 오늘 죽을지
내일 죽을지 모르기 때문이다. 삶의 무게는 나날이 늘어나기 때문이다.
모두에게 찾아오는 말년의 1년, 1개월은 인생의 그 어느 때보다 더 비
중 있는 시간이다. 예수님의 생애가 그러했다. 그러니 나를 바꿔나가고,

가까운 사람에게 잘하고, 조금씩 기부부터 하자. 말년이 멀리 있는 게 아니다.

8월 31일

좋은 책이 없어서 교회가 죽는다

한글 신학 저서와 저자의 빈곤으로 교회가 죽는다. 한국의 대학교에서는 대개 인문, 사회, 신학 계열 교수의 채용이나 진급 평가 때 학술지(등재지) 논문 두 편과 저서 한 권을 비슷한 점수로 매기기 때문에, 또한 영어 논문 한 편보다 한글책 한 권의 점수가 낮기에, 한글책을 쓸 이유가 없다. 그리고 학술지 논문은 심사 위원 세 명이 검토해서 수정 후에 게재하기 때문에 혹시 표절 시비가 있어도 공동 책임을 지고, 또 편집 위원이나 학회가 보호해주지만, 저서는 혹시 표절 부분이 없을까 조사하는 여러 의병 열성 당원(?)이 있기 때문에 굳이 무리해서 책을 쓸 이유가 없다.

등재지에 게재되는 학술 논문은 적게는 300만 원, 많게는 2,000만 원까지 학술 연구비를 받고 쓴 것이 대부분이다. 그래서 출판할 경우에는 학술지에 20-30만 원 돈을 내고 싣는다. 학술지는 그 돈으로 유지된다. 학술지 편집진은 그 돈으로 리뷰하는 교수들에게 몇만 원이라도 준다. 외국에서는 학술지에 글을 실을 때 돈을 받거나 주는 경우가 없다. 그러나 한국에서는 돈을 몇십만 원 내고 논문을 게재하기 때문에, 또 검토하는 학자들이 다 친구나 선후배기 때문에, 편집진에서 게재 불가를 통고하기 어렵다. 가능하면 수정 후 게재하도록 한다. 갓 학위를 받은 시간 강사나 주니어 학자는 논문으로 점수를 쌓아야 하고 1년에 4~5편의 논문을 내야 교수직에 지원할 이력이 되기에, 좋은 논문 한 편이 될 분량을 두세 편으로 테크니컬하게 나누어 쓰는 것이 상식이 되었다. 아무도 읽지 않는 논문을 양산하는 대학과 신학교가 넘치는 상황이다. 이런 이상한 정치·학문적 구조에도 불구하고 기를 쓰고 논문을 쓴다. 책을 쓸 이유가 없기 때문이다.

한국의 경우, 차이는 있지만 책 한 권을 쓰는 데 1년도 채 안 걸리는 경우가 많다. 학술서가 거의 없고 간증집, 설교집, 수필집만 넘친다. 마음만 먹으면 1년 안에 원고를 만들고 편집하고 출판할 수 있는데, 전공 분야의 전문가나 학자가 검토하고 비평하는 과정이 없기 때문이다. 이처럼 책의 질이 하향 평준화되어 있기에 좋은 저자가 굳이 기독교 출판사에서 책을 낼 이유가 없다.

따라서 기독교 출판 시장에는 번역서가 판을 친다. 질 높은 번역서가 잘 팔리는 것을 알기 때문에 돈이 많고 잘 나가는 출판사는 해외 유명 저자의 원고를 선인세를 잔뜩 주고서라도 확보하기 위해 경쟁한다. 이 경쟁으로 선인세만 올려놓았다고 한다.

이때 급하게 책을 만들어야 하므로 최고급 번역이 필요 없어 번역료는 짜다. 그리고 번역서는 신학교 교수들 입장에서 볼 때 평가 때 논문 한 편보다 점수가 적기 때문에 번역할 이유가 없다. 따라서 번역은 대학원생들이 하는 게 관례였다. 번역은 아무나 하는 것이 아닌데도 한국에서는 아무나 하는 것처럼 되어버렸다. 미국에서 학술적 내용의 한글-영어 번역은 논문 한 편보다 더 가치가 높다고 인정해줄 정도다. 지금은 기독교 출판계에도 전문 번역가들이 제법 있지만, 그들은 하루 12시간, 주 70시간, 월 280시간 이상 중노동을 해도(아, 번역은 얼마나 고단한 작업인가!) 한 달에 280만 원 이상을 벌기 어렵다고 한다. 그러니 좋은 번역자는 희귀 보호종이라 하겠다.

그래서 기독교 출판계에 좋은 저자도 드물고 좋은 번역자도 드물다. 그 결과 한국에는 좋은 기독교 서적이 적다. 좋은 번역서, 좋은 저서가 시급하다. 저서가 적기 때문에 당분간은 번역서 시대가 필요하다. 그러나 지난 세월이 얼마인가?

일반 서적은 3,000부 판매가 어렵지 않은 데 비해 기독교 서적, 특히 학술 서적은 1,000부를 넘기기 어렵다. 대개 저자 인세가 8-10%이므로, 한 권 가격 20,000원에 1쇄로 1,000부를 찍으면, 저자에게 돌아가는 인세는 많아도 2,000원 × 1,000권 = 200만 원이다. 하지만 커피 두 잔 값보다 싼 만 원짜리 책도 1,000부를 팔기 어려운 현실이다. 몇 년간 심혈을 기울여 쓴 학술서가 논문 두 편에 맞먹는 점수를 받는 등 학문적 인정도 받지 못할 뿐 아니라 출판해봤자 인세가 번역비보다 몇 배 싸니, 시간적으로나 재정적으로 손해인 책을 낼 이유가 없다.

미국에서는 대학교 출판부에서 인문학책 한 권을 내려면 평균 7-10년이 걸린다. 그런 학술서에 대해서는 학술지 논문 20편의 가치로 평가해준다. 학술서 한 권이 있으면 종신직 부교수가 되고, 두 권이면 부교수에서 정교수로 승진된다. 따라서 학자라면 자기 전공 분야에서 새로운 저서를 내기 위해 심혈을 기울인다. 그런 학술서가 모여 학문이 발전하고 사회를 개혁하는 이론과 사상이 발달된다. 책 한 권에 10년의 세월을 걸어야 겨우 출판할 수 있을 만큼 창작이라는 산고의 고통을 감내한다. 미국에서 인문·사회과학 박사 학위 논문의 5%가 대학교 출판부 책으로 출판된다고 한다. 그만큼 학술서로 출판되면 질은 보장받는다. 그런 책을 두 권 내면 세계적 석학으로 인정받는다는 것이 허튼소리가 아니다. 한국인으로서 미국이나 유럽에서 박사 논문을 그대로 출판한 경우를 제외하고, 신학이나 인문학 전공 교수가 된 후에 미국이나 유럽 대학교 출판부나 유명 학술 전문 출판사에서 학술서 두 권 이상을 낸 학자는 거의 없다. 영어책 한 권을 쓴 후 심장병으로 쓰러지거나 머리털이 다 희게 되는 경우가 많다. 그래도 학문적 인정을 해주기 때문에 영혼을 건다.

한편 한국을 다룬 책을 제외한 번역서에는 한국인의 고민이 거의 담겨 있지 않다. 교인들이 한국 사회와 한국교회에 대한 고민이 없는 책만 읽다 보면 공중 부양 속에서 살게 된다. 그래서 한국 개신교인은 별종이요 반지성인이요 골치 아픈 사회로부터 번역서로 도피하는 자들이 되고 말았다. 그리고 결국 개독교인으로 비판을 받게 되었다.

　괜히 다 아는 이야기를 심각하게 길게 했다. 그러면 어떻게 할 것인가? 교수 평가 제도가 바뀌기 전에 하나의 해결책은, 그래도 기를 쓰고 좋은 책을 쓰는 것이다. 좋은 책은 결국 현명한 독자가 알아본다. 독자는 좋은 한국 저서를 꾸준히 사서 읽어주는 것으로 지원하자. 부족한 부분도 있지만 열악한 상황에서 쇠약해가는 한국교회를 끌어안고 쓴 책들이다. (단 표절은 안 된다. 한 줄이라도 남의 글이면 인용 처리를 해야 한다.) 필자 발굴, 저자 지원을 위하여 글 쓰는 작가들을 격려하자.

▲그림1_ 바르트부르크 성에서 독일어 신약성경을 번역하는 루터 ⓒ옥성득

직무 유기

명성황후는 1895년 시해되기 전 시의인 엘러즈(Annie J. Ellers)와 언더우드 부인을 만나 기독교 복음을 여러 번 들었다. 어린 나이부터 경험한 구중궁궐의 암투를 벗어나 서양 여인처럼 자신의 삶을 살고 싶은 마음이 왜 없었을까? 언더우드 부인과 엘러즈는 그런 민 왕비의 마음을 여러 번 읽고 복음을 전했다. 그러나 깊은 이야기까지 전하기에는 언어적 거리가 있었고 잦은 만남이 이루어지지는 않았다. 조선의 정치 난맥상과 민씨 집안의 정치는 그를 한 개인으로 두지 않았다. 지치고 불안한 그는 진령군을 비롯한 무당에게 정신적·영적으로 의지함으로써 괴로운 나날을 이겨 나갔다. 일본을 이기기 위해 일본 지도를 솥에 삶는 굿판이 벌어졌다.

이상하지만 그런 전근대적인 사건이 오늘날 다시 벌어지고 있다. 지난 40년간 수많은 신부, 목사, 장로, 권사들이 박 전 대통령을 만났을 것이다. 그런데 과연 그들이 영혼 깊숙한 대화를 나누며 복음의 진수를 경험하게 하려고 노력한 적이 있었을까? 그들이 대통령의 영적 목마름과 외로움과 실존적 고뇌의 문제를 만져주지 않았기에 다른 사이비 세력이 그 자리를 차지하고 앉았다.

그것을 주변에서 본 자들은 알았을 것이다. 목사/신부들이 축복해주면서 떡고물을 받아 누리려고만 하지 않았다면, 신뢰를 형성하고 복음으로 도전했더라면, 어쩌면 한 영혼이 거듭나는 일이 있었을지도 모른다. 정신이 번쩍 들도록 직언하는 목소리를 듣는 일이 지난 40년 중 하루라도 있었더라면, 오늘과 같은 국망의 위기는 없었을 것이다. 그의 주변에 얼마나 많은 기독교인이 포진하고 있었던가? 그들은 직무 유기의 죄를 저질렀고, 하나님은 그들과 우리에게 책임을 물을 것이다.

11월 13일

이단에 물든 한국교회, 회개문 내고 자숙하라

"박정희 정권 시절에도 청와대 드나들던 여자 있었다"라는 「노컷뉴스」기사가 나왔다.[3] 통일교와 전도관(Olive Tree Church) 계열의 이단은 다음의 삼박자 공식으로 1950년대 이후 세력을 확장했다.

삼박자 공식 = 기성 종교의 옷 + 사업 확장 + 정권과 유착

= 영빨 + 돈 + 권력

---

3   송주열, "박정희 정권 시절에도 청와대 드나들던 여자 있었다", 「노컷뉴스」(2016. 11.
     11) http://m.nocutnews.co.kr/news/4683269(현재 삭제됨).

한국 개신교는 이들의 대성공을 보면서 '교회 성장론'의 이름으로 비슷한 3/4박자 공식을 발전시키면서 '오순절교회화'하였다. 그들은 늘 '정교분리'라 쓰고 '정권 유착'이라고 읽었다.

3/4박자 공식 = 영혼 구원 + 사업 성공 + 치유 건강 + (정교 분리)

= 영빨 + 돈 + 건강 + 권력

한국교회는 국내도 모자라 세계화 바람을 타고 해외로까지 이 성공 신화를 수출하며 교세를 늘렸다. 지난 50년간 지속된 이 가볍고 천박한 기독교 승리주의를 이제는 버릴 때가 되었다.

너희가 무엇을 보려고 광야에 나갔더냐? 바람에 흔들리는 갈대냐? 화려하게 차려입고 호화롭게 사는 자들이냐? 예언자냐? 상한 갈대도 꺾지 않으시는 하나님이냐? 배부른 자를 심판하실 주님이냐? 주의 소명을 받고 광야에서 외치며 주의 오심을 예비하는 목소리냐?

교계, 신학교, 교단들은 회개 고백문을 발표할 때다. 지난 30년간 교회는 진보든 보수든 정치권과 결탁하여 예언자적 목소리를 잃었다. 국민 앞에 사죄하는 일이 우선이다. "우리는 지금까지 정권과 결탁해서 정부를 무조건 지지해왔습니다. 정말 죄송합니다. 앞으로는…" 이런 생목소리를 내야 한다. 마른 해골뿐인 광야를 향해, 예언자의 타는 목소리로 목놓아 외칠 때다.

4퍼센트

1962년에 나온 정부(문화공보부)의 첫 공식 종교 통계를 보면, 무교 90.25%, 불교 4.5%, 기독교 4.3%(개신교 약 3%), 유교·단군교·천도교·기타 약 1%였다. 그 4%의 기독교가 30년 후에는 인구의 30%를 넘었다. 가히 '종교혁명'이라 할 만한 대격변이었다.

그러나 친일 부역 문제와 신사 참배 문제를 해결하지 않고 적당히 넘어왔기 때문에 정교 유착이 심화되었다. 꿩 잡는 게 매라, 큰 교회 세우고 기관에서 자리를 차지하고 세력과 돈만 있으면 과거를 덮는 세상이 되었다. 최태민과 그 일가가 보여준 해방 후 60년사가 바로 한국교회사의 일부였다. 돈만 주면 목사 안수를 받고 총회장도 되는 교회였다. 화려한 대성전 뒤로 드리운 깊은 그림자 속에 독버섯은 왕성했다.

그 한국 개신교가 이제 45년 전 3%를 향해 내려가고 있다. 이미 대학생과 중고등학생 가운데서는 4%가 되었다. 가히 '반종교혁명'이라고 할 만한 변화가 일어나고 있다. '종교개혁 500주년'이 문제가 아니다. 한국에서는 반종교개혁이 일어나고 있다. 25세 이하 4% 지지의 한국 개신교가 되었다. 이미 외면당한 교회는 무엇을 할 것인가? 좀비로 버틸 것인가? 아니면 3% 염도로 짠맛을 유지하는 바닷물처럼 이 사회의 소금이 될 것인가? 지금 한국교회는 그 기로에 서 있다.

밤을 새우며 공부하는 후배들에게

지난 몇 시간 동안 페이스북에 올라온 글들을 보니 새벽 3-4시까지 공부하는 석박사 과정 학생들이 있다. 또 어느 글에 의하면 N. T. 라이트는 지난 수십 년간 하루에 네 시간 이상을 자본 적이 없다고 한다. 라이트의 경우는 특별한 은사를 받은 예외로 보이지만, 어쨌든 세상에는 상상을 초월할 정도로 자기 분야에 매진하는 이가 많고, 부르신 부름의 상을 위하여 달리고 연마하고 기력의 마지막 한 방울까지 쏟는 이도 많다.

나는 그러한 예를 프린스턴 신학교 명예 교수인 마삼락(Samuel H. Moffett, 1916-2015) 박사에게서 본다. 20년 전, 77세였던 그는 도서관에 있는 1.5평 남짓한 작은 방에서 책을 쓰며 자료를 직접 복사하고 있었다. 당시에 그의 대작 『아시아 기독교회사』 1, 2권을 집필하고 있었다는 것은 나중에 알게 되었다. 그 도서관의 골방 연구실에서 마 박사님이 나를 위해 해주신 기도로 나는 지금까지 공부할 수 있었다. 그는 "역사하는 것, 힘들지만 재미있어요"라며 격려해주셨다.

3년 전쯤에 마 박사님의 프린스턴 자택을 방문한 적이 있다. 그는 95세 나이에 그것도 밤중에, 옛날에 사용하던 386(?) 컴퓨터로 자기 부친을 다룬 『마포삼열 전기』를 집필하고 있었다. 아래가 바로 그 사진이다. 그날 인터뷰 촬영이 한 시간 이상 이어졌는데, 마 박사는 부친이 평양에 도착했던 시절을 마치 자신의 이야기처럼 생생하게 기억하며 날짜까지 정확하게 말씀하셨다.

공부는 장기전이다. 70이 넘어서도 길이 남을 대작 두 권을 쓸 수 있는 한국 학자들이 많으면 좋겠다. 나아가 90이 넘어서도 책을 쓸 수 있는 학자적 성실성과 건강을 유지할 수 있으면 더욱 좋겠다.

▲그림2_ 집필 중인 마삼락 박사 ⓒ옥성득

3대가 어찌 같을 수 있으랴?

채만식의 풍자 소설 『태평천하』(1938)를 보면 구한말 세대인 70대 윤직원, 개화기 세대인 40대 아들 윤창식, 식민지 세대인 20대 손자 윤종학이 나온다.

　1) 아버지 직원: 구한말 세대로서, 새 시대의 물결을 싫어하고 오직 자신의 생명과 재산을 보호하는 데만 관심이 있는 인물이다. 일제 통치를 만족스럽게 여기며 반민족적·반사회적 행동을 일삼는다―돈이 신이다.

　2) 아들 창식: 개화기 세대로서, 일정한 가치관을 상실하고 주색에 빠져 사는 타락한 인물이다―쾌락이 신이다.

　3) 손자 종학: 식민지 세대로서, 할아버지나 아버지의 가치관과 생활 방식을 부정하고 사회주의 운동에 참여한다. 기성세대에 대한 완전한 부정과 반역이다―우상 파괴다.

그리고 이제, 2016년 판 『태평천하』가 막을 내리고 있다. 1930년대보다 못한가?

　1) 박정희·최태민: 산업화 세대―권력과 돈이 신이다.

2) 박근혜·최순실: 민주화 외면 세대 ─ 권력·돈·쾌락이 신이다.

3) 무자식·정유라: 무개념 세대 ─ 무신무망(無神無望)이다.

12월 10일

파자점

파자점(破字占)을 뜻하는 glyphomancy는 glypho(새기다)와 mancy(점)의 합성어다. 한자 문화권에서는 파자(한자 자획을 풀어 나눔)를 통해 점을 치거나 예언을 해석한다. 이는 한자나 숫자에 숨은 암호가 있다고 믿고 암호 해독(code breaking)을 통해 점을 치거나 예언하는 이론으로서, 풍수(geomancy)가 땅의 형세에 숨은 코드가 있다고 믿는 것과 동일하다. 글(지식)이든 땅(돈과 권력)이든 모두 힘의 상징이므로 그 내면적 비의를 아는 특별한 해석학적 방법, 곧 파자와 합자의 지식이 필요했다. 일종의 영지주의였다. 파자점은 주로 말세론과 도교의 참위설 및 풍수설과 연결되어 있었다.

한국에서도 정변, 혁명, 전쟁과 연관되어 파자 예언이 유행했다. 정치가들은 이런 민간 신앙을 이용하여 그들의 혁명을 정당화하거나 반대파를 음해했다. 고려말에 이성계 일파는 십팔자위왕(十八子爲王)이나 목자위왕(木子爲王)이라는 말을 퍼트려 이(李) 씨가 왕이 되어야 한다고 여론을 조작했다.

한국에서는 『정감록』이 대표적인 민간 예언서라서, 그 한자 문구 해석에 수많은 종교적 천재들이 시간을 쏟아부었다. 대환란의 시기에 피난/구원의 길이 궁궁(弓弓)과 궁궁을을(弓弓乙乙)에 있다는 글귀를 놓고, 동학의 최제우, 개신교의 이승륜, 원불교의 박중빈은 서로 다른 해석을 내놓았다. 동학은 마음에 한울님을 모시는 것이 궁궁이라며 '궁을 부적'을 태워 마시도록 하고 '궁을기'를 교기로 삼았다. 원불교는 궁궁은 일원무극이며 을을은 태극이라고 해석하고 '일원상'(一圓相)을 교의 상징으로 삼았다.

청일·러일 전쟁 당시 이승륜은 한문 신약성경의 마태복음 첫 단어인 아브라함(亞伯拉罕)의 첫 글자 아(亞)에 암호가 숨어 있다고 보고 파자했다. 아브라함의 허리에 예수 그리스도 구세주가 있었으므로 그 이름 첫 글자에 비의가 있다고 본 것이다. 그는 글자 아(亞)의 양쪽이 궁궁이며 안에 십자가(十)가 있다고 보고, 하늘과 땅을 연결하는 십자가가 바로 궁궁을을 구원의 방도라고 파자했다(자세한 내용은 『한국 기독교 형성사』, 제2장 구세주를 보라).

『정감록』에 따르면 말세에 구원자 진인(眞人)이 나타난다. 6·25 전쟁 때 미국 트루먼 대통령이 미군을 보내 남한을 구하자, True(眞)와 man(人)으로 파자하여 정감록 예언의 성취라고 믿는 이도 있었다. 이 경우 영어까지 파자한 것이다. 또한 1950년대 용문산의 나운몽은 『정감록』

이 예언한 정(鄭)도령을 새롭게 천재적으로 해석했다. 정(鄭) 자를 파자하면 팔내서천(八乃西天)이므로 정도령이란 바로 팔레스타인에서 온 왕자인 예수 그리스도라고 풀었다. 정감록이 예언한 정도령 예수를 믿으면 말세에 구원을 받는다는 말에 수많은 사람이 개종했다. 앞에서 언급한 아브라함 파자가 나왔을 때도 수많은 사람이 개신교에 귀의했다. 한국인에게 풍수와 파자의 힘은 생각보다 세다.

한편 오병이어 기적을 들은 일부 중국인은 전혀 의심하거나 의아해하지 않았다. '오'(五)는 오행(五行)을 상징하고, '이'(二)는 음양(陰陽)을 상징하므로, 음양오행으로 천지만물을 만든 상제가 수천 명을 먹이는 떡을 만드는 것은 쉬운 일이라고 본 것이다.

어제 탄핵 소추안이 1 + 234 + 56 + 7로 가결되자, 이 무슨 조화냐며 숫자 배열의 암호에 많은 사람이 혹했다. 12월 8일 국회 본회의를 통과한 박 대통령 탄핵안은 다음 날인 9일 국회 표결에서 가결되었는데, 이날 표결에는 새누리당 최경환 의원 1명이 유일하게 불참했고, 찬성은 234표, 반대는 56표, 무효 7표, 기권은 2표였다.

숫자 234에 무슨 암호가 있을까마는, 파자, 암호, 숫자 상징 등은 늘 새 시대를 간절히 바라는 민중의 염원을 타고 거대한 파도가 되어 시대를 변혁시킨다. 1234 567을 이루었고 이제 8명의 재판관이 9속의 길을 열지 두고 볼 일이다. 그러나 한국 사회를 가장 크게 변화시킨 숫자는 十이었다. 교회는 언제나 十자가만 자랑할 일이다.

30대 초반에게 거는 기대

1983-1987년생이면 지금 30대 초반이다. 그들 X세대가 자란 첫 10년은 한국 경제가 '단군 이래 최대 호황'을 누리던 때였다. 88올림픽으로 한국은 한껏 고성장을 자랑했고, 공산 정권들은 무너졌으며, 정보 혁명이 시작되어 아이들은 컴퓨터와 함께 자랐다. 1인당 소득 1만 달러를 넘어선 사회에서 한 가정 한두 자녀로 자란 아이들은 건강하게 꿈을 키웠다.

'58 개띠'인 1958년생부터 1962년생까지 지금 50대 후반인 베이비붐 세대가 자라던 박정희 시대 1960년대 초반은 1인당 소득이 겨우 100달러를 넘어서던 때였다. 1965년에 105달러였다. 시골에서는 점심 먹을 여유가 없어 미국에서 준 잉여 농산물로 만든 옥수수죽과 옥수수빵으로 끼니를 해결했다. 북한보다 못 살았고, 오늘날의 아프가니스탄보다 열악했다. 1958-1960년생은 대학생 때 PC도 구경하지 못한 이들로 회사에 가서 독수리 타법을 개발했다. 이들보다 조금 이후의 세대인 현재의 50대 초반은 286을 쓰다가 386을 접했다. 그들은 1970년대 후반에서 1980년대 대학생들로서 다수가 데모로 세월을 보냈다.

반면 현재의 30대 초반이 유치원에 가던 1990년 1인당 국민 소득은 6,147달러였다. 그들이 초등학교에 들어가자 1만 달러 시대에 접어들었다. 단순 비교하면 30대 초반 세대는 현재의 50대 후반 세대보다

60-100배 더 잘 사는 사회에서 자랐다. 교회는 어떠한가? 현재의 30대 초반이 성장한 1980-1990년대 한국교회는 최전성기였다. 공부하는 데 필요한 책을 마음껏 읽을 수 있었고 자료도 쏟아졌고 비판을 해도 수용이 되는 시대로 접어들었다.

이처럼 더 좋은 환경에서 자란 30대 초반이 오늘날 더 실력 있고 더 이론에 밝고 더 유연하고 더 세련된 것이 사실이며 그것은 놀랄 일도 아니다. 그만큼 30대 초반 세대에 거는 기대가 크다. 30대여, 너의 진보를 보여라! 맨땅에 헤딩한 '산업화 독재 성장 시대'의 산물인 50대 후반과 60대 초반 세대에 주눅 들지 말고 당당히 자리를 잡아라. 끈기를 보여라. 실패를 두려워하지 말라. 새 패러다임을 만들어라. 너희들의 세상이다. 앞으로 40년을 더 활동할 것인데 무서울 게 무엇이랴?

2016년 정리
올해의 단어 : 물러가라

1. 순시리그네 물러가라—촛불 탄핵으로 정부 혼을 정상화하라.
2. 삼성기(三星旗) 금메달 뇌물마(賂物馬)는 물러가라—교회는 흙수저 위해 십자가(十字架) 메고 당나귀를 타라.
3. 가짜(fake) 한국사 물러가라—사실(fact)과 진실(truth)로 다시 쓰자.

4. 성추문 목사와 비리 당회장 물러나라―'채식주의자' 이중직 전도사 보호하라.

5. 유럽 종교개혁 500주년 물러나라―한국교회 개혁 1주년을 만들자.

6. 신천지 물러나라―교회는 사드(종말론 이단 대처 지역 방위망) 구축하라.

7. 알파고 납신다―딥 러닝(deep learning) 없이 시행착오 반복하는 교권주의자들 물러나라.

8. "기억이 안 납니다" 물러가라―승정원일기 복원하고 기레기 청소하라.

9. "청년 핍박하면 아이 쏟아내" 물러나라―전병 뒤집어 합동 구하라.

10. '15분 꺾기' 물러가라―알바생 등친 '기독교 기업' 사회에 환원하라.

11. '청색 국회의원' 물러가라― 6 + 6 + 6= 18원이나 받아라.

12. 불교 1위 물러나라―비종교인 급증인데 개신교 1위 '등극'이라니.

2017년

2017년 개신교 전망

2005년·2015년 종교 통계 재고

2005년 종교 통계 결과가 '개신교 쇠퇴', '천주교 급성장'으로 발표되자, 10년 후에는 천주교인이 개신교인을 수적으로 앞설 것이라는 전망까지 나왔다. '개독교' 비판 담론도 2007년에 절정에 이르며 지난 10년간 인기를 끌었다. 그러나 실제로 10년 후 천주교는 2005년 통계에 비해 거의 절반으로 줄었으며 불교도 거의 반 토막이 났고 개신교만 9백만을 그대로 유지하여 인구 대비 완만히 하락하고 있다. 그렇다고 기뻐할 일은 전혀 아니다.

고령화로 현상 유지하는 중대형 교회

서울 등 대도시와 주변 신도시의 중대형 교회는 부동산과 재산을 소유한 건강한 50대 후반 이상이 안정적으로 중추를 형성하고 있으므로 큰 문제 없이 그러나 답답하게 현상을 유지한다. 신변잡기 설교, 위로 설교, 영성 일기 쓰기, ○○ 기도회 등 표피적 행사가 이어지나, 불편하고 깊이 있는 사건은 없다. 40대 목회자로 세대를 교체해봤자 그들의 주 목회 대상이 60대 이상이므로 개혁적인 설교보다는 상식과 안정을 추구하는 메시지를 이어간다. 교회 내의 분쟁이나 세습 문제에서는 타협한다.

궁즉변(窮則變)

90% 이상인 중소형 교회는 정체하고 감소하는 궁한 처지다. 그러나 궁하면 변한다고, 이들은 최근 시작된 변화의 물결에 따라 다양한 형태의 공동체 모임과 프로그램을 시도하고 있다. 자발적 집회를 추구한다. 희망과 절망, 미생과 완생이 교차하는 고난과 소망의 벅찬 공간이다.

주요 이슈

신학계는 젠더, 과학, 이민, 타종교, 평신도 신학 등 다양한 분야에서 심화될 것이다. 교회 밖 가나안 성도를 위한 아카데미와 출판 사업이 지속될 것이다. 보수 정치권이 요동치면서 교회도 부화뇌동, 방향을 상실하고 청년들로부터 더욱 외면당할 수 있다. 경제 침체 심화로 파산하는 교회가 늘어날 것이다. 해외 선교는 대위기에 빠지게 되고, 다음 세대를 육성하지 않아 가장 먼저 급락할 분야가 될 것이다. 전체적 화두는 개혁이며 선별·집중이 필요하다.

2017년 키워드: CY-FI-DAS

YOLO(You live only once) 문화로 특징지어지는 밀레니엄 세대(millennials)를 끌어안지 못한 한국 개신교는 혁신 가능성이 거의 없다. 2016년 구글 최다 검색어는 번역, 지도, 저가 항공, 여행, 고독, 안정 등이다. 사람들은 무의미하고 따분하고 부조리한 현실을 떠나 어디론가 떠나고 싶어 하며,

각자 혹은 몇 사람이 모여 그 길을 모색하고 있다. 교회는 목적지를 정해 주고 갈 수 있는 방법을 알려줘야 한다. 따라서 2017년 최대 화두는 방향을 보여주는 '로드맵'(road map)이다.

키워드	사회	교회	이슈
Candle protest	정치 정의, 자원봉사	불의 저항 훈련	분파주의
Yolo	경험, 고급 소비	Jesus event	개인주의
+ slow	여행, 기억 사업	예배와 행사 지양	우울증
+ solo	혼밥, 요리	가나안 성도 배려	각자도생
+ simple	고풍스런 간결미	작은 공동체 활성화	현실 안주
Fact check	fake news	이단 대처 교리 교육	역사 왜곡
Integrity	공직자 윤리 회복	목회자 윤리 회복	부패 관행
Dollar power	경제 정체	디아코니아(봉사)	디플레이션
AI-deep learning	무인차, 로봇, 빅데이터	정보 축적과 공유	소통 부재
Security	전쟁, 지진, 원전	재난 신학	안보 불안

▲표1_ 2017년 키워드 ©옥성득

1월 3일

아시아 최대 종교는?

아시아에서 가장 많은 신도를 거느린 신흥 종교는? 올해도 수많은 사람이 다양한 의례로 그 신을 섬길 유사 종교는? 한국인 부모로서 빠져나올 수 있는 자가 거의 없는 이 무소부재의 신은? 바로 지난 30년 이상 아시아 전역을 휩쓸고 있는 '벨 커브의 신'(Bell Curve God), 즉 상대 평가의 신, 대학 입학의 신, 대학 성적의 신이다.

관련 논문이나 기사가 많으니 찾아보시라. 신도들이 열심히 의례(기도, 헌금)에 참석하고 매일 교당에 가고 교리 과외에 선행 학습까지 열심히 하는 종교다.

최순실의 최대 범죄는 바로 이 신을 욕되게 하고 이 종교의 율례를 어긴 것이다. 전 아시아 부모가 분노하며 최서원과 정유라를 그 학벌교에서 출교했다. 『영원한 제국』의 작가도 한 방에 갈 수 있으며, 박 대통령도 덩달아 '엮여서' 탄핵될 수밖에 없는 이유 제1번이었다. 그것이 7시간보다 더 큰 죄이므로, 「뉴욕 타임스」(NYT)도 정유라 체포를 국제판/아시아판 1면 톱으로 올렸다.

3월 25일

세례 요한은 왜 세습하지 않았나?

세례 요한이 성장할 때 예루살렘 성전 체제는 부패했다. 예수님은 그 체제와 온몸으로 싸우며 거기에 채찍을 가했다. 십자가 사건과 예루살렘 멸망은 성전의 종말이었다. 요한은 부친의 제사장직 세습을 거부하고 집을 떠나 광야 석굴의 에세네파에 들어갔다. 메마른 사막에서 메뚜기와 들꿀을 먹고 기도하며 하나님의 말씀을 필사하면서, 영성과 야성을 키웠다.

여러 해가 지난 후 마침내 때가 왔다. 요한은 요단강가에 나아가 물로 세례를 주며 회개의 메시지를 선포했다. 종말에 임할 메시아, 하나님의 어린 양을 기다리며 그의 길을 예비했다. 결국 그는 그리스도를 만나 물로 세례를 주고 수백 년간 닫혔던 하늘을 열고 하나님의 침묵을 깨고, 메시아가 통치하는 하나님 나라를 감옥에서 맞이했다. 비록 목이 잘려 헤롯의 접시에 올려졌으나 여인이 낳은 이 가운데 가장 큰 자로 칭송받았다.

그대, 무엇을 보려고 광야에 나갔던가? 누구를 기다리며 예언자 공동체에 가담했던가? 비단옷을 입은 자를 보기 위해서였던가? 성전의 화려한 건물에서 제사를 드리기 위해서였던가? 곧 사라질 성전 체제를 유지하는 제사장이 될 것인가? 다가오는 하나님 나라를 준비하는 자가 될 것인가?

광야가 있었기에 사울이 사도 바울이 되었다. 광야가 있었기에 요한이 세례 요한이 되었다. 그리스도는 흥하고 나는 망해야 한다. 광야에서 외치는 자의 소리, 세례 요한. 그가 그리운 오늘이다.

종교와 과학이 따로 노는 동아시아

17세기 예수회 선교사들은 천문학 등의 선진 서양 과학을 소개하면 그 것과 '한 패키지'인 기독교를 수용할 줄 알고 열심히 과학 기술서를 소개했다. 그들은 신앙이 과학보다 우위에 있고 기독교가 유교보다 우위에 있음을 알리려고 애썼지만, 결과적으로 소수의 사람들을 제외하면 정부나 지식인은 과학 기술은 수용하고 기독교는 배척했다. 유교 문화에 기독교를 적응시키려는 노력은 그 높은 가치에도 불구하고 실패했다.

　　예수회의 '신앙과 과학 패키지' 접근에 대하여, 중국인은 어떤 논리로 둘을 분리하고 후자만 취했을까? 첫째는 격물치지(格物致知)다. 물질 세계에 대한 연구는 유교가 배격하는 바가 아니다. 둘째는 서양 문명(과학 기술)의 중국 원류설이다. 한때 중국에서 발명한 것을 서양에서 조금 발전시킨 것이다. 그러니 그것을 수용하는 것은 이단이 아니며 본래 중국 문화를 회복하는 것이다. 셋째는 동도서기론이다. 19세기 이후에도 동아시아는 서양의 기(器: 용, 재, 기)는 수용하되 리(理: 체, 혼, 도)는 동양의 것이 우월하다고 믿어 서양의 리(기독교)를 배격했다. 17세기 후반 조선에서 서양 '천문학'에 바탕을 둔 서양 달력인 시헌력(時憲曆)을 수용하면서 그 해석에 도교적 '점성술'을 발라놓은 것이 '천문학 따로 점성술 따로'라는 논리였다. 넷째는 19세기의 법인 변통설이다. 물질세계와 제도는 상황에 맞게 변한다. 온고지신(溫故知新)과 구본신참(舊本新參)의 온건 보수 입장에서 개화를 추진하면 된다.

결과적으로 현재 일본의 1%, 남북한의 9%, 중국의 6% 정도만 기독교를 수용하고 나머지 절대다수는 여전히 종교와 과학을 분리한다. 이 사실에서 몇 가지 결론을 도출해보자.

우선 최신 과학 지식을 보급하고 창조과학의 문제점을 낱낱이 밝힌다고 해서 믿음이 더 생기거나 기독교인이 느는 것은 아니다. 그러나 지성과 신앙을 통합하는 것은 중요하다. 창조, 기적, 믿음을 강조하고, 진화론을 부정하면 좋은 신앙인이라 생각하고 심지어 창조과학의 이름으로 풍수지리적 종교 관광을 하는 자들도 있는데, 창조론과 진화론이 어떻게 양립할 수 있는지를 고민해야 한다.

과학과 신앙이 따로 노는 데가 동아시아다. (유교는 진화론적이다.) 양자의 통합을 위해 애쓰는 이들에게 하나님의 지혜와 위로가 있기를 빈다. 그렇다고 둘이 따로 놀게 하는 이들을 너무 비난할 것도 아니다. 따로 놀게 하여 돈을 벌거나 교인들을 무식하게 만드는 게 문제다. 결국 창조과학이나 진화론보다 창조와 창조하신 하나님을 더 알아가고 배워야 한다.

불교 사찰과 기독교

서울기독대학교 손원영 교수가 어떤 기독교인이 훼손한 개운사 법당 불상 복구를 위해 모금을 했다가 결국 그 의연금 250만 원을 종교 평화를 위한 대화 모임인 '레페스 포럼'에 기부한 일로 인해 지난 2월에 파면되었다. 학교 측이 밝힌 파면 이유를 보면 불상 복구를 위해 모금한 행위가 우상숭배의 죄라고 한다.

1880년대 후반 서울에 개신교 선교사가 증가하던 시기에, 젊은 선교사들에게는 두 가지가 절실했다. 첫째는 자녀들이 태어나기 시작함에 따라 불결한 도시를 떠나 산모와 유아가 지낼 수 있는 위생적인 장소가 필요했다. 둘째는 각종 질병과 전염병이 유행하는 여름철에 피서하면서 쉴 수 있는 도시 근처의 안식처가 필요했다. 이 둘을 충족하는 장소가 서울 근교 산속에 있는 사찰이었는데, 우선 북한산성의 중흥사는 소풍, 피서, 산후조리를 위한 최적의 장소였다. 예를 들어 승동교회 목사가 된 새뮤얼 무어(Samuel F. Moore) 선교사가 임신한 부인을 데리고 북한산성에 있는 사찰로 갔다. 또한 남한산성도 소풍과 피서지로 애용되었다. 영국인 성공회의 목회자들은 중흥사를 애용하다가 북한산성 행궁을 여름철 피정지로 삼았다.

1910년까지 선교사나 기독교인들은 불교 사찰에서 자면서 조용히 기도회를 가지거나 연례회 여는 것을 꺼리지 않았다. 1910년 서울 부근 진관사에서는 YMCA 여름 수양회(하령회)가 열리기도 했다. 사찰에서는 예불이나 스님들 공부에 방해되지 않는 한에서 기독교인 손님들을 잘 대접하고 서로 존중하며 지냈다. 물론 그 과정에서 스님에게 전도하는 경우도 있었고 일부는 개종하기도 했다.

초기 한글 성경에 사용된 거의 모든 종교 용어는 불교에서 차용한 것이다. 죄, 회개, 선행, 공덕, 이생, 내생, 천당, 지옥 등이 모두 그렇다. 감리교 선교사이자 목사인 올링거(Franklin Ohlinger)는 유교보다 불교가 기독교와 가깝고 수용할 요소가 많다고 보기도 했다.

기독교인이 법당을 훼손한 것에 대해 사과하고 모금한 행위는 타종교인을 이웃으로 보고 서로 존중하며 평화롭게 지내기 위함이지 우상숭배를 하기 위함이 아니다. 사찰에 가서 아이를 낳고 감사하는 마음에서 숙박비를 지불하고 스님들과 대화하며 좋은 관계를 유지한 초기 선교사들이 우상숭배 죄를 몰라서 그런 행동을 했는지 조금만 생각해봐도 쉽게 알 수 있는 일이다. 다른 이유라면 몰라도, 서울기독대학교가 우상숭배 죄로 손 교수를 파면한 것은 근거가 약하다.

한국의 보수적 기독교인 지도자 중에는 초기 선교사들의 신앙을 계승한다고 말하는 이가 다수다. 그들의 롤모델이 되는 초기 복음주의 선교사들이 과연 어떤 신학에 따라 사찰과 불승들과의 관계를 유지했는지 다시 공부해야 할 것이다.

5월 3일

올라가는 산은 하나인가?

지난 2주간 나는 "한국 종교 입문"이라는 수업 시간에 한국 불교에 관해 강의했다. 사실 깊이는 몰라서 원효, 지눌, 기화, 휴정, 만해 용운, 용성 진종 스님의 사상을 간단히 소개만 했다.

기독교와 불교는 같은 산에 올라가지 않는다. 기독교인 학자 가운데 종교 간 대화를 한다는 이들에 대해 다수의 불교 학자나 승려들은 회의적이다. 그들은 불교 승만이 산 정상에 올라갈 수 있다고 믿기 때문이다. 사실 불교의 많은 가르침도 믿음을 요한다. 모두가 부처가 될 수 있다는 말도 그중 하나다.

현재와 같은 다종교 상황에서 불교는 기독교의 사회 참여, 기독교는 불교의 명상법을 배우는 식의 자세가 필요하다.

6월 1일

한국교회의 부적

오늘날 한국교회의 부적과 면벌부는 무엇일까? 루터의 종교개혁은 면벌부에 대한 비판에서 촉발되었다. 그런데 한국교회에 루터 시대의 면벌부보다 더 큰 비리와 부적들이 있다.

조선 시대의 부적

조선 유교 정부, 양반들, 1860년에 시작된 동학이나 일제 강점기 신종교들은 모두 부적 치유법을 광범위하게 활용했다. 성종 3년(1472) 이전에 초간되어 정부 병원의 산과학 교과서로 널리 사용된 『태산집요』(胎産集要)에도 임신부에게 부적을 붙이거나 부적 태운 재를 마시게 하도록 하고 있다. 태아가 불안한 임신부에 대해서만이 아니라 인력으로 고치기 어려운 병에 대해서도 조선 의학서나 일반 가정의 규범서에서 부적을 통한 치유법을 자주 언급하고 있다. 17세기 고령의 유학자 박광선(1562-1631)이 쓴 『가정규범』에는 말라리아(학질)에 대한 처방이 다음과 같이 나와 있다. "학질을 물리치는 법, 한 무리의 용이 사는데 머리가 9개, 꼬리가 18개다. 무엇을 먹고 사느냐고 물으니 학질 귀신을 잡아먹는다고 했다. 용의 형상을 그린 부적을 만든 뒤 이를 복용하라."[1]

---

1   김상운, "점잖은 양반 문집에 이런 내용이?", 「동아일보」(2014.7.30) http://news.donga.com/View?gid=65499587&date=20140730.

신종교와 부적

▲그림3_ 궁을 부적 추정도 ©옥성득

동학, 증산도, 원불교 등에서도 부적을 통해 악과 질병으로부터 보호되고 치유됨을 강력하게 믿었다. 이런 부적은 환자나 임신부, 전쟁에 나가는 군인들의 불안감을 치유해주었는데, 오늘날의 심리 치료, 음악 치료, 미술 치료 등과 비슷한 효과를 주어 의사나 약이 별로 없던 시절에는 가장 효과적인 치료법이었을 것이다. 그림3은 내가 추정해서 만든 최제우의 영부(靈符)인 궁을(弓乙) 부적이다. 이런 패턴을 붓글씨로 멋지게 그려서 동학도들에게 나눠주었을 것이다. 동학 전쟁 때 교도들은 가슴에 이 궁을 영부를 붙이면 왜놈의 총알이 뚫지 못한다고 믿었으므로, 이 부적을 붙이고 "시천주 조화정" 주문을 외면서 공주 우금치 전투에 나갔다가 무시무시한 일본군의 기관단총에 모두 쓰러지고 말았다.[2]

---

2 김창원, "우금치 전투 [3] 기개만으로 꺾을 수 없었던 전력차", 「유용원의 군사세계」(2013.5.13) https://bemil.chosun.com/site/data/html_dir/2013/05/13/2013051301097.html.

기독교 부적 1: 십자기와 붉은 네온 십자가

1900년대에 황해도와 경기도 북부 지역에서는 교회마다 '붉은 십자기'를 걸었는데, 나는 이것이 궁을 부적과 연관이 있는 기독교적 부적이라고 주장해왔다. 이 부분에 관해서는 내 글이 있으므로 여기서는 생략한다.[3] 또한 아파트촌과 신도시 빌딩마다 밤에 빛나는 붉은 네온 십자가에 관해서는 여타의 많은 글을 찾아볼 수 있을 것이다. 여기서는 다른 부적을 집중적으로 다루려 한다.

기독교 부적 2: 학위증과 설교집

100년이 지난 요즘도 기독교 부적 장사는 호황이다. 오늘날의 면죄부인 이것은 지대 추구(地代追求, rent-seeking)의 적폐다. 가장 인기 있는 부적은 목사들의 외국 박사 학위증이다. 대개는 부목사가 대필해주거나 본인이 논문 몇 개를 잘 가위질해서 만든 표절 논문으로 딴 증서다. 비록 종이 쪽지에 불과하지만 학력 사회인 한국교회에서 그것은 부적처럼 신령한 힘을 발휘한다. 그것이 있어야만 고학력자가 많은 대형 교회에서 목회자 노릇을 할 수 있다. 500년 전에 면죄부를 돈으로 샀다면, 한국교회 목사들은 지난 30년간 목회학 박사 학위증에 교인의 헌금을 쏟아부었다. 그 돈

---

3   옥성득, 『첫 사건으로 본 초대 한국교회사』, 제37장; 옥성득, 『한국 기독교 형성사』, 제2장 구세주를 보라.

을 모았다면 한국 기독교 개혁을 위한 연구소나 박물관을 지어도 여러 개를 지었을 것이다.

물론 아주 탁월한 목회학 박사 논문도 많다. 이 글에서 비판하는 논문은 그런 논문이 아니다. 다음으로 언급할 설교집도 마찬가지다. 일부 좋은 설교집이 있지만 대다수 설교집에 문제가 있기에 쓴다.

두 번째 부적이자 면죄부는 허접한 표절 설교집이다. 학위증은 대개 외국 학교에서 돈을 주고 산다면, 대형 교회 목사의 설교집은 교인의 속죄전을 받아내는 면벌부다. 목사는 이런저런 설교집과 주석에서 짜깁기한 내용으로 지면을 채우고 중간중간에 비의(秘意)처럼 자신의 은밀한 영적 경험담과 잡담인 '내가복음'을 집어넣어 마치 영약(靈藥)인 것처럼 속인다. 교인들은 담임 목사나 다른 대형 교회 목사의 설교집이 나올 때마다, 셀러브리티의 말씀으로 받들어 꼬박꼬박 속죄전을 주고 컬렉션한다. 그것을 사 읽으면 죄 사함을 받고 영력이 배가 되고 영생을 얻을 줄로 알고 열심히 착하게 구매한다. 믿음이나 은혜가 아니라 '오직 설교'가 구원한다는 신신학이 판치는 한국교회다. 출판사들이 이 신학을 조장하는 기생 식물이다. 수익성이 좋은 설교집 면죄부를 대량으로 찍어내고 베스트셀러로 선전한다.

그 결과 한국 기독교는 설교집 왕국이 되었다. 작은 교회 목사는 그 설교대로 하면 큰 교회가 될 수 있을까 하여 책을 사고 설교를 베낀다. 많은 교인과 목회자가 유명 목사의 설교집을 부적처럼 여겨 서가에 여러

권 꽂아 놓고 책들이 영험을 발휘하기를 기다린다. 그러나 세상이 쏘는 기관단총의 우월한 화력 앞에 황금 용을 그려놓은 설교집은 벌집처럼 구멍이 나고 만다. 마치 우금치의 동학군처럼, 세상이 쏘는 이슈 앞에 추풍 낙엽처럼 떨어진다.

종교개혁이 멀리 있는 게 아니다. 유럽 종교개혁 500주년 기념에 급급할 것이 아니라 한국교회 개혁 1주년을 만들어야 한다. 한국교회의 면벌부인 학위증을 태우고 설교집을 버리는 것이 개혁의 첫걸음이다. 학위증 한 장이 탈 때마다, 표절 설교집 한 권이 쓰레기통에 '턱' 하고 떨어질 때마다, 지옥에 빠진 한 영혼이 건짐받을 것이다. 그럴 때 주문 왕국, 부적 왕국, 표절 왕국, 설교집 왕국인 한국교회가 무너지고, 새로운 하나님의 왕국이 시작될 것이다.

오직 설교가 아니라 오직 믿음이요, 오직 학위증이 아니라 오직 은혜다.

8월 1일
개천에서 살아남는 게 용하다

개천에서 용쏜다고 비하하고 심지어 개천마저 사라지는 시대니 거칠게 말해보겠다. 일제 식민지 시대는 2등 계급이 1등으로, 3등 계급이 2등으로 올라갈 수 있는 절호의 기회를 제공했다. 근대 교육이라는 식민지 교육 때문이었다. 조선 시대 차별받던 서북인, 무반 양반, 향리, 서얼, 중인 집안의 자녀들은 교육이라는 사다리를 타고 일제 강점기 중산층(다수는 친일파)이 되었다. 기존 상류층은 일본이나 미국 유학이라는 더 높은 사다리를 타고 올라갈 수 있었다.

개신교는 사립 학교라는 사다리를 조금 일찍 마련했기 때문에 1910년대부터 중산층으로 올라가기 시작했다. 그러나 다수 학교가 반일 적이었으므로 1911-1912년 105인 사건에서 그런 학교 학생과 교사는 체포와 감시의 대상이 되었다. 그들은 일제가 교육령으로 사립 기독교 학교를 차별하자 3·1 운동에 적극 참여했다. 그러다가 3·1 운동 후에 그 차등이 철폐되고 기독교 사립 학교도 등록 학교가 되자, 그곳을 졸업한 많은 이들이 일본어에 능한 중산층으로 성장했다. 물론 1920년대에는 미션 스쿨에서 동맹 휴학이 끊이지 않았다. 학생들이 공립 수준의 시설과 교사를 요구했으며 신구세대 간의 갈등이 깊어졌기 때문이었다. 감리교와 캐나다장로회는 이 요구를 들어주다가 교회 성장에 실패했다. 감리교 미션 스쿨을 나온 학생들은 교육은 잘 받았으나 다수가 친일파로 성공했다. 소수 정예의 교육을 강조하면 결국 교회는 일반인에게 외면받는다. 식민 지배가 기회가 된 자와 식민 지배가 고난이 된 자들 사이에 만들어진 골은 쉽게 사라지지 않는다.

계급 상승의 2차 기회는 해방과 6·25 전쟁의 혼란기가 지나가고,

경제의 압축 성장과 함께 베이비붐 세대가 대학에 간 1970-1980년대에 주어졌다. 시골의 준재들이 인서울하여 SKY를 졸업하고 관료나 재벌 회사 직원이 되어 중산층으로 편입되었다.

이 기간에 개신교회도 급성장했는데, '삼박자 구원론'과 함께 중산층의 부와 삶을 긍정할 수 있는 신앙 생태계인 강남 대형 교회들이 등장했다. 산업화 시대의 죄와 민주화 시대의 부끄러움은 "하나님은 사랑이시다"라는 표어로 덮어졌다.

3차 기회는 오지 않았다. 1980년대에 성공한 아버지를 둔 자녀들은 좋은 학군을 거쳐 좋은 대학에 가고 좋은 직장을 얻었다. 1997년과 2008년 재정 위기 후 양극화가 가속화되면서 88만 원 세대, 파트타임 세대가 자리 잡았다. 계층 상승의 사다리였던 대학은 수시 학생부 종합 전형이라는 입시 제도와 함께 계층 양극화의 도구가 되었다. 서울대를 비롯한 일류 대학교의 교수는 크게 보면 그 양극화를 도와주는 도구로 전락했다.

교회도 1950년 6·25 전쟁 후의 1차 재건 개척 시대와 1970-1980년대 2차 아파트 단지 개척 시대가 지나자, 2000년대부터는 세습의 광풍이 불었다. 중대형 교회 대물림은 목사 사회 안에서도 계급적 서열화를 고착화했다. 조선 시대 정부 관료와 거상(巨商) 간에 정경유착인 연고주의 혹은 후견인주의(patronism, nepotism)가 형성되었듯이, 서울 중산층 중대형 교회 장로와 담임 목사 간에, 혹은 대형 교회와 신학교 교수 간에 연줄을 맺고 진영 논리로 서로 보호하고 이익을 공유하는 체계가 형성되었다.

2010년대에는 더 이상 계층 이동의 사다리가 없거나 있더라도 엄청나게 길어졌다. IT 산업으로 30대에 은퇴하는 용들이 등장했고, 반칙과 특혜가 없는 공평한 사회, 평등한 정의의 사회를 만들겠다는 구호가 울려 퍼졌다. 사회 전반이 10 대 90의 양극화로 벌어져 있어 90을 개돼지로 보는 10의 관점이 사라지기 어렵다. 편법은 더 편만하고 특혜는 더 특이하며 반칙은 더 반듯하게 행해진다. 20대는 수꼴(보수꼴통)이나 진꼰(진보꼰대)이나 오십보백보로 보며 공히 내로남불이라고 냉소한다. 둘 다 똑같이 기득권이라는 하늘에서 용으로 내려다보면서, 땅에서 기는 지렁이나 개천에서 노는 올챙이들을 향해 선문답 하기 때문이다. 흙수저가 어찌 금수저의 담론을 이해하며, 병리학 논문 제목을 읽을 수 있으랴?

교회도 강남의 중대형 교회는 계층 고착화의 도구가 되었다. 중산층에 진입하기 위해 1980-1990년대부터 대형 교회로 수평 이동한 교인들은 이제 장로, 권사가 되었다. 그들의 자녀도 가정을 이뤄 손주들까지 태어났다. 문제는 이 40대 세대다. 이들이 중고등부 학생이었을 때 부모는 아이의 대학 진학을 위해 주일 성수에 눈을 감았다. 이제 그 중고등학생 아이들이 자라 중산층이 되었고, 다시 자녀의 대입을 최우선으로 삼아 스펙과 학원을 위해 그들의 주일 성수를 포기한다. 가나안 성도의 상당수가 중고등부 때 적당히 교회를 다니다가 이젠 자녀 교육이 더 중요하기 때문에 교회 의무를 잃어버린 비신자가 되었다.

2010년대 교회를 무엇으로 비유할꼬? 도토리 키 재기, 도긴개긴이다. 사회보다 반칙, 편법, 표절, 세습, 특혜, 연줄이 더욱 작동하는 조직이다. 10 대 90을 넘어 5 대 95의 사회다. 상위 5%가 전체 예산의 95%와 교인 95%를 가진 구조다. 한국 대형 교회와 그 담임 목사 가족의 범죄, 도덕적 해이, 안하무인, 내로남불, 교만, 반칙적 행위는 교회사 2,000년의 죄악사를 무색게 한다.

개천은 이미 오염되어 올챙이도 살 수 없는 상태고 부모 개구리도 굶어 앙상하다. 강에 사는 이무기는 승천한 부모 용이 주는 영양가 있는 음식으로 압축 성장을 거듭하고, 비슷한 집안끼리 결혼하여 이미 유전자가 달라졌다. 노는 물이 달라 이무기들은 천하를 누비며 다니는데 반해 올챙이는 뛰어봤자 개천이다. 개천 환경을 개선하겠다는 용왕님의 대안이란 그저 매년 한 철 장마를 보내 개천에 홍수가 나게 하여 기존 환경조차 더 파괴하는 것뿐이다. 그러나 이무기도 날다 떨어질 날이 올 것이다.

90% 작은 교회들은 생존에 허덕인다. 지하실에서, 상가에서 울부짖어도 매달 월세 내기도 어렵다. 해외 유학, 교차 인턴, 교차 세습, 골프 회원권, 강남 헬스장 출입 등, 큰 교회 목사 자녀들은 노는 물이 다르다. 노회와 총회는 이미 대형 교회들의 떡고물 잔칫상이라, 60대 총대들은 유람 가서 굿이나 보고 떡이나 먹으면 된다.

그러나 세상은 변한다. 생각보다 늦게 변하고, 생각보다 빨리 변한다. 강물은 흐른다. 계곡에서는 날렵하게, 느린 구간에선 유유히 물길을 따라간다. 적폐의 시간이 아니라 축적(蓄積)의 시간을 만들자. 느리게 변하는 듯하지만 내공은 쌓인다.

8월 22일
종교인 납세

종교인 과세가 아닌 종교인 납세다. 낼 형편이 되면 내는 것이 좋다. 세금 낼 수 있는 수준으로 월급 받는 종교인이면 감사하며 낼 일이다. 지난 100년 넘게 "가이사의 것은 가이사에게"를 외친 보수 복음주의 교회들이 앞장서면 좋겠다. 큰 교회부터 가이사의 법인세법을 공부해야 한다. 이미 여의도순복음교회를 비롯해 경동교회, 명성교회, 사랑의교회, 새문안교회, 소망교회, 연동교회, 영락교회, 온누리교회, 오륜교회, 지구촌교회 등에서는 목회자들이 세금을 내고 있다.

종교개혁 500주년보다 한국교회 1주년이 중요하다

지금은 고향을 떠난 이민자, 난민, 노숙자, 떠돌이의 시대이므로 이민 신학이 중요하며 바로 그러한 노마드 신학에 교회 개혁의 실마리가 있다. 루터도 한동안 도망자요 망명자요 떠돌이였고, 칼뱅도 이 나라 저 나라를 돌아다녀야 하는 이주자였으며, 존 녹스도 스위스를 떠돌다 스코틀랜드에 가서 장로교회를 만들었다. 웨슬리도 아메리카, 아일랜드, 영국 전역을 떠돌며 전도했고, 예수님도 이 땅에 잠시 유하는 나그네로, 이주민으로 사셨다.

종교개혁의 정신은 임시 우거하는 이민자, 비영주 외국인 노동자, 떠도는 나그네, 교회 밖 사람들을 대접할 때 비로소 살아날 것이다. 독일 유적지 방문, 기념 세미나, 학술 대회는 이제 그만하자. 한국교회가 그 돈으로 탈북자, 동남아에서 온 노동자, 이 땅에 떠도는 지극히 작은 하나님의 백성을 위한 섬김의 봉사를 하며 디아코니아 공동체를 만들 때, 진정한 종교개혁의 후예가 될 것이다.

500년 전 중세 때의 학문이나 신학으로 무엇을 하겠다는 것은 가당치 않다. 이황·이이의 유학이 아무리 훌륭해도, 루터·칼뱅의 신학이 아무리 고고해도, 우리의 문제 해결을 위해서는 그 기본 정신과 실천을 현재에 맞게 적용해야 한다. 이는 그들의 ○○론에 대한 논문 수백 편을 발표한다고 되는 것이 아니다. 이미 다 정리되어 있는 것을 짜깁기, 재탕하지 말고, 한국교회 개혁을 위한 현재적 의미를 찾고 실천에 나서도록 하라.

유럽 종교개혁 500주년이 중요한 게 아니라 한국교회 개혁 1주년을 만드는 게 중요하다.

8월 21일

목사들에게 고함

앞으로 두 달 동안 한국교회가 종교개혁 500주년 행사를 전혀 하지 않는 것과 계획한 모든 행사를 하는 것 중, 어느 쪽이 교회에 더 도움이 될까? 유럽 종교개혁 500주년 기념 행사로 한국교회가 쓸 돈은 가히 짐작하기도 어렵다. 한국교회는 정말 돈이 많고 지나치게 행사를 잘하며 보여주기식 쇼에 '탁'월한 재능이 있다. 기념식·문화 행사·기념 연주회·전시회·공연에, 학술 대회·포럼·강연·서적 출판·교육 프로그램·TV 특별 프로그램이 난무하고, 순금 기념 주화·크루즈 여행·독일 종교개혁 여행 상품이 판매되며, 다양한 기념 상품이 쏟아져 나올 것이다. 성명서·긴급 기자회견도 빠지지 않을 것이다. 가히 종교개혁 특수라 할만하다. 이런 축제마당에 몇 년간 쓸 돈을 다 쓰거나 벌어들일 모양이다.

종교개혁 정신의 기본인 성경으로 돌아가는 대신, 몇십 년 묵은 집안처럼 거나한 행사로 잔치판을 벌여야 만족하는 풍토다. 1984년 한국기독교 100주년 때도 마찬가지였다. 그러나 거한 잔치 후에는 그 집안에 우환이 오거나 망하는 법이다. 30년 전 잔치로 한국교회는 '잃어버린 20년'(1986-2007)의 정체기를 보냈다. 그 기간에는 대형 교회가 우후죽순처럼 솟아나 마치 한국교회가 급성장하는 것 같은 착각을 일으켰으나 사실 속은 곪았고, 결국 지난 10년간 쇠퇴기를 보냈다.

이제 퇴장하는 세대가 마지막 잔치를 하고 싶은 모양이다. 설거지는 30-40대에게 맡기고 말이다. 그러다 보면 앞으로 한국교회는 회복할 수 없는 '쇠퇴기 20년'(2008-2027)의 후반기를 맞아 드디어 인구 중 한 자릿수의 퍼센티지를 차지하는 소수파로 전락할 것이다. 지금도 인구의 20%가 아니라 10% 수준이며, 10년 후에는 5%로 감소할 것이라는 위기의식을 갖고 앞으로 두 달을 보내야 한다.

앞으로 두 달간 모든 행사를 중지하고 모든 목사와 교회 지도자가 골방과 교회에서 기도하며 회개 운동을 일으킬 때만 지난 30년의 잃어버린 세월에서 유턴할 수 있다. 취소하기 어려워서 계획대로 그 모든 행사를 휘몰아서 하고 나면 11월부터는 마치 강력한 태풍이 지나간 후의 마을처럼 쌓인 쓰레기와 오물로 인해 사람들이 교회를 떠나갈 것이다.

앞으로 두 달간 무엇을 할 것인가? 이럴 때 하는 말이 바로 제발 "가만히 있으라"이다. 주께서 세미한 음성으로 무엇을 말씀하실지 기다리며, 제발 아무것도 하지 말고 엎드려 있으라. 무위이화(無爲而化)다. 앞으로의 두 달이 향후 20년을 결정할 것이다.

8월 21일

평균 연령 60세의 노쇠한 한국교회

3년 연속으로 분당에서 한 달 정도씩 시간을 보내게 되어, 몇몇 대형 교회 예배에 참석했다. 교인의 평균 연령이 50-60세 정도로 보였다. 중산층 교회는 이제 50대 중반에서 60대 초반이 교회의 중심 세력이라는 글을 몇 차례 올린 적이 있다. 가장 큰 문제는 이 교회의 50대 담임 목사들 설교가 20년 전 목회자들에 비해 파괴력과 영력이라는 측면에서 현저히 떨어진다는 점이다. 이미 대형 교회의 메커니즘에 취해 매너리즘에 빠진 설교, 밍밍한 설교, '내가 복음'의 설교를 하고 있다.

현재 노령화되는 중대형 교회들은 새 담임 목사를 선출할 때 50대를 선호한다. 현상 유지가 목표이기 때문이다. 그들에게는 재정도 있고 건강도 있으니 앞으로 20년간 웰빙하면서 몸을 잘 관리하면 큰 문제가 없을 것으로 낙관하고 있다.

첫 번째 시나리오는 예상대로 서서히 늙고 쇠퇴하다 편안한 교회 공원 묘지로 가는 것이다. 그러나 내일을 누가 알랴. 창고에 온갖 것이 가득

한 중대형 교회라도 각종 '성인병'과 암이 찾아오고 사고도 나고 천재지
변도 일어난다. 두 번째 시나리오는 10년 후 교인 절반, 20년 후 그 절반
으로 급격히 줄면서, 각종 부동산을 매각해야 하는 상황이 오는 것이다.

중대형 교회가 어느 시나리오로 가든 현재 80-90%를 차지하는
100명 이하 소형 교회들 역시 급격히 위축될 것이다. 그러나 그 안에 남
은 자가 있고, 새 일을 행하시는 주께서 새로운 교회의 씨들을 뿌리고 계
시니, 아무리 동장군이 설쳐도 '전멸'은 면할 것이다. 새봄이 올 때 수많
은 올챙이가 힘껏 다리를 뻗을 것이다.

8월 29일

한국은 크리스텐덤이 아니다

박성진 중소벤처기업부 장관 후보 때문에 말이 많다. 교회의 주류가 사회
의 반지성인으로 몰리는 형국이다. 현재 많이 잡아도 남한 인구의 17%
정도만이 개신교인이다. 소수자 집단이다. 곧 10%로 떨어진다는 예상이
곳곳에서 나온다. 한국은 기독교 국가가 아니다. 기독교인이 다수 집단
인 것처럼 갑질할 때가 아니다. 소수 집단인 을로서의 기독교인이 다른
을 집단과 어떤 관계를 유지하느냐가 앞으로 10년간 살아 있는 화두가
되어야 한다. 죽은 화두인 '종교개혁 500주년'이나 '부흥', '창조과학' 등

등으로 시간을 낭비할 여유가 없다. 소수자 을로 사는 법을 빨리 익혀야
한다.

한국교회가 양산하는 두 유형의 사람

한국교회에는 '착한 사람 증후군'(good child syndrome)과 '메시아 콤플렉
스'(messiah complex)에 걸린 자들이 많다. 전자는 교인 중에, 후자는 목사
중에 많다.

착한 사람 증후군

착한 아이라는 말을 듣기 위해 자신의 욕구나 소망을 억압한다. 거절을
잘 못 한다. 화를 잘 내지 못 한다. 남에게 싫은 소리를 못 한다. 따라서
교회의 비리를 보아도, 사회의 구조적 악을 보아도 침묵한다. 설교나 교
회 교육이 체제에 순응하고 권위에 복종하는 '착한 아이'를 양산해왔기
때문이다. 한국교회 교육은 성도들이 신앙의 공공성과 사회 정의 문제를
외면하거나 그에 대해 침묵하도록 만들었다. 설교에 '아멘'만 하게 하는
교회는 한국교회뿐이다.

메시아 콤플렉스

착한 아이 증후군과 달리 이 증세가 있는 사람은 자신이 구세주가 될 운명이라는 신념에 충만해 있다. 비록 자신은 힘들고 손해 보고 희생하며 잠을 못 자고 일하더라도, 이를 통해 다른 사람을 돕고 교회와 사회를 개선하고 있다고 믿는다. 내가 망해가는 교회를 구하리라, 썩은 사회를 구하리라. 내면에는 점점 불행이 자라고 있지만 오늘도 나는 지구를 구하기 위해 집을 나서고 있다고 스스로 위로한다. 일종의 과대망상증이다. 그래서 조울증에 걸리고 감정 기복이 심하다. 목회자 중에 특히 이 증후군 환자가 많다.

전자는 조용히 있고, 후자는 방방 뛴다. 전자는 남이 시키는 대로 하지만 후자는 혼자 다 한다. 전자의 순응적인 '착한 사람'은 거절하는 법, 정당하게 화내는 법부터 배워야 한다. 남 듣기 좋은 소리만 하지 말고 완벽주의를 버려야 하며, 남과 다르게 사는 법, 자신에게 충실하는 법을 배워야 한다. 착함 뒤에 자신을 숨기지 말아야 한다.

후자의 인물은 일을 나누어서 하고 협력해서 하는 방법을 배워야 한다. 모세가 메시아 콤플렉스에 빠져 히브리 노예들을 해방시키겠다는 원대한 꿈을 품고 저지른 일은 동족을 괴롭히는 이집트인 한 명을 죽이고 도망자 신세가 된 것뿐이었다. 그가 광야에서 양을 치며 하릴없이 세월을 죽인 후 깨달은 것은, 일은 나누어서 해야 한다는 사실이었다. 체제를 전복하기 전에 먼저 자신을 전복하여 철저한 무능의 광야 세월 40년을 경험해야 한다.

교회 교육은 건전한 자아상을 지닌 '개인'을 만들어야 한다. 하나님 앞에서 '오직 은혜로' '오직 믿음을 통해' 구원받은 거듭난 인간이 성도로 존재할 때 건전한 교회가 된다. 행복한 개인이 행복한 가정과 교회를 만든다. 이러한 가치관이 바로 루터의 기여였다.

한국교회 교인들은 너무 착하다. 착한 사람 콤플렉스를 빨리 극복해야 한다. 한국교회 목사들은 너무 뻔뻔하다. 메시아 콤플렉스에서 벗어나야 한다. 착한 아이들의 아부에 둘러싸인 메시아적 목회자는 제왕처럼 군다. 비판하는 목소리를 참을 수 없다. 그래서 대형 교회는 이상한 방향으로 가게 된다.

9월 20일
주식회사 루터, 주식회사 칼뱅

종교개혁 500주년에 대한 가톨릭 측의 시선을 알아볼 일이 있어서 그쪽 자료를 보다가, 가톨릭에서는 개신교를 비판할 때 'Luther&Co.'(주식회사 루터)라는 말을 쓴다는 사실을 알게 되었다. 루터의 종교개혁이나 칼뱅의 개혁, 영국의 개혁이 결국 교회를 분열시키고 그들만의 이익을 위한 집단을 만들었다는 인식이다.

사실 종교개혁 이후 500년 동안 파산한 것은 개신교이고, 지난 100년간만 보아도 천주교는 기독교인의 50%를 꾸준히 차지하면서 건재하다.

2017년 한국에서 벌어지고 있는 루터의 종교개혁 500주년을 보면 주식회사 루터라는 말이 맞는 듯하다. 신학자들은 메뚜기가 제철 만난 듯이 루터와 종교개혁을 이용해 이름을 낸다. 숭어가 뛰니 망둥이도 뛴다고 출판사마다 '루터'요 세미나와 강의마다 '종교개혁' 행사뿐이다. 주식회사 칼뱅도 여전히 성업 중이다.

그러나 '루터'를 외치지만 멧돼지 루터같이 저돌적인 개혁자는 없다. '종교개혁'을 외치지만 개혁의 대상에는 500년 전의 천주교나 100년 전의 타종교만 들어 있을 뿐, 오늘날의 개신교는 없다. 개신교의 현안이 들어가 있는 '장로교회 개혁'이나 '감리교회 개혁'은 안 보인다. '500년 전'만 반복하면서 주식회사 칼뱅이나 주식회사 웨슬리는 개혁의 대상이 아니라고 착각한다.

9월 개신교 교단들의 총회를 보면 파벌의 기득권 지키기와 힘 자랑과 립 서비스뿐이다. 일반 중소기업의 한 해 결산 수준에도 미치지 못하는 현실 분석에 미래 전략은 찾아보기 어렵다.

통계에서 증가하는 것은 목사와 교회 숫자뿐이다. 40대는 여자, 50대는 돈, 60대는 권력에 빠져 있다. 루터의 붉은 심장은 불륜과 성폭력으로, 검은 십자가는 영광을 탐하는 권력욕으로 더럽혀졌고, 교회의 중심 자리에는 돈이 앉아 있다. 그 성장을 향한 욕망의 그림자에서는 '구원파&Co.'나 '신천지&Co.'와 같은 이단이 양의 얼굴로 평화의 이름을 내걸고 독버섯처럼 자라고 있다.

\# 10월 1일

문자주의의 폐

왜 창세기 1-2장을 읽고 창조 '과학'으로 갔을까?
30년 전 한국 신복음주의 지식인, 공학도, 대형 교회는
왜 창세기 이야기를 읽고
예술, 문학, 철학, 종교, 신학으로 가지 않았을까?
만일 그때 과학자 하나님이 아닌 예술가 하나님을 발견했다면
지금쯤 한국교회와 한국 신학은 좀 더 창조적인 작업을 하고
한국 사회에 창조적인 기여를 할 수 있지 않았을까?
한국 사회를 좀 더 아름답게 만들지 않았을까?
창조적 예술가로서의 하나님을 만나야
창조적 그리스도인이 되지 않을까?
만드신 것을 보고 "아, 좋다",

"아, 아름답다"고 하신

예술가 하나님!

루터의 공동 금고

10월 29일 종교개혁 500주년 주일의 주제는 개인의 실천이 아닌 '제도'가 되어야 한다. 개인의 믿음, 개인의 실천 문제가 아니다. 루터의 종교개혁은 사회 복지를 개인의 선행 실천으로 해결하려 하지 않고, 읍이나 도시의 제도로서 규칙을 정하는 것으로 해결했다. 이익 경제에서 소외된 가난한 자들을 위해서, 경제 정의를 위해서, 여러 법적·제도적 장치를 마련한 게 종교개혁 디아코니아의 특징이고 기여다. 즉, 고리대금업 금지법, 임대비의 과도한 인상 금지법 등 사회 복지로 나아갔다.

선행을 통하여 '구원을 위한 점수'인 공덕을 쌓아 구원받는다면 선행의 대상인 가난한 자가 필요하다. 그래서 중세 공덕 사상은 거지 탁발승을 두어 일반 시민이 시주로 공덕을 쌓게 했고, 부자들이 가난한 자에게 희사하고 교회에 연보하게 함으로써 구원을 보장해 줬다. 그러나 오직 은혜, 오직 믿음으로 구원받는 것을 내세운 루터에게는 더 이상 선행이 구원의 조건이 아니었다. 그러면 왜 선행과 구제를 해야 하는가? 그것은 구원의 조건이 아니라 구원받은 자의 감사와 사랑의 행위다. 기독교 사회 윤리는 예배의 연장이다. 루터의 새 신학은 선행의 대상인 가난한 자를 필요로 하지 않았다. 그래서 공동 금고라는 제도와 법적 규제로 극빈자를 없애려고 노력했다. 세속사가나 사회사가들은 종교개혁이 사회 개혁에 실패했다고 보지만, 공동 금고 제도는 그 비판에 대한 좋은 반증이 되기에 중요하다.

'공동' 금고는 열려 있다. 가난한 자에게 연보가 돌아갔기 때문이다. 루터하우스(루터가 거주했던 곳으로 현재는 박물관이 되었다) 바로 옆에는 속죄 전 금고가 있는데 그것은 자물쇠로 굳게 닫혀 있다. 주교와 대주교와 바티칸의 사적 금고이기 때문이다. 대형 교회의 핵심에는 교회의 사유화 문제가 있다.

그러한 맥락에서 CBS TV "다시 쓰는 루터 로드 2"가 디아코니아를 강조한 것은 잘한 일이다. 장애인을 위한 시설을 방문한 것이나 난민의 세례 장면도 좋았다. 그런 복지와 환대가 어떻게 제도화되는지에 초점을 두어야 한다.

공동 금고에서 우리는 신앙의 공과 사, 양심과 제도, 신학의 변화와 사회 변화를 풀어낼 수 있어야 한다. 그것이 2017년 10월 29일 종교개혁 500주년 주일의 주제가 되어야 한다. 가난한 자는 근본적으로는 신학적 문제요, 실천적으로는 제도적·법적 문제다.

세습 원로 목사의 참회

충현교회는 강남 대형 교회 1호로서 세습 1호의 불명예를 안고 있고, 그 중심에 김창인 목사가 있다. 이 교회는 1984년 한국 기독교 100주년을 기념하는 해에 역삼동에 고딕식 대형 예배당을 건축하여 이전했고 이때 '맘모스' 교회라는 별명을 얻었다. 운동권에서 통일 방해 세력, 청산 대상 1호로 개신교 대형 교회를 꼽았는데, 여기에 충현교회가 큰 역할을 했다. 또한 내가 한국교회사 공부를 시작하는 계기도 마련해주었다.

충현교회는 1997년 나라가 힘들 때 1호 세습을 하여 한국교회 몰락에 기여했다. 그나마 세습 15년이 지난 후에 김 목사는 아들과의 갈등 끝에 자신의 과거를 참회했다. 2012년의 일이다.[4]

한국인은 과거에 대해 너그럽다. 쉽게 잊는다. 그래서 더욱 한국교회의 행적을 두 눈 부릅뜨고 살피며 기록하고 기억하고 비판하는 살아 있는 언론, 예언자적 비평가, 역사가들이 필요하다. 잊어서는 안 될 일이 있고 교훈으로 새겨야 할 사건이 있기 때문이다.

많은 교회가 강남 대형 교회 1호, 세습 1호가 간 길을 따라갔다. 그

---

4   이태훈, "교회를 아들에게 물려준 것은 내 인생 최대의 실수, 회개합니다", 「조선일보」
     (2012. 6. 14).

결과 오늘날 한국교회는 '종교 자영업, 패밀리 비즈니스'가 되었다. 하나님 위에 원로 목사가 있다.

사회적 자본과 세습

어제 수업 시간에 한국 종교인 집단 중 사회적 자본(social capital)이 높은 곳이 어딘지를 다룬 논문을 잠시 살펴보았다. 사회적 자본에는 여러 요소가 있겠지만 사회 참여(civic engagement)와 대인 신뢰도(interpersonal trust)가 중요하고, 특히 전자는 1) 인도적 기부, 2) 혁신, 연결망과 같은 모듈성(modularity), 3) 학교나 병원과 같은 기관 설립, 4) 독립운동, 민주화 운동, 통일 운동과 같은 자율성의 네 가지 차원에서 점검할 수 있다. 조사 결과 이 네 차원에서 기독교인이 불교인보다 더 적극적이고 따라서 사회 참여를 더 많이 하고 있었다. 그런데 또 다른 요소인 대인 신뢰도에서는 종교 집단 간에 차이가 없고 오히려 개신교인이 떨어지는 경우도 있었다.

한국 개신교인은 기부도 많이 하고 병원과 학교도 많이 운영하며 비영리단체 활동, 온라인 활동, 사회 활동도 활발히 하지만, 타인과의 관계가 원만하지 못하고 같은 교인끼리도 믿지 못하며 목회자 비리와 성추행 등의 비윤리적 행위로 신뢰도가 추락해왔다. 기독교인들이 밖으로는 방방 뛰는데 반해 안으로는 멍멍하게 산다는 말이다. 불교인들은 비록 밖으로는 비활동적으로 보여도 안으로는 신뢰를 쌓아가고 있다. 그렇다면 어느 종교인이 행복한가? 어느 집단에 희망이 있는가? 물론 최근에는 불교인의 신뢰도도 추락해, 비종교인이 급증하는 추세긴 하다.

한국교회는 그동안 사회 참여가 부족해서 교회가 쇠퇴한다는 말을 많이 하면서 그쪽으로 투자를 많이 했다. 그러나 쇠퇴 원인은 다른 데 있다. 신뢰가 없기 때문에 망하고 있다.

믿음/신앙을 교리를 믿는 '지적' 믿음(belief)으로 가르치고 '행위' 없는 믿음은 죽은 믿음이라고 가르친 결과, '머리'만 커지고 '위선'만 늘었다. 믿음은 신뢰(trust)요 신실함(faithfulness)이다. 믿고 맡기는 관계가 신앙이다. 한국교회가 하나님을 신뢰하지 않고 뭔가 해보려고 하기 때문에, 교회의 머리 되신 예수님을 믿지 못하기 때문에, 지체인 다른 교인도 믿지 못하는 신용 불량 집단, 실제적 불신(不信) 집단이 되었다.

지금은 사회 참여도가 아니라 신뢰도를 높일 때다. 이런 때에 대형 교회 세습은 신용 불량 단계를 더욱 심화시켜 신용 파산으로 가는 악수다. 그런 교회가 아무리 사회 기부를 많이 하고 북한 돕기를 하고 사회 참여를 해도 신용 점수는 올라가지 않고 파산에서 벗어날 수 없다. 행위(사회 참여)로 구원받는 게 아니라 믿음(신뢰도)으로 구원받기 때문이다.

한국교회는 제발 가만히 있어 기존에 갖고 있는 신용 점수라도 까먹지 말자. 하늘 나는 새를 보라, 들에 백합화를 보라. 행동하지 않아도 하나님이 먹이고 입히신다. 한국교회는 그것들보다 얼마나 귀하냐!

10월 28일

종교개혁 500주년과 기이한 일

500년 만에 유럽과 미국의 가톨릭과 개신교는 서로 별 차이가 없는 상태로 수렴되었다. 당시에는 화형을 집행할 정도로 심각하게 여겨졌던 신학적·교리적 차이가 이제는 크게 문제 되지 않는다. 한국의 경우 두 교회가 다른 듯하지만 내부적으로 타락하고 쇠락한다는 점에서 여러모로 비슷하다. 한국은 개신교 교단이 300개가 넘는다. 차이도 별로 없는데 무슨 교단이 그렇게 많은지, 한국화가 잘못된 최악의 경우가 교단 분열, 장로회 분열이다. 이 점에서 보면 '분열교'를 만든 개신교 종교개혁은 실패했다. 칭의니 성화니 하는 문제보다 교회를 산산조각 낸 것부터 반성해야 한다.

사실 올해는 가톨릭이 500년 전 루터 신학을 가지고 한국 개신교를 비판해도 할 말이 없을 정도로 역전된 면도 많다. 오직 성경이 아니라 '오직 목사 설교로만' 구원받는 한국 개신교다.

그런데 기이한 일은 500년 전 루터가 마치 오늘날의 문제를 해결해

줄 것처럼 한국 개신교에 루터 열풍이 분다는 점이다. 현재 세계 기독교계는 500년 전 교리나 쟁점을 가지고 논쟁하거나 그런 것들을 문제 삼지 않는다.[5] 그런데 유독 한국교회만 500년 전 5대 솔라(Five Solas)를 주문 외듯 외고 루터의 글을 번역하며 그의 논문을 재탕한다. 그 정신은 계승해야 하겠지만 어디까지나 지금 당면한 과제를 놓고 신학적 작업을 해야 한다.

그렇다고 한국 개신교가 500년 전 상태에 있는 것은 아니다. 올해는 루터를 냄비에 넣어 물을 부어 끓여 먹고, 내년에는 또 다른 것으로 인스턴트 푸드 끓여 먹듯 하며 유행 따라 갈아 치울 것이다. 그런 잔치성 행사를 하면 남는 것은 교단의 총회장, 노회장, 강사로 초대된 교수들에게 돌아가는 봉투뿐이다. 교인들 헌금이 줄줄이 새고 있다. 조미료에 혀가 길든 교인들은 계속 강사나 목사의 입에서 나오는 허접한 말만 들으며 잃어버린 20년, 30년을 보내고 있다. 그리고 잔치도 자주 하면 재미가 없다. 콘텐츠가 없기에 젊은이들이 오지 않는다.

---

5   Pew Research Center, "After 500 Years, Reformation-Era Divisions Have Lost Much of Their Potency," *Pew Research Center: Religion & Public Life* (August 31, 2017) https://www.pewforum.org/2017/08/31/after-500-years-reformation-era-divisions-have-lost-much-of-their-potency/를 참고하라.

종교개혁과 마술

Nation	Percentage who believe in:		
	Fortune tellers	Astrology	Lucky charms
'Protestant' Nations			
Germany	25	32	37
Netherlands	26	21	19
Switzerland	35	42	36
Catholic Nations			
Austria	28	32	33
France	37	38	23
Ireland	31	17	24
Portuga:	27	29	45

Source. International Social Survey Project, 2008

▲표2_ 유럽의 마술 신앙, 2008[6]

최근 102차 대한예수교장로회 통합 총회에서 요가와 마술을 금했다. 좋게 생각하면 점술, 점성술, 부적, 풍수, 사주팔자 등도 함께 금한 것으로 볼 수 있다. 종교개혁이 중세의 자연 미신관을 깨고 자연과학을 발전시켰다는 명제에서 보자면 이번 총회 결정은 그 전통을 계승한다고 할 수 있다. 그러나 지난 500년간 유럽에서 개신교 국가가 과연 마술과 미신 퇴치에 성공했는가? 결론적으로 말하자면 아니다. 위의 도표는 개신교

---

6   Rodney Stark, *Reformation Myths* (2017), 14.

국가나 가톨릭 국가 모두 일반인의 종교로 자리 잡은 마술 문제에서 차이가 없고, 마술을 믿고 실천하는 비율이 높음을 보여준다. 칼뱅주의가 강한 스위스인들이 루터파 독일인들보다 더 마술을 실천한다. 주일 예배 참석률도 신구교 간에 차이가 없다.

한국 개신교는 어떠한가? 아래의 도표를 보면 유럽과 비슷한 상황임을 알 수 있다. 개신교인 가운데 궁합, 사주팔자, 풍수지리를 수용하는 비율은 30% 가까이 된다. 윤회설도 20% 정도가 믿고 있다. 개신교 외의 타종교에도 구원이 있다고 보는 비율이 30%를 넘는다. 결국 토요일에는 보살 무당에게 가서 점을 치고 궁합을 본 후, 일요일에는 교회에 와서 예배드리고, 월요일에는 직장에서 유교적 장유유서나 남녀유별에 따른 위계질서를 받아들이는 게 상당수 개신교인의 일상적인 종교성이다. 즉, 적지 않은 개신교인들은 다종교 정체성을 가지고 종교 혼합을 실천하고 있다.

	유일신앙	종말론	생명 복제 반대	현세적 신앙	종교 다원론	궁합	풍수지리	제사 허용	윤회설
2004년	78.4	61.0	67.7	38.0	25.4	15.4	15.9	24.5	9.6
2012년	67.2	55.7	54.6	40.4	30.2	29.5	29.5	20.6	19.5

▲표3_ 개종교/종교 교리에 대한 인식[7]

7   한국기독교목회자협의회, "한국인의 종교 생활과 의식 조사 요약 보고서"(2012)
     http://www.kpastor.org/news/articleView.html?idxno=481.

종교개혁의 산물인 개신교는 유럽이나 미국이나 한국에서 마술을 없애지 못했다. 마술(점, 궁합, 풍수)을 믿고 실천한다는 면에서는 개신교인이 가톨릭 신자나 무종교인 사람과 별로 차이가 없다.

통합 교단 총회는 교회 행사나 예배 때 간단한 마술 실기로 관심을 유발하는 행위를 금하고 운동으로서의 요가 체조 참여를 금지했다. 그러나 신학교와 교단은 마술 문제를 그런 단순한 차원이 아니라 더 깊은 차원에서 다루어야 할 것이다. 요가가 그 기원과 기본 사상에 힌두교가 있어서 안 된다면, 침도 그 기원과 기본 사상에 도교나 유교가 있으므로 한의원에 가면 안 되게 되는 곤란한 상황이 발생한다.

따라서 종교 혼합 문제, 종교 다원론의 문제와 함께 궁합, 사주팔자, 부적, 풍수지리, 점술, 침술 등에 대한 종합적인 신학적 정리와 목회적 돌봄이 필요하다.

10월 31일

나는 누구인가?

모세의 야웨: "나는 나다."

소크라테스: "너 자신을 알라."

석가모니: "너 자신(色)은 공(空)이다."

공자: "너 자신을 이기고 예로 돌아가라"(克己復禮).

예수: "너 자신을 부인하고 십자가를 지라."

아우구스티누스: "만일 내가 잘못하고 있다면, 나는 존재한다."

루터: "내 교리는 누구의 판단도 받지 않는다"(1521).

데카르트: "나는 생각한다, 고로 존재한다"(1637).

선불교: "나는 생각하지 않는다, 고로 존재한다."

전태일: "나는 기계가 아니다, 인간이다"(1970).

서태지: "난 알아요"(1992).

요즘 청년: "나는 을(乙)이다."

오늘 10월 31일: "나는 항의한다, 고로 존재한다."

11월 1일
교파 분열과 대형 교회의 등장

앨리스터 맥그래스(Alister McGrath) 교수는 종교개혁의 교회론에 따라 수많은 교파가 발생했으며, 지난 한 세대에 공동체 교회와 대형 교회들이 등장할 수밖에 없었다고 말하는데, 그는 이를 긍정적인 혁신으로 보는 듯하다.

한국에서 교단과 대형 교회의 갈등은 1990년대에 본격화되었다. 노회보다 막강한 대형 교회가 등장하기 시작했고, 그동안은 나름대로 타협하며 지내왔으나 이제 충돌이 불가피해 보인다. 대형 교회 자체가 하나의 교단을 형성할 세력을 지녔으므로 여차하면 탈퇴 카드를 들고 나올 수도 있다. 노회 정도는 장악할 수 있지만 총회는 어렵기 때문이다.

맥그래스 교수가 사례로 든 미국의 공동체 교회나 대형 교회는 한국 대형 교회들과 상호 영향 속에서 성장했으며 서로를 벤치마킹했다. 예를 들면 대형 화면에 설교를 띄워 다른 건물이나 다른 성전에 동시 상영하는 방식은 한국 대형 교회들의 '혁신'이다. (한국인이 얼마나 똑똑한가?)

그렇다면 맥그래스 교수는 과연 한국 대형 교회 현상을 좋게 생각하는 것일까? 아마 그가 와도 한국교회의 세습이나 탈법, 목회자의 타락과 같은 난맥상에 대한 답을 찾기는 어려울 것이다.

11월 11일

대형 교회와 성형외과가 잘 되는 이유

한국에서 대형 교회와 성형외과가 잘 되는 이유는 다음과 같다. 첫째, 가족을 위해 봉사하는 가족 자아(효 자아)와 다른 사람과 같아야만 하는 주체성 없는 자아(좋게 말하면 관계성 중심 자아)를 조장한 신유학 때문이다. 둘째, 큰집과 같은 제국에 충성하는 신민을 기른 식민지 교육(좋게 말하면

서구 제국주의에 대항하는 대동아주의 교육)때문이다. 셋째, 국가 발전이 나의 발전의 기본이라는 국가주의 교육(좋게 말하면 민족 중흥과 근대화의 역군 양성)의 세뇌 때문이다. 넷째, 상업주의에 물든 소비적 자아 때문이다. 소비적 자아는 자아 수양 대신 자기 개선과 성취만을 추구한다.

21세기가 되었지만, 여전히 한국인은 친구 따라 강남 가고 쌍꺼풀 수술을 하고 학원에 다니고 큰 교회에 출석하며 비슷한 옷을 입고 명품 가방을 들고 목소리 큰 사람을 따라가야 안심하는 심리를 지니고 있다. 또한 남들이 가진 것을 보면 배가 아프다. 아마 그래서 그나마 쉽게 브랜드 가치를 누릴 수 있는 대형 교회에 많이 나가는 것은 아닐까? 나의 양심과 주체적 자아를 발전시키지 않고 익명으로 대형 교회의 이름 아래 숨을 수 있어 편하기 때문에, 누가 뭐래도 큰 교회에 나가는 것은 아닐까?

개신교의 출발점은 '하나님 앞에서 자유로운 단독자'인데, 그런 개인주의가 허용되기 어려운 곳이 대형 교회다. 변혁을 통한 개성은 모난 돌로 정을 맞으므로 남들과 같아지고 싶은 일치성(conformity)에 대한 욕구가 대형/성형을 유행시키고 있다.

교회는 사업하는 회사가 아니다

'위대한 세기'인 19세기에 세계로 확장된 선교 운동의 결과로 태어난 선교지 교회들은 한국교회를 포함하여 대부분이 기업형 교회(corporate church)로 발전하였다. 비록 '더 위대한 세기'인 20세기 말에 선교지 교회들이 모국 교회를 수적으로 능가하는 민족적·토착적 교회가 되면서 세계 기독교를 형성했지만, 대다수 교회는 회사 교회 모델을 의심 없이 수용하고 성장을 추구했다. 즉, 교회(교파) 선교, 선교회 선교, 독립 선교라는 세 가지 선교의 결과, 시차와 규모에는 차이가 있지만 모두 경영의 효율성을 위해 다국적 기업이나 회사의 구조와 문화를 그대로 따라갔다.

초국가 기업들은 효율성을 위해 수직적 의사 결정 구조 속에 현지의 값싼 재료를 이용해 본국에서 제조한 상품을 식민지에서 되팔아 현지인을 소비자로 만들거나, 현지의 값싼 노동력을 이용하여 저가 생산으로 다른 지역에 수출함으로써 이윤을 극대화했다. 이를 따라간 선교 운동은 교파형이든, 선교회형이든, 믿음 선교의 소수파 복음주의 선교든 모두 자본주의 기업형 교회로 귀결되었다. 한국 장로교회는 네비우스 정책으로 인해 자립하는 기업형 개교회주의가 더 빨리 정착되었다. 네비우스 정책은 존 네비우스(John L. Nevius, 1829-1893)가 제안한 새로운 선교 방법론으로 자급·자전·자치의 3자 정책을 말하는데, 한국 장로교회는 1891년에 이를 채택했다.

해방 이후 영토 분할이 사라지고 교파 간 종교 시장 경쟁이 가능해진 남한의 교파들은 수직 계층적 교회 정치를 통해 소수가 권력을 독점했고, 기복 신앙으로 증대시킨 헌금을 자본화하여 부동산을 늘리기 시작했다. 수입 신학과 수입 프로그램이라는 상품을 통해서는 교인들을 소비자로 만들어 일시 만족을 주고, 자원봉사의 이름으로 봉사 노동을 '착취'하는 '경영'을 통해서 개교회(회사)를 문어발식으로 확장해나갔다. 그리고 지성전을 늘리거나 지교회를 만들어 기관들을 흡수 합병하면서 거대 기업형 교회로 성장시켰다. 한국의 경우 한 세대 동안(1967-1997년) 경제의 급성장과 교회의 압축 성장이 손에 손을 잡고 함께 뛰었다. 거기에 더해 세계화의 이름으로 해외 진출(선교)에도 적극적으로 뛰어들어 한국형 기업 교회를 확산시켰다.

패러다임의 문제: 기업형 교회

교회의 규모가 아니라 패러다임이 문제다. 자본주의의 효율성과 이익 극대화의 이름으로 소수가 권력을 독점하고 무한 경쟁으로 교회 생태계를 파괴하면서 이익의 대부분을 가져가는 한편, 교인 대다수는 수동적 소비자로만 머물며 원스탑 쇼핑으로 거짓 만족을 즐기도록 하는 압축 '성장'을 추구할 것인가? 아니면 가족 공동체, 마을 공동체, 협동조합 공동체와 같이 생산자와 소비자가 공생하고 이익을 균분하면서 건전한 환경과 생태계를 유지하는, 민주적 코이노니아와 민중적 디아코니아가 함께 가는 교회 모델을 추구할 것인가? 이것이 관건이다.

대형 교회의 기업 문화로 인한 비성경적 목회와 세습은 명성교회만의 문제가 아니다. 분당우리교회의 애매한 태도는 사랑의교회라는 대형 교회 패러다임 중독에서 빠져나오고 싶으면서도 빠져나오지 못하는 현상으로 이해할 수 있다. 온누리교회는 1993년 3,000명의 메가 처치로 진입하자, 바로 기가 처지를 지향하는 정책으로 방향을 전환했다. 그 결과 10년 만에 10배로 압축 성장했다. 초국가 기업처럼 해외 비전 교회들도 확장했다.

기업형 교회는 CEO 담임 목사와 임원인 장로들이 '운영' 위원회를 만들어 경영하는 비즈니스다. 기업은 숫자로 표시되는 가시적 성장과 확장을 추진해야 한다. 세계화, 대마불사, 양질의 프로그램 상품, 극장식 예배당, 고학력 선전자인 목회자 등등이 필요하다. 그 한 축이었던 사랑의교회 옥한흠 목사나 남서울교회 홍정길 목사는 은퇴하면서 기업형 교회가 생산한 '제자들'의 삶과 그 교회가 세상과 다르지 않아 실패했다고 고백했다. 그러나 그에 대한 후속 조치가 없거나 약했고 상황은 더 악화되었다. 정주채 목사(대한예수교장로회 고신 향상교회 은퇴 목사)는 다음과 같이 말했다.

"잠실중앙교회가 성장하여 공간이 부족해질 때 어떻게 할 것인가를 의논하던 중에 교인이 1,500명에 이르면 분립한다는 원칙을 세웠고 결국 그 원칙에 따라 분립을 위해 교회당 부지를 물색하다가 용인에 터를 사게 되었고 부목사를 파송할 수 없는 처지가 되자 저 자신이 결단을 내려 개척을 하게 된 것이 향상교회였다. 그리하여 잠실중앙교회도 분립 개척을 하는 교회로, 향상교회도 분립 개척을 하는 교회로 자리매김하고 있다. 대형 교회보다는 작은 교회가 더 충실하며 대형 교회 하나보다는 작은 교회 열 개가 더 알찬 신앙 생활을 할 수 있다고 믿는 데는 지금도 변함이 없다."[8]

규모도 의미가 있다는 데는 동의한다. 그러나 더 중요한 것은 교인이 500명이든 1,500명이든, 어떤 목회 철학을 가지고 목회하느냐다.

소형, 중형, 대형, 할 것 없이 모두 기업형 개교회로 운영되는 한국교회. 그러니 누가 누구를 비판할 것인가? 자립도 못 하는 소형 구멍 가게 같은 교회가 80%에 가까운데도 기업형 교회를 양산하는 한국 교단과 신학교들의 패러다임을 누구도 비판하지 못한다. 소형 교회나 신학교에는 부패가 없으며 비리가 없는가? 게다가 일반 신도는 말할 것도 없고, 신학생과 부목사에게 대형 교회 자리는 선망의 대상이 아닌가? 이처럼 한 패러다임의 배를 타고 있기 때문에 다른 무리를 향해 비판하기 어려운 상황이다.

---

8   바른교회아카데미 주관, 제1회 굿 처치 포럼 "목사, 누구이며 무엇 하는 사람인가" 발표 중(2012. 6. 19).

교회가 기업이라면 세습은 칭찬받아야 한다. 가업을 이어받아 그 힘든 비즈니스 세계에서 살아남아야 하고 종업원을 먹여 살려야 하며 양질의 상품으로 세상에 기여하면서 이익을 창출해나가야 하기 때문이다. 그래서 김삼환 목사는 그 큰 기업을 운영하는 것이 '십자가를 지는' 고통이라고 말하지 않았던가? 대기업이라도 냉혹하고 급변하는 환경에서 살아남는 게 쉬운 일이 아니기 때문이다. 그러나 교회는 기업이 아니다.

기업 교회가 아니라면 무엇이 되어야 할까? 대안적 교회론은 무엇인가? 그게 없다면 명성교회 세습을 비판할 수 없다. 아들이 이어받든 부목사가 이어받든 교회의 성격과 패러다임은 변하지 않기 때문이다. 그 교회 교인들도 그것을 알기에, 차라리 아들 목사가 더 나아 보이는 것이다.

교회 개혁의 방향: 가나안 성도가 아닌 제자 양성

기업형 교회를 검색어로 구글 검색을 하니 지난 25년간 선교적 교회 운동을 전개해온 마이크 브린(Mike Breen)의 글이 있다.[9] 그가 그린 아래의 도표를 보고 나는 세습이 어떤 결과를 가져올 것인가를 생각해보았다. 기업 교회의 피곤한 '사람 돌리기'(moving people, not making people)와 비리와 세습 등에 실망한 이들이 가나안 성도가 되어 아래로 내려가고 있다. 그

---

9 Mike Breen, "Why Corporate Church Won't Work," *Verge* (January 2, 2012) https://www.vergenetwork.org/2012/01/02/why-corporate-church-wont-work-mike-breen.

들이 '세속 성자'로 살기에는 '가나안'의 유혹이 너무 강하기 때문에 세속화와 비종교화의 파도에 다 잠기고 만다. 사망의 자리다. 그중 다행히 '전멸'을 면하고 간혹 오른쪽으로 옮겨 가정적 교회로 가는 이도 있겠지만 대부분은 왼쪽 아래에서 사라질 것이다.

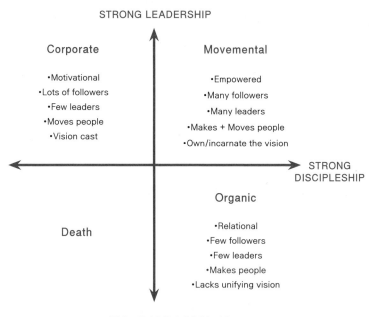

▲표4_ 기업형 교회가 도움이 되지 않는 이유

기업 교회가 아닌 '제자를 만드는 운동으로서의 선교적 교회'가 대안이다. 다르게 말하면 교회 개혁은 운동이어야 하고, 그 핵심 동력은 제자 만들기이며, 그것은 그리스도처럼 끝에는 십자가를 지는 겸비와 섬김의 과정이다. 가정 교회로 가면 따뜻한 교회, 관계 중심의 소그룹은 되겠지만 사회적 영향력은 적다. 그래도 건강하고 '친환경적'이다. 대형 기업 교회를 세우는 fortune-builder보다는 차라리 가족적 교회를 세우는 family-builder가 되고, 가능하면 movement-builder가 되라고 그는 권면한다.

11월 12일

신학생들이여, 분발하라

공부하기 힘든 때다. 그럴수록 서른 살에 주교가 되어 45년간 봉사하면서 아리우스파 황제들과 불화하여 다섯 번이나 유배를 당해 17년의 세월을 보내야 했던 알렉산드리아의 주교 아타나시우스의 진리에 대한 열정과 강골을 생각해본다. 그는 부제이던 27세에 알렉산더 주교의 수석 비서로 지내면서 75세 아리우스 장로의 주류 신학을 비판할 수 있는 학문성도 갖추었다. 그러니 주류 목회나 주류 신학에 겁먹지 말고 한국교회 개혁을 위해 깊이 있는 성서 연구와 신학을 해야 한다.

신앙을 유지하기 힘든 때다. 그럴수록 은혜로 주어지는 믿음으로만 의로워진다는 복음을 발견하고 하나님 앞에서 자유로운 단독자가 된 루터를 생각해본다. 총회나 노회나 대형 교회와 같은 아버지의 권위보다 성서의 권위를 우위에 두고 교황의 이단 칙령까지 불사를 수 있는 야성을 길러야 한다. 1517년 95개 조를 발표할 때 그의 나이는 34세였다. 수도원에 들어간 게 1505년이니 12년이 지나서 하나님이 사용하신 것이다.

신학교 시절은 어렵다. 그럴수록 12년 후를 생각하고 준비해야 한다. 10년이 지나면 한국교회는 더 열악한 상황이 될 것이라고 한다. 그러나 누가 알겠는가? 하나님께서 그때 쓰려고 당신을 연단하고 있는지 말이다. 하나님의 부르심에는 후회함이 없다. 힘내기 바란다. 기독교는 청년의 종교다. 예수님과 그의 제자들도 20대 후반, 30대 초반에 역사를 바꾸고 세상을 뒤집었다. 한국교회는 행동하는 당신을, 준비된 당신을 기다리고 있다. 주님의 위로가 늘 함께하기를 빈다.

11월 13일

'하나님' 인플레 시대

'하느님'은 고유 명사일 수 있지만 기독교의 '하나님'은 God에 해당하는 용어, 곧 일반 명사다. 비록 그것이 기독교의 하나님을 지칭하지만 고유 명사인 '야웨'와 달리 이름이 아닌 용어다. 고유 명사는 번역하지 않지만 '엘로힘'은 용어이기 때문에 *theos*, God, 上帝, 하나님 등으로 번역할 수 있다.

최근 한국교회에 "모든 것은 하나님이 하셨습니다"는 말이 유행이다. 엊그제는 김 아무개 목사가 "여기[세습]까지 오게 해주신 하나님께 감사드립니다"라고 말했다. 그 아들이 세계 최대 장로교회(자칭 교인 10만 = 한 교단 크기)의 목사로 위임되면서, 원로 목사인 부친을 '당회장 목사'라는 고유 명사로 고정시키고 자신은 그 밑에서 일하는 담임 목사에 위치시켰다. 은퇴한 목사가 당회장이고 위임 목사는 그냥 담임 목사가 되는 새로운 시대를 연 것이다.

일반 명사가 고유 명사가 되고 고유 명사가 일반 명사가 되는 시절이다. 하나님은 어떤 하나님인지 마음껏 갖다 붙임으로써 자기 행동을 정당화할 수 있는 작은 하나님이 되어버렸다. 고유 명사인 당회장 원로 목사 아래 있는 '하나님'이 되어버렸다. 하나님을 쉽게 말하는 하나님의 수난 시대, 하나님의 인플레 시대다. 하나님의 이름을 함부로 쓰고 욕보이는 시대가 되고 말았다. 하나님의 이름이 치욕을 당하는 신성모독의 11월이다.

\# 11월 14일
기독교는 매개를 통해 전달

"미디어는 메시지다"(The Medium is Message). 잘 알려진 말이다.

기독교는 매개물을 통해 메시지를 전달한다.

과거에는 선교사들이 과학 문명을 매개로 복음을 전했다.

예수회는 선교사의 청빈과 학문,

이어서 무역과 무기로 신용(credit)을 얻은 후 상류층에 전도했다.

개신교는 교육, 의료, 민주주의, 근대화, 부국강병 등의 기독교 문명을

신용으로 내세워 전도했다.

그러나 이제는 복음의 전달자가 매개물이다.

사람들은 매개자와 메시지를 분리하지 않는다.

전하는 자가 스스로 신용이 되어야 한다.

목사가 거짓말, 표절, 탈세, 횡령하면 복음은 전달되지 않는다.

교회가 외형만 성장하고 성숙이 없으면 졸부로 비난만 받는다.

크레딧(credit)을 쌓아야 내가 믿는 크레도(credo)가 전달된다.

크레딧 없는 사회 봉사와 설교와 예배와 가르침은 헛된 것이다.

선교회/교회	매개물(credit)	메시지(credo)
17세기 초 가톨릭 예수회	과학(천문학 등), 기술(무기)	복음
19세기 말 미국 개신교회	문명(의료, 교육), 민주주의	복음
21세기 초 한국교회	신용, 디아코니아	복음

▲표5_ 선교의 매개물과 메시지 ⓒ옥성득

세습 교회의 자선은 언 발에 오줌 누기

한 교회의 사회적 자본 = 신용도 × 사회 봉사와 구제다. 따라서 아무리 사회 봉사, 구제, 자선을 하고 자연재해 지역을 방문해서 위로하고 봉투를 전달해도 신용도가 0이면 사회 자본의 점수는 올라가지 않고 여전히 0점이다.

그것은 구원을 얻기 위해 믿음 없이 행위만 하는 것과 동일하다. 믿음(신뢰)이 있고(*sola fide*), 의인으로 신분이 변화된 후에, 기쁨으로 이웃을 사랑하면 사람과 하나님의 칭찬을 얻을 것이다. 그러나 공적을 쌓기 위해서, 사진을 찍기 위해서, 잃은 믿음과 신용(신뢰도)을 찾기 위해서 선행을 한다면 말짱 헛일이다. 법을 지키고 자신이 한 말을 지켜 신용 점수를 5점이라도 만든 후에 선행을 하면 사회 자본 점수가 5점에서 10점, 15점으로 점차 올라가기 시작할 것이다.

한국교회는 왜 한국 종교 사회 구제 사업(이재민 구호 등)의 70%를 하면서도 욕을 먹을까? 바로 신용도에서 0점을 기록하고 있기 때문이다. 대형 교회 목사가 거짓말하고 표절하고 작년에 한 말을 올해 뒤집는데, 그 교회 재산의 5%도 안 되는 돈으로 시혜하듯 나눠주는 구제에 누가 감격하겠는가? 경주 최 부자 집은 도덕적 삶을 살며 신용도를 쌓은 바탕 위에 소작 수입의 1/3을 구제에 쓰기까지 했다.

언 발에 오줌 누는 대형 교회의 구제 사업, 이재민 돕기 사업은 중단하고, 먼저 교회와 사회 앞에 거짓말한 죄, 표절한 죄, 교회 돈을 함부로 쓴 죄, 비자금으로 숨겨놓고 횡령한 죄, 교회법을 어기고 세습한 죄를 회개해야 한다. 그럴 때 교회는 믿을 수 있는 조직이 되는 첫걸음을 내디딜 것이다. 믿음이 없이는 하나님을 기쁘시게 할 수 없다. 하나님 앞에 양심을 드러내어놓고 부끄러움이 없는 대형 교회 목사들이 될 때, 사회가 그들을 믿기 시작할 것이다.

속은 썩었는데도 손에 봉투만 들고 있으면 될 것으로 착각하는 어리석음이 안타깝다. 금일봉으로 소수의 사람은 속일 수 있어도 다수와 하나님은 속일 수 없다. 믿음이 사라졌는데 행위로 구원을 얻으려는 대형 교회의 행각은 처량할 뿐이다. 회개 없는 선행은 현대 가톨릭교회도 버린 공로 구원론이다. 500년 전으로 돌아간 한국 대형 교회 목사들이다.

11월 21일

한국 대형 교회 현상에 대한 인류학적·역사적 설명

미국 교회가 자발성과 멤버십을 특징으로 하는 클럽 성격이 강하다면, 한국의 대형 교회는 유사 부계 친족 집단이다. 1) 연줄과 가부장제로 인한 배타성, 2) 위계성과 수직적 의사 결정으로 인한 불투명성과 부패 등이 특징이다. 역사적으로는 다음과 같이 생각할 수도 있을 것이다.

신분제(신라·고려) → 부계 친족 집단(조선) → 대형 교회(2000년 전후)

인류학과 한국사의 정설에 따르면 한국의 신분제는 삼국-통일 신라-고려 시대까지 강하게 유지되다가, 조선 중기에 오면서 부계 친족 집단이 확립된다. 조선 초기부터 부계 사회가 성립되기 시작했다고 주장하는 학자들도 있는데, 이 경우는 조선 초기부터 사회 변화의 동력이 있었다고 보는 내재적 발전론의 입장이다. 반면 한국 사회의 정체성을 강조하는 외국 학자의 경우에는 신분제가 조선 후기까지 지속되었으며, 조선은 후기에 이를 때까지도 천민/종/노비가 인구의 30-40%를 차지한 신분제 사회였다고 본다.

　　그 시기가 조선 초기든 중기든 부계 친족 사회가 출현한 것은 신분제가 흔들리기 시작했기 때문이다. 신분제와 부계 친족 사회 간에는 역발달 관계가 성립한다. 골품제나 귀족제 같은 양반-상놈-천인 신분제가 강고하면 한 개인의 정체성, 사회적 지위, 심리적 안정성은 자신이 속한 신분 계급에 의해 규정된다. 그러나 신분제가 무너지고 중앙 정부의 통제가 약화되기 시작하면, 신분을 보호해줄 2차 집단이 발달하게 된다.

　　조선 초기나 중기에 발달한 부계 친족 집단이 그 역할을 했다. 고려 시대까지는 부계와 모계의 양계 친족 사회였기 때문에 부계 친족이 별로 발전하지 않았다. 그러나 조선 중기 이후에는 부계 친족 사회로 진입하면서, 양반이라는 신분이 아니라 부계로 어떤 집안 출신이냐가 개인의 신분과 정체성을 규정하게 되었다. 관직이 한정되어 있어 한때 양반 가문이었더라도 4대 이상 과거에 실패하여 가난하고 몰락한 양반이 되면 별 볼일 없어진다. 강력한 부계 중심 가족주의가 조선 후기에 이르러 완전히 자리 잡았다. 한편 동성동본 부락이 형성되며, 품앗이와 두레 등으로 공동체의 유대 관계를 강화했다.

일제 강점기에는 조선 시대 양반 문관에 비해 2등 계층으로 존재했던 무반 군인, 서얼, 중인, 서북 지역 상인 등이 교육과 부의 축적을 통해 신분 상승을 이루었다. 그러다가 해방 이후에는 산업화와 도시화로 지방의 친족 조직이 약화됐다. 1970년대 후반부터 1980년대에는 오히려 대도시에 문중들의 종친회 조직이 늘어나고 활발히 활동했다. 부계 친족 사회가 여전히 강한 영향을 미쳤으나, 지난 20년에 걸쳐 종친회의 힘도 약화되고 친족 의식도 많이 사라진 상태였다. 한국 전쟁 이후 압축 경제 성장으로 급격한 사회경제적 변화가 일어나면서 한국의 신분제나 계층 구조가 더 많이 와해되거나 변화되었기 때문이다.

이런 상황에서 한 개인이 느끼는 소속감, 정체성, 사회성, 사회적 지위, 안정성 등은 이제 어떤 집단이 보장해줄 수 있을까? 향우회나 동문회도 활성화되었지만 특히 이런 혼란기에 대도시에서 등장한 대안 집단이 대형 교회였다. 대형 교회에서 교직을 맡은 구역장, 집사, 장로, 권사의 경우, 교회가 전통적 친족을 대신하여 사회적 지위를 보장해주었다. 본래 만인제사장설에 따라 교회의 집사, 장로, 권사는 기능으로서의 교직이었으나 한국 사회에서는 신분으로서의 타이틀이 되었다.

'○○교회 김 장로'라는 호칭이 사회적 신분이 되었다. 교회 장로들은 유능한 목사가 교회 규모를 성장시킬수록, 큰 교회로 만들수록 종교적 부계 친족 집단 안에서 신분이 상승하기 때문에, 많은 헌금을 내고 주차장 봉사도 마다하지 않는다. 장로란 일종의 문중 어른이고, 원로 목사는 한 파를 만든 일종의 중시조와 같다. 21세기 강남의 대형 교회 목사는 남들이 부러워하는 신분이다. 그래서 세습을 하는 것이며, 세습을 받은 아들은 재벌 2세처럼 신분을 과시하고 자기 친족과 가문의 영광을 위해 헌신한다. 세습 담임 목사가 첫 주일 설교에서 경주 최 부자 가문을 거론한 게 결코 우연이 아니다. 이제 아들 목사는 전통적 부계 친족 집단을 대신하는 종교적 부계 친족 집단의 장손으로서, 2만 명의 친족과 가족의 신분을 유지하기 위해 집안 원로들과 함께 동분서주해야 한다.

'오직 성경'에 대한 오해

전통이나 교회나 신조가 아니라 성경만이 신앙과 행위에 대한 무오한 권위가 되다는 종교개혁의 '오직 성경'(*sola scriptura*) 원리는 성경 외의 모든 것을 성서의 권위 아래 두었다. 교회 공의회, 설교자, 주석자, 사적 계시, 천사로부터 받았다고 주장하는 메시지까지 모두 말이다. 이로써 프로테스탄티즘은 성서보다 더 권위를 가지려는 이차적 권위(二次的 權威)들에 대해 '저항'(protest)하는 전통을 만들었다. 개신교는 죽은 자의 살아 있는 신앙인 전통은 수용하지만, 산 자의 죽은 신앙인 전통주의는 배격한다.

그런데 과격파 종교개혁 그룹에서 '오직 성경'을 지나치게 적용하여 성경에 없는 것은 수용할 수 없다는 태도를 취하면서 나온 원리가 '유일한 권위로서의 성서'(*nuda scriptura*)다. 종교개혁은 가톨릭의 전통을 배격했으나, 공의회의 결정이나 신조 등의 전통과 다른 수단(신앙고백서, 요리문답, 소책자 등)의 이차적 가치와 권위를 인정했다. 반면 과격파는 전통과 다른 수단까지 배격하고 오직 성경만 인정했다.

매티슨(Keith Mathison)은 *The Shape of Sola Scriptura*(2001)에서 전통을 네개로 구분한다. 전통 1은 '한 개 원천 계시'로 루터교회와 개혁교회의 '오직 성서' 원리고, 전통 2는 '두 개 원천 계시'로 트리엔트 공의회(15세기)가 정한 전통과 성서의 원리이며, 전통 3은 바티칸 1차 공의회

(1870)가 정한 '교황 무오설'에 따라 '오직 교회'(*sola ecclesia*)가 성서와 전통을 해석한다는 원리다. 전통 0은 모든 공의회 신조나 교회 전통을 인정하지 않고 오직 성서만을 고수한다. 바로 이 마지막이 과격파의 원리로서 복음주의자, 근본주의자, 초교파주의자의 다수가 이 전통을 따른다. 한국의 경우 창조과학을 지지하는 근본주의자들이 취하는 입장에 가깝다.

종교개혁의 '오직 성서' 원리는 성서 위에 어떤 권위도 인정하지 않는다는 원리지, 다른 모든 권위를 무시하는 원리는 아니다. 성서로 계시가 완결된 것은 맞지만, 지난 2,000년간 하나님께서는 개인과 교회를 통해 당신을 드러내시고 일하시고 역사를 만들어오셨다. 그래서 교회사의 전통도 이차적으로 중요하다. 우리가 역사를 공부하고 새로운 역사를 만들려고 노력하는 것도 다 아름다운 이차적 전통을 알고 창조하려는 것이다. '오직 성서'만을 외친다면 우리는 '책 한 권의 신자'가 될 것이요 다른 모든 책은 필요 없어진다. 루터든 칼뱅이든 웨슬리든 다 필요 없어지는 것이다. 하나님이 사용하신 믿음의 조상들과 오늘날 사용하시는 하나님의 사람의 말을 귀담아들어야 하는 이유는, 그들이 성서 위에 있는 권위로 말하는 것이 아니라 성서 아래에서 성서의 말씀을 새롭게 이해하도록 도와주기 때문이다.

그러나 한국교회는 '솔라 성서'를 '솔로 성서'로 오해하면서 지금과 같이 사회에서 외면당하는 '솔로 교회'를 만들어왔다.

올해를 한 문장으로 표현하면

감쪽같이 시치미를 떼는 지도자들 때문에 어처구니가 없다. 호랑이도 이기는 곶감을 '감쪽'이라 했다. 누가 먹었는지도 모르게 사라지는 감쪽. 그래서 감쪽같이 먹어치우고 시치미를 뗐다. 시치미란 사냥매 꼬리 부분에 주인 표시를 한 깃털로, 간혹 매가 본 주인을 못 찾고 다른 집에 날아드는 경우가 있었는데 그때 시치미를 떼고 자신의 시치미를 붙이는 행위가 있었다고 한다. 이것이 속담이 되어 자신이 했으면서도 안 한 척하거나 알면서도 모르는 척하는 행동을 가리키는 말이 되었다. 올해도 감쪽들이 수없이 사라졌다. 감쪽같은 교회들 수십 개를 아들에게 대물림하고도 시치미를 떼고 모른 체한다. 감쪽같이 먹은 돈이 무진장 많고, 시치미를 뗀 매 같은 정치가들이 철새처럼 어지럽게 난다.

인생의 공식: 셋 다 취할 수는 없다

인생이란 선택을 해야 하고 대가를 지불해야 한다. 나이 든 구두 수선공이 다음과 같은 문구를 입구에 붙여 놓았다.

여기서는 셋 중 두 가지만 선택할 수 있습니다.

1) good, 2) fast, 3) cheap

눈썰미가 있는 사람이라면 이 말의 의미를 미루어 짐작할 수 있을 것이다. 사람들은 보통 빨리, 싸게, 잘 수선하고 싶어 하지만 가능한 조합은 다음과 같다.

> fast + cheap = bad
>> 빨리, 싸게 하고 싶으면 대충 고쳐 드립니다.
>
> good + cheap = slow
>> 잘 고치고 싶지만 돈이 적다면 한가할 때 천천히 해드리지요.
>
> good + fast = expensive
>> 좋은 상태로 빨리 수선하고 싶다면 제 값을 지불해야 합니다.

구두 한 짝에도 삶의 지혜와 비밀이 들어 있다. 불안한 경제 속에서 굿판을 벌이며 단시간에 대박을 기대하는 심리와 무당이 성행하는 세태가 이와 연관된다. 값싼 패스트푸드를 먹으면서 건강이 좋아지기를 바라는 건 욕심이다. 가난한 유학생은 일을 하면서 공부하기에, 좋은 결과를 얻으려면 몇 년 더 공부해야 한다. 하나님은 망가진 세상을 사랑하셔서 구원하기 위해 자신의 독생자를 희생하는 값을 치르셨다. 한국교회를 빨리 간단하게 개혁하는 요술 방망이는 없다. 그 기간을 앞당기는 방법은 참 예언자들이 말씀을 바르게 선포하고 경건한 소수의 무리와 함께 꾸준히 값을 치르는 희생밖에 없다.

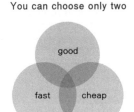

▲표6_ 인생의 공식 ©옥성득

12월 27일
한국교회는 기생충을 가득 채운 채 달리는 욕망의 전차

벌레로 가득 찬 고(蠱)-蟲-蟲-蟲-蟲-蟲-蟲-蟲-蟲-고(蠱)의 열차가 달린다. 11월 13일 북한군 병사가 공동 경비 구역(Joint Security Area)인 판문점을 통해 극적으로 탈출하여 40발의 총상에도 불구하고 외과 의사 이국종의 수술로 생명을 건졌다. 치료 중에 병사의 몸에서 수십 마리의 기생충이 나와 뭇사람을 놀라게 했다. 11월 12일 밤에는 명성교회가 세습식과 위임식을 거행했다. 그 오만과 불법성에 뭇사람이 놀랐다.

두 사건을 주역 괘로 풀이하면 18번 고괘(蠱卦)다. 이 괘는 간괘(艮卦)와 손괘(巽卦)가 거듭된 모습인데, 위는 산(山)이고 산 아래는 바람(風)이라 산 아래 바람이 부는 모양이다. 바람이 산골짜기를 따라 올라가다가 막혀서 이리저리 흩어지면서 일이 꼬이고 어지러운 형세다. 개인으로 치면 어릴 때 트라우마로 공황 장애를 겪는 것과 유사하다. 회사로 치면 무능한 상사 아래서 유연한 부하들이 일하는 모양새다. 윗세대가 물러나지 않아 아래 세대가 고생하는 모습이다. 산같이 무거워야 할 교회 지도자들이 아래가 허하여 음란 바람이 나고 맘몬의 유혹에 넘어가 돈을 숭배하는 모습이기도 하다.

이를 글자로 표현하면 고(蠱)인데 그릇에 벌레(기생충)가 가득한 형상으로 욕심이 차고 넘쳐서 나무 그릇마저 갉아먹는 모습이다. 욕망 과잉의 벌레가 자신을 담은 그릇을 망치고 밖으로 나오는 위기의 상태를 보여준다.

왜 교회 세습 날에 북한 병사가 목숨을 걸고 남으로 내려와서 몸에 있는 회충을 보여줌으로써 온 국민을 놀라게 하며 가슴 아프게 했을까? 하나님께서 그를 보내어 한국교회 상황이 고(그릇에 벌레가 넘치는 상태와 낡은 세대가 구습을 고수하는 상태)와 같음을 상징적으로 보여주신 것 아닐까? 고는 시급히 해결해야 할 시무(時務)이며 의제(agenda)다. 과거에서 시무에 대한 대책을 묻는 과제가 책문(策問)이었고 그 대답이 대책(對策)이었다. 한국교회의 고와 시무는 교회 세습이다. 가부장적 구세대를 청산하고 신세대와 여성의 사기 진작을 위한 대책을 세우고 실천해야 할 때다.

벨사살 왕 잔치 때 손가락이 나타나 벽에 글자를 썼다. "메네 메네 데겔 우바르신"(단 5:25)이라는 글이었는데, 해석은 다음과 같다. 1) 메네: "하나님이 이미 왕의 나라의 시대를 세워서 그것을 끝나게 하셨다"(26절) 2) 데겔: "왕을 저울에 달아보니 부족함이 보였다"(27절) 3) 우바르신: "왕의 나라가 나뉘어서 메대와 바사 사람에게 준 바 되었다"(28절).

이와 같이 올해 11월 12일 명성교회가 세습하자, 하나님의 손가락이 나타나 기생충을 보여주었다. 한국교회가 욕망의 전차를 타고 달리는 고의 상태에 있기에, 먹고 먹어도 더 먹으려는 벌레의 상태에 있기에, 한 병사가 죽음을 무릅쓰고 탈출하게 하셔서 비상한 모습으로 한국교회 내면에 가득 찬 벌레들을 보여주셨다. 한국교회가 이 문제를 해결하지 못하면 데겔이요 메네가 될 것이다. 개혁적 젊은 세대가 한국교회를 살릴 수 있다.

올해의 단어 1

정치·외교

촛불 시위: 최순실 게이트 – 경제 공동체 – 헌재 탄핵 – 박근혜 파면 – 조
　　기 대선 – 문재인 당선

북핵과 ICBM: 김정은 – 로켓맨 – 트럼프 – 노망 할배(dotard)

적폐 청산: 구속 – 이재용 – 김기춘 – 우병우

사드: 중국 보복 – 기자 폭행 – 연예인 외교 – 주중대사의 '만절필동'(萬折
　　必東)

세월호: 인양 – 유골 수색 – 무유해 장례식 – 영흥도 낚싯배 침몰 – 안전
　　불감증 – 구조 무능

사회·경제·문화

긱 경제(gig economy) – 파트타임 노동 경제 – 최저 임금 7,530원

부동산 대책 – 강남 불패 – 이자율 인상

포항 지진 – 수능 연기 – 필로티 구조

비트코인(bitcoin) – 채굴 광풍

롱 패딩 광풍

반향실 효과(echo chamber) – 끼리끼리 좋아요 품앗이 광풍

가짜 뉴스(fake news) – 퍼나르기 광풍

계란 잔류 살충제 광풍

JSA 북한 병사 회충 광풍

원전 – 공론 조사 – 숙의 민주주의

명성 세습 – 추락하는 한국 개신교의 사회적 자본 – 작은 교회 운동

올해의 단어를 뽑아 보았다. 정치는 없다고 느낄 때가 가장 평화로운 때라면, 지난 한 해는 불통·무능 대통령을 탄핵하고 조기 대선으로 나라를 바로잡았으나, 가장 불안한 한 해였다. 안보가 불안하고 정치가 요동치면 민심은 광풍에 놀아난다. 총체적 위기의 한반도, 한 치 앞도 내다볼 수 없는 흑암 천지에 갈 길을 잃은 배가 광풍 노도에 흔들린 한 해였다. 새해엔 광풍(狂風) 대신 광풍(光風)을 불어넣는 교회가 되기를 빈다.

2017년 정리

올해의 단어 2: 동물의 왕국 한국 개신교회

1. 루터가 보름스(Worms) 회의에서 홀로서기로 루터500을 버티자 한글 책 50권이 쏟아져 나왔다.

2. 새물결플러스에서 『지렁이의 기도』를 들어 올리자 은사 중지론과 지

속론으로 홍해처럼 갈라졌다.

3. JSA 병사 몸에서 회충들이 공개되자 북한은 이를 죽이려고 화성 15호를 쏘았다.

4. 계명구도(鷄鳴狗盜): 정유년 밤마다 닭은 울었으나 세습 도적 쫓는 개는 어디에?

5. '변장한 살찐 돼지'가 갑질로 세습을 밀어붙이니 교회 죽이는 교각살우(矯角殺牛)라.

6. 세습 반대 운동: 1인 시위는 탱크를 멈추는 당랑거철(螳螂拒轍)의 기개이어라.

7. 신학생 세습 반대 운동: 계란에 바위 치기가 아니라 선지 동산의 계군일학(鷄群一鶴).

8. 계란에도 뼈가 있고 잔류 DDT가 있듯 노회에는 대형 기업 교회에 매수된 견마지로(犬馬之勞)가 있다.

9. 타조 머리 목사: 포항에 지진이 나자 한동대학교 동성애 지지 모임 때문이라는 아전인수(我田引水) 혐오 발동.

10. 누란지위(累卵之危): 10년째 신뢰도 20%인 한국 개신교는 다기망양(多岐亡羊). 양은 가나안으로.

11. 작은 교회론: 소의 꼬리보다는 닭의 부리가 되어라(鷄口牛後).

12. 목회자 납세: 2018년 무술년에는 개처럼 벌지 말고 정승처럼 내라.

새해에는 인간성이 회복되는 한국 개신교회가 되기를 소망한다. 인문학적 소양으로 상식적인 한국교회가 되기를 기도한다. 사람 냄새가 나는, 사람 살 만한 교회가 되자.

2018년

NEXT!

영재 이건창은 13세에 별시 문과에 최연소 합격했고,

남이는 17세에 무과에 장원 급제했고,

혜초는 20세에 중국, 인도 등 40개국 여행을 시작했고,

G. H. 존스는 21세에 한국 선교사로 파송되었고,

조성진은 21세에 쇼팽 국제 피아노 콩쿠르에서 우승했고,

윤동주는 24세에 「서시」를 썼고,

니체는 24세에 바젤 대학교 고전문헌학 교수가 되었고,

김영삼은 25세에 국회의원에 당선되었고,

칼뱅은 25세에 『기독교 강요』 초판을 썼고,

제갈공명은 26세에 유비의 군사(軍師)가 되었고,

홍종우는 26세에 파리 유학하며 심청전을 불어로 출판했고,

노회찬은 26세에 기아에 용접공으로 위장 취업을 했고,

마포삼열은 26세에 한국 선교사로 파송되어 왔고,

이승만은 29세 때 감옥에서 『독립정신』을 집필했고,

안중근은 30세에 하얼빈에서 히로부미를 처형했고,

노무현은 30세에 변호사가 되었고,

바르트는 30세에 『로마서 주석』을 쓰기 시작했고,

이덕형은 31세에 홍문관 대제학이 되었고,

이순신은 32세에 무과에 급제했고,

정일권은 32세 때 장군에 승진했으며,

아우구스티누스는 33세에 『공교회의 거룩성 변증서』를 썼고,

이용도는 33세에 예수교회를 세우고 죽었고,

루터는 34세에 "95개조"를 썼고,

이명박은 36세에 현대 건설 사장이 되었고,

고건은 37세에 전남도지사로 임명받았다.

그러나 40세에 루쉰은 『아큐정전』(阿Q正傳)을 썼고,

41세에 진갑용은 홈런을 쳤고,

45세에 조지 포먼은 복싱 헤비급 세계 챔피언이 되었고

45세에 장사익은 가수로 데뷔했으며,

48세에 킹 질레트는 면도기를 개발하여 최대 회사를 만들었고,

53세에 스크랜턴은 선교사로 와서 이화 학당을 세웠고,

53세에 크록은 맥도널드를 창사했고,

57세에 김정호는 대동여지도를 완성했고,

58세에 칸트는 『순수이성비판』을 출판했고,

60세에 가다머는 그의 첫 책 『진리와 방법』을 출판했고,

61세에 히치콕 감독은 "싸이코"를 찍었고,

62세에 파스퇴르는 광견병 백신을 발견했으며,

67세에 코페르니쿠스는 지동설을 발표했다.

70세에 소크라테스는 법정에서 『변론』했고,

70세에 미켈란젤로는 성베드로 성당 벽화를 완성했으며,

71세까지 슈퇴거 간호사는 소록도에서 43년간(1962-2005) 봉사했고,

72세까지 마포삼열은 46년간(1890-1936) 한국 선교사로 일했으며,

73세에 이어령은 세례를 받았고,

76세에 샌더스는 대통령 후보로 미국 정치 지형을 바꿨고,

77세에 글렌은 디스커버리호로 우주 여행을 다시 했으며,

79세에 처칠 수상은 노벨 문학상을 받았고,

80세에 모세는 부름을 받아 40년간 광야에서 일했고,

80세에 에디슨은 1,093번째 발명 특허를 받았고,

81세에 프랭클린은 미국 헌법을 초안했고,

81세에 괴테는 『파우스트』를 완성했고,

82세에 슈바이처는 강연으로 핵무기 반대 운동을 했고,

82세에 마삼락 박사는 『아시아 기독교회사』 1권을 출판했고,

83세까지 영조는 다스리며 조선의 최장수 왕이 되었고,

85세인 1890년에 정순교는 과거 최고령 합격자가 되었고,

88세인 송해는 아직도 현역인 데다 전통 혼례식도 시연했고,

90세까지 슈바이처는 아프리카에서 환자들을 돌보았고,

90세에 랑케는 『세계사』 집필을 마쳤으며,

93세에 피터 드러커는 『넥스트 소사이어티』를 출간했고,

97세에 윤동주 친구인 김형석은 책 내고 강연하고,

100세에 모리스 밀러는 75세부터 25년간 맥도날드에서 서빙을 했다.

그러니 조바심을 내거나 늦었다고 포기하거나 세상에 화를 내지 말자. 갈 길은 언제나 멀다. 가다 보면 쉼도 있고 사람도 만나리니. 피터 드러커는 95세까지 집필했는데, 90세 때 사람들이 이렇게 물었다. "지금까지 저술한 책 중에서 어느 책을 최고로 꼽습니까?" 그는 웃으며 "바로 다음에 나올 책이지요." 그 책이 93세에 낸 『넥스트 소사이어티』(Next Society)였다. 그에게 영감을 준 사람은 베르디였다. 드러커는 고향 오스트리아 빈에서 고등학교를 졸업한 후 함부르크의 면세품 수출 회사에서 견습생으로 일하며, 함부르크 오페라 홀에서 매주 한 번씩 팔리지 않은 뒷자리에 앉아 오페라를 보았다. 그는 베르디의 마지막 작품인 "팔스타프"(Falstaff)에 매료되었고 그 감동은 수십 년간 계속되었다. 드러커는 "팔스타프"에 대한 자료를 찾다가 놀라지 않을 수 없었다. 그토록 유쾌하고 인생에 대한 열정으로 가득한 이 오페라를 베르디는 80세에 작곡했다니! 70대에도 계속 작곡하고 있는 베르디에게 누군가가 왜 대가로 성공하신 분이 굳이 힘든 오페라를 작곡하느냐고 묻자 베르디는 이렇게 대답했다. "음악가로서 나는 일생 완벽을 추구해왔습니다. 그러나 작품이 완성될 때마다

늘 아쉬움이 남았습니다. 그래서 내겐 분명 한 번 더 도전해야 할 의무가 있다고 생각합니다." 한 해 더 도전해야 할 의무가 있다. 넥스트!

2월 2일
누구에게 세례를 줄까?

1891년부터 학습 제도를 도입한 이유와, 1950년대 이후로 그것이 형식화된 이유를 정리해보았다. 급증하는 교인을 교육하고 이익을 얻으려고 교회에 나가는 '쌀 신자'를 방지해 교회의 순수성을 지키기 위해 한국 장로교회에서는 세례 전 6개월 이상, 대개는 1-2년 동안 복음서와 기본 교리서, 교회 생활 안내서로 교육하는 학습 제도를 1891년부터 공식적으로 시행했다.

초기에 공부한 주 교재는 네비우스가 저술하고 마포삼열이 번역한 『위원입교인규됴』(爲願入敎人規條, 1895)였다. 이는 입교인(세례교인)이 되려는 학습인을 위한 규칙과 기본 교리와 교회 생활의 모범을 모은 소책자다. 학습인은 이 책의 내용(십계명, 주기도문, 사도행전, 세례와 성찬이 무엇인가 등)을 암기하고, 우상숭배, 귀신 숭배, 조상 제사를 버리고, 주일을 성수하고, 바른 직업을 가지고(술장사 중단 등), 주색잡기(술, 첩, 담배, 노름 등)를 끊고, 믿음의 열매로 전도한 사람이 두 명 이상 있어야 했으며, 세례

문답에 임했을 때 교리 질문에 바르게 답하고 직접 입으로 신앙을 고백해야 했다. 따라서 이런 엄격한 심사 과정을 통과하는 것은 어려웠고 한두 번 떨어지는 것이 다반사였다.

이 제도를 시행할 수밖에 없었던 또 다른 이유는 급증하는 신자에 비해 목사(선교사)가 적어 제때 세례 문답을 할 수 없었고, 시골에 있는 작은 교회를 일일이 정기적으로 방문하여 세례를 줄 수 없었기 때문이었다. 선교사는 대개 자신의 시찰 안에 교회 50-60개를 맡아 봄과 가을에 순회하였으므로, 각 시골 교회를 1년에 한 번 방문할 수 있었다. 세례 문답을 할 때는 몇몇 작은 미조직 교회의 학습인들이 선교사가 방문하는 조금 큰 교회로 가서 함께 심사를 받고 세례를 받고 성찬식에 참여하는 경우가 많았다.

선교사가 방문하기 전, 지역 개교회를 담당하는 영수(예배를 인도하고 설교하는 안수받지 않은 장로)가 학습인들을 교육시켰고, 이어서 약 10-20개 교회를 담당하는 조사(안수 받지 않은 순회 전도사로서 신학교 졸업 후 목사가 됨)가 미리 간단한 문답을 통하여 선교사가 심사할 후보자를 추렸다. 조사가 추린 후보자는 심사를 통과할 가능성이 높았다. 선교사가 세례 후보자 개개인을 잘 알지는 못했기 때문이다. 그러나 문답 과정이 엄격하고 길어서 첫 심사에서 탈락하는 사람이 자주 나왔다.

이런 학습 제도와 세례 과정은 한국인 지도자들의 자치 능력을 함양했다. 선교사보다 개교회의 영수와 지역을 순회하는 조사가 현지 사정과 교인 개개인을 더 잘 알아 그들의 추천에 의해 문답, 세례를 거쳐 입교인이 되었기 때문이다. 즉, 선교사가 안수하여 세례를 주었지만 사전 작업은 영수나 조사가 처리하고 담당했다. 개교회의 설교와 목회와 치리는 이런 지역 자율성(自治)에 의해 실시되었다. 자급·자전의 원리와 더불어 현지 자율성 때문에 한국 개신교는 1895년 이후 급성장할 수 있었다.

한국 초기 교회는 아프거나 늙어 곧바로 세례를 받아야 하는 경우를 제외하면 일반적으로 회개하고 신앙을 고백한 후 생활에서 신자로서의 열매가 충분히 나타나는지 관찰한 후 세례를 주었다. 특히 그의 삶과 증언을 통해 믿는 사람이 두세 명이 있어야 했다. 가족이나 이웃은 그가 진정으로 변했는지 알기 때문이다.

그러나 1970년대부터는 학습 제도가 형식적으로 시행되었다. 특히 1950년대 초 포로 수용소에서와 1970년대 이후 군대나 교도소에서 집단 개종과 세례식이 이루어지면서 중간 점검 과정이 생략되었다. 또한 온누리교회를 비롯해 중대형 교회들이 1980년대 후반부터 성장 일변도로 교회를 운영하면서 세례반이나 등록자반 4-8주 과정을 시행, 기본 교리 교육에 QT하는 법과 교회 소개 등을 넣어 그 교회에 맞는 신자가 되도록 유도하는 교육을 하기 시작했다. 초신자보다 다른 교회에서 옮겨온 신자들이 많았기 때문에 등록자를 위한 교육을 더 중시할 수밖에 없었다. 초신자와 일반 신자를 놓고 비슷한 교육을 했기 때문에, 회개나 삶의 변화는 대충 점검하게 되었다.

교회들이 세례 교육에서 삶의 변화를 중시할 수 없었던 이유는 급성장 정책(등록 교인 늘리기)에도 있었지만, 교인이 마구잡이로 늘면서 교인과 비교인의 삶이 구별되지 않고 비슷해진 세속화 때문이기도 했다. 1980년대 후반부터 일 년에도 여러 차례 터지는 대형 스캔들의 배후에 목사나 장로가 있었다. 그때 레위기를 강조하며 거룩한 삶을 말하기 시작했으나 이미 1990년대 한국교회는 영성과 거룩성을 잃기 시작했다. 숫자에 눈먼 교권 지도자들은 이를 보지 못하거나 애써 외면하고 늘어나는 몸집을 자랑하며 돈과 권력의 맛에 취해 호텔에서 파티하며 세월을 낭비했다. 그 결과가 20년 정체 후의 쇠락이다.

최근 남자 검사들의 저질 성 문화와 세례받은 한 검사의 문제로 시끄럽다. 과거에는 이보다 더 큰 스캔들이 많았는데 이번에 유독 시끄러운 것은 현직 여자 검사와 전직 고위직 남자 검사가 연관된 데다 그가 온누리교회라는 대형 교회에서 세례를 받은 사람이기 때문일 것이다. 특히 온누리교회의 대응에 짜증을 낸 이들도 많다. 이미지와 영상으로 성행한 교회가 영상으로 몇 차례 호되게 당한 것도 아이러니다.

과거엔 '신자'를 만들었으나 오늘날에는 '교인'을 만든다. 과거엔 예수 믿고 변화된 삶을 보았으나 오늘날에는 예수 믿기 전 업적을 본다. 그런저런 교인들이 모인 교회가 관행으로 유지되니 이런저런 관행으로 업적을 쌓은 자들이 교회에서 교인 행세를 한다.

광화문 태극기 집회

3·1절 광화문 개신교 태극기 집회는, 기독교 신우파의 정치 세력화를 과
시한 2003년, 2007년 시청 집회와 2017년 반탄핵 집회에 이은 극우파
의 결집과 세 과시 노력이다. 그러나 이는 개신교 극우파의 자살 행위로
보인다. 이것으로 인해 개신교 전체가 정치력을 상실하고 향후 한국 사회
에서 정치적 발언권을 상실하게 될 것이다.

　　그들은 미국 연방제(연방 정부와 주정부 간의 분권)와 같은 수준의 지방
분권제를 목표로 하는 일부 헌법 조항 수정을 두고, "남북 연방제는 공산
화를 위한 준비"라며 견강부회(牽强附會)한다. 녹비에 가로왈 쓰는 김철
홍 교수의 현란한 칼럼이 놀랍다. 만일 가을에 자유한국당이 개헌 협상을
하고 지방 분권제를 찬성하면 개신교 우파는 한 번 닭 쫓던 개 꼴이 된다.
안티만 하지 말고 정책적 대안을 제시하는 개신교 우파가 돼라. 그러려면
공부가 필요하다.

　　"너희들 역사 공부 다시 해야 돼!"(유튜버 벌레소년의 "평창 유감" 중에서)
　　2003년, 2007년 시청 집회 결과 다시 공부해야 돼!
　　헌법 공부 다시 해야 돼!

남성 성범죄 문화: 이 땅의 네피림들

네피림(Nephilim)은 거인, 신의 자손, 영웅, 유명인, 권력자, 거부 등으로 번역할 수 있다. 홍수 전 창세기 6:2에 처음 나오고, 이스라엘이 출애굽한 후 가나안에 보낸 열두 정탐꾼의 보고에도 나온다. 네피림인 아낙 자손들을 본 열 명의 정탐꾼은 자기들이 '메뚜기'와 같은 존재라 느끼고 벌벌 떨었다(민 13장). 오늘날 한국의 성범죄 문화와 대형 교회의 부패를 네피림의 죄라는 맥락에서 생각해보자.

창조

하나님은 사람을 만들 때 다른 피조물처럼 '하나님의 말씀'으로 만들지 않고 '하나님의 손'으로 빚어서 지었다. 미드라시 해석에 따르면 세상 사방에서 가져온 흙에 예루살렘 성전 자리의 흙을 섞은 후 물을 부어 반죽해서 만들었다고 한다. (그래서 죽으면 흙으로 돌아가는 인생은 어느 곳에 묻혀도 된다. 그리고 그 몸의 물은 결국 구름이 되어 또 세상 사방에 뿌려진다.) 하나님은 토기장이가 토기를 빚듯이, 제빵사가 반죽으로 빵을 만들듯이 우리를 빚어 '하나님의 형상'대로 만들되 '하나님의 숨'을 불어넣어 당신과 교제할 수 있는 존재로 만들었다. 그리고 "자식을 생육하고 번성하여 온 땅에 충만하라. 땅을 정복하라. 모든 생물을 다스리라"(창 1:28)라는 복의 명령을 주었다.

인류 시작 단계이므로 중요한 것은 자손을 많이 낳아 인구가 증가하고 '수평적으로 확장'하는 것이었다. 또한 하나님은 '홀로' 일자(一者)로 계시지 않고 인간을 만들고 다양한 다수(多數) 인간과 함께 이 땅을 다스리기로 했다. 그래서 직접 손으로 빚어 만들었다. 작가와 작품은 친밀한 관계에 들어간다. 때로는 작품이 작가를 이끌기도 한다. 작가는 작품이라는 거울에 자신을 비추어본다. 거울에 때가 묻을 수도 있다. 상호 영향을 받을 수 있고 상호 상처를 입을 수 있는 관계에 들어갔다.

네피림의 등장

그러나 창세기 6장에 오면서 땅에 '신의 자손' 네피림이 등장한다. 거인들이었다. 미드라시의 설명을 보면 그들은 목에 태양을 걸었고 머리는 구름 위로 솟아 보이지 않을 정도였고 구름을 움직여 비를 내리게 했다고 한다. 그들은 점차 강포해졌고 보통 사람들을 쓰러트리고 가진 것을 빼앗고 사람의 딸들을 강탈했다. 한마디로 도처에 '괴물'이 설치는 세상이 되었다.

그들은 수평 확장 대신 과대한 수직 확장의 죄를 범했다. 시대의 영웅이 되어 남을 지배하고 다스리며 연극계, 문학계, 교회 등등 자기 분야에서 스스로 하나님이 된 것처럼 착각했다. 그리고 힘없는 자들을 학대하며 처녀들을 강간했다. 노아 홍수 당시에 지배자, 영웅, 유명인, 부자들은 혼인 첫날밤 신부를 납치해서 초야권을 누리는 갑질을 했다. 가장 신성해야 할 첫날밤 침실의 문지방을 넘지 못한 신부들이 무차별하게 폭행을 당했다. 강도, 강간, 간음이 만연했다.

거인에게 당하는 자들은 스스로 '메뚜기' 신드롬에 빠져 쫄았고, 네피림의 손안에서 얼어붙어 항거하지 못했다. 너무 수평적 차원에만 머물러 땅에서 기고 잠시 폴짝 뛰었다가 다시 기는 메뚜기처럼, 그들은 약간의 수직 상승을 위해 네피림 앞에 숨을 죽이고 봉사했다.

홍수 심판

하나님은 자신의 '손으로 만든'(ba-yadayim) 작품인 토기가 엉망이 되자 사람 만든 것을 '후회하시고'(va'yenahem) 큰 물을 보내어 토기들을 녹여 다시 흙으로 돌아가게 했다. 거인들도 메뚜기도 다 함께 불량품 토기처럼 깨뜨림을 당했다. 하나님은 흙으로 만든 '아담 프로젝트'를 후회하시고, 홍수를 보내 무차별하게 아담들을 물로 해체하고 땅에서 쓸어버렸다. 창조 이전처럼 물이 땅을 덮은 상태로 돌아가 거짓말하는 인간의 말 대신 말하지 못하는 파도의 찬양을 받으셨다. 폭력적 소통이 사라지고 평화로운 침묵의 시대가 새로운 창조를 준비했다.

제국주의적 욕망

본질적으로 성범죄/강간은 강도 짓과 동일하다. 그것은 자아의 확장 욕구를 채우기 위해 타인의 의사를 고려하지 않고 정복하고 이용한다. 자신의 쾌락을 위해 타인을 무시하는 무례가 잔인한 폭력으로 발전한 것이다. 타인에 대한 호기심, 관심, 배려, 친절, 사랑의 반대편에 내 자아의 팽창 욕구가 만드는 강간과 강도 행위가 자리 잡고 있다.

하나님이 사라진 허무한 인간은 나(자아)의 한계를 넘어서기 위하여 대화와 경청을 통해 타인의 지혜와 경험을 배우는 대신, 타인에게 내 의사만 전하거나 무차별적 지시나 강요를 하게 된다. 왜곡된 소통의 한 형태가 왜곡된 육체적 소통인 성범죄다.

우리는 과거 일본의 제국주의 침략과 강점을 비판하는 데는 민감하지만 한국 남성의 제국주의적이고 잔인한 폭력인 성범죄에 대해서는 둔감하다. 친일파에 대한 분노와 동일한 강도로 성범죄자에 대해 분노하지 않는다면 위선자일 뿐이다. 한국의 문학, 연극, 영화, 사법, 종교의 영역 등 모든 곳에 폭력적인 남성의 갑질 성범죄가 카르텔을 형성하며 "악이 만연해 있다." 음담패설과 성희롱과 강간이 일상이다. 그러고도 한국 사회가 심판을 당하지 않는 것이 이상할 정도다.

대형 교회의 욕망

대형 교회 목사의 성범죄와 논문 표절과 횡령과 세습을 덮어주는 교회가 심판의 일차적 대상이 될 것이다. 왜 지난 30년간 300여 교회가 세습이라는 영적 간음/강도 짓을 했는가? 그들의 중대형 교회 프로젝트는 근본적으로 교회의 머리이신 그리스도를 믿지 않는 허무주의적 불신앙이 만든 '바벨탑 쌓기'였기 때문이다. 하나님 나라에 대한 비전이 없기에 자아의 확장, 자기 가족, 자기 교회가 신이 되어 그 번영만이 목표가 된 사업체를 만들고 그것을 폭력적인 방법으로 유지하려는 것뿐이다.

급성장과 확장을 추구하는 제국주의적 영성은 타종교에 대한 호기심이 없기에 그것을 거짓 종교로 저주하고 혐오하는 배타주의와 정복주의 선교를 낳는다. 타문화를 폭력적으로 개종하려는 강간을 행한다. 번영 속에서도 가난한 자에게 냉담해진다. 세월호 사건에서처럼 애매하게 고난당한 영혼들을 향해 하나님의 심판이라고 무감각하게 설교하게 된다. 바벨탑과 같은 이단과 교회를 세우면서도 하나님이 하신 일이라고 강변하게 된다.

굴종에서 저항으로

메뚜기는 어떻게 살 수 있을까? 똑바로 서는 자세, 즉 '하나님의 형상'으로서의 정체성을 회복할 때 네피림을 이길 수 있다. 여호수아처럼 거인들을 우리의 밥으로 보는 자세다. 거인의 부당한 폭력에 대항해 일어서는 자세, '더 이상 굴종하지 않겠다'는 자세, 더 이상 메뚜기처럼 기는 자세로만 살지 않겠다는 각오로 땅에서 두 발로 함께 일어서 사람으로 살 때 문제가 해결되기 시작한다.

내가 좋아하는 유대인 학자 아비바 존버그(Avivah Zornberg)는 하나님 앞에 일어선다는 것은 서서 가만히 있는 게 아니라 그 앞에서 춤추는 것이라고 해석한다. 우리는 경직성(rigidity)과 혼돈(chaos) 사이에서 춤추는 존재다. 신학도 이 둘 사이의 긴장 속에 존재한다. 한국 보수주의 신학자들이 춤을 배워서 조금씩 스텝을 밟으면 좋겠다. 나만 홀로 서서 의로운 척하거나 400년 전 춤만 추지 말고, 오늘 이 땅에서 고통받는 땅의 사람들과 함께 어울려 춤추는 날이 오기를.

순응과 굴종을 강요하는 골리앗을 향해 물맷돌을 던지려면 저항의 리듬을 익혀야 한다.

3월 6일
장로교회의 실상

장로교인은 대부분 한국과 미국에 있다. 아마 한국에 550만, 북미에 약 200만, 유럽과 오세아니아에 100만, 아시아와 아프리카에 350만, 합계 1,200만 정도가 아닐까 싶다. 5년 전에 1,500만이라는 통계가 있었는데 매년 3% 정도 감소하므로 1,200만으로 잡았다. 전 세계 기독교인의 0.5% 정도가 장로교인이라고 보면 된다. 미미한 존재요 극소수다.

미국 장로교회(PCUSA)는 1986년 약 300만 신도가 있었으나, 30년 후인 2016년에는 절반인 약 150만 명으로 줄었다. 한국 장로교회는 1986년 약 400만 명이라고 자랑하며 30년 후에는 1,000만 명이 될 것처럼 허세를 부렸으나, 2016년에는 2015년에 비해 5% 정도 감소했고 이후 매년 감소하고 있다. 지금은 많이 잡아도 600만 명 정도 될 것이다. 실제로는 400만 정도 출석한다고 봐야 한다.

그러므로 장로교인이라고 해서 폼 잡을 것 없다. 다른 교회 전통을 존중하고 겸손히 배워라. 창조적 소수가 되려면 먼저 경청하라. 또한 전 세계 장로교인의 50% 정도가 한국에 있다. 한국 장로교회가 살아야 세계 장로교회가 산다. 그런데 한국 장로교회가 거의 빈사 상태다. 500년 전 칼뱅만 붙잡고 우려먹는다고 해서 장로교회가 사는 게 아니다. 한국과 세계의 실정에 맞는 장로교회로 거듭나지 않으면 가망이 없다.

예수가 땅에 쓰신 글과 미투 운동

성경에는 하나님의 손가락이 네 번 나온다. 손가락으로 천지를 만드셨고
(시 8:3), 손가락으로 땅의 흙을 빚어 사람을 하나님의 형상으로 지으셨고
(창 2:7), 예루살렘 성전을 약탈했던 벨사살 왕에게 하나님의 손가락이 벽
에 글씨를 쓰셨으며(단 5:5), 예수님이 손가락으로 땅바닥에 글을 쓰셨다
(요 8장). 모두 성전과 관련된 구절이다.

간음한 여인 사건 때 땅에 쓴 글은 밝혀져 있지는 않으나 무언가 심
상치 않은 중요한 내용일 것이다. 복음서에서 예수님이 유일하게 글을 쓰
신 경우다. 그는 초막절 예루살렘 성전 뜰에서 율법학자와 바리새인들이
보는 가운데 몸을 굽히고 낮추어 손가락으로 먼지 나는 땅에 두 번 글을
쓰셨다. 그런데 무엇을 썼는지 그 내용은 성경에 없다. 과연 어떤 말을 쓰
셨을까? 본문을 보자.

예수께서는 올리브 산으로 가셨다. 이른 아침에 예수께서 다시 성전에
가시니, 많은 백성이 그에게로 모여들었다. 예수께서 앉아서 그들을 가
르치실 때에 율법학자들과 바리새파 사람들이 간음을 하다가 잡힌 여
자를 끌고 와서, 가운데 세워놓고, 예수께 말하였다. "선생님, 이 여자가
간음을 하다가, 현장에서 잡혔습니다. 모세는 율법에, 이런 여자들을 돌

로 쳐죽이라고 우리에게 명령하였습니다. 그런데 선생님은 뭐라고 하시겠습니까?" 그들이 이렇게 말한 것은, 예수를 시험하여 고발할 구실을 찾으려는 속셈이었다. 그러나 예수께서는 몸을 굽혀서, 손가락으로 땅에 무엇인가를 쓰셨다. 그들이 다그쳐 물으니, 예수께서 몸을 일으켜, 그들에게 말씀하셨다. "너희 가운데서 죄가 없는 사람이 먼저 이 여자에게 돌을 던져라." 그리고는 다시 몸을 굽혀서, 땅에 무엇인가를 쓰셨다. 이 말씀을 들은 사람들은, 나이가 많은 이로부터 시작하여, 하나하나 떠나가고, 마침내 예수만 남았다. 그 여자는 그대로 서 있었다. 예수께서 몸을 일으키시고, 여자에게 말씀하셨다. "여자여, 사람들은 어디에 있느냐? 너를 정죄한 사람이 한 사람도 없느냐?" 여자가 대답하였다. "주님, 한 사람도 없습니다." 예수께서 말씀하셨다. "나도 너를 정죄하지 않는다. 가서, 이제부터 다시는 죄를 짓지 말아라"(요 8:1-11, 새번역).

초막절의 예루살렘 성전

이 말씀의 배경은 7장에서 보듯 유대인의 가을 절기의 절정인 초막절(Feast of Tabernacles)이다. 초막절은 종말에 이루어질 메시아 왕국을 기다리는 절기로서, 여름의 긴 건기(乾期)와 더위가 끝나고 우기가 시작되기 직전의 축제였다. 땅은 바싹 말랐고 길에는 먼지가 날렸다. 제국의 압제와 종교 지도자들의 불의라는 기근을 견디던 사람들은 비를 기다렸고, 우물에 물이 차기를 기다렸고, 메시아의 도래를 기다렸다.

그들을 노예 삼은 식민 제국 체제와 타락한 성전 체제를 끝낼 메시아가 도래하면 자유의 공간인 광야에 나가 종려나무 잎(샬롬) 등으로 초막(tabernacle)을 짓고 동거하며 자유와 평화의 하나님 나라 백성으로 살 것이다. 마카비 형제가 꿈꾸었던 종말의 올리브 왕국은 언제 올 것인가? 예수님의 초림이 "말씀이 육신이 되어 우리 가운데 거하시는"(장막을 치고 동거할 새 성전을 만드시는) 사건이었듯이 재림 사건은 새 하늘, 새 땅에서 함께 거하는 초막절 사건이 될 것이다. 아, 마라나타!

이 명절의 가장 중요한 날인 마지막 날에, 예수께서 일어서서 큰 소리로 말씀하셨다. "목마른 사람은 다 나에게로 와서 마셔라. 나를 믿는 사람은, 성경이 말한 바와 같이, 그의 배에서 생수가 강물처럼 흘러나올 것이다"(요 7:37-38). 과거 출애굽 광야에서 반석으로부터 물이 나왔듯이, 정치적 압제와 영적 기갈에 시달리던 사람들에게 배에서 생수가 강물처럼 흘러나와 더불어 마시고 먹는 식탁 공동체(平和, 평등하게 밥을 먹는 입)가 이루어질 것이다.

몸을 굽히고 쓰신 글

7장에서 초막절에 완성될 메시아 왕국이 바로 당신으로 인해 성취될 것이라고 말씀하신 예수님 앞에, 율법학자, 서기관, 바리새인들이 올무를 놓았다. 이른 아침에 간음한 여인을 현장에서 잡아와서 예루살렘 성전에 있는 예수님을 모세의 율법으로 시험했다. 수치를 당한 여인은 돌에 맞아 죽을 위기에 처했다. 정죄하는 종교 지도자들은 기세등등했다.

그러자 예수님은 먼지 날리는 메마른 땅바닥에 몸을 굽혀 손가락으로 글씨를 쓰시고는 이렇게 말씀했다. "너희 가운데서 죄가 없는 사람이 먼저 이 여자에게 돌을 던져라." 그리고 다시 몸을 굽혀서 맨땅에 무엇인가를 쓰셨다. 하나님께서 아담을 만드실 때 손가락으로 먼지 나는 흙을 빚어 만드셨듯이, 한 여인의 생명을 살리고자 먼지 나는 흙에 손가락으로 글씨를 쓰셨다.

무슨 글이었을까? 이야기 속에 힌트가 있다. 초막절, 생수, 간음죄, 정죄, 혐오, 수치, 성전, 땅바닥에 쓴 글이 동시에 나오는 구약의 구절은 예레미야 17장이다.

우리의 성전은 영광스러운 보좌와 같다. 처음부터 높은 산 위에 자리를 잡았다. 주님, 이스라엘의 희망은 주님이십니다. 주님을 버리는 사람마다 수치를 당하고, 주님에게서 떠나간 사람마다 생수의 근원이신 주님을 버리고 떠나간 것이므로, 그들은 땅바닥에 쓴 이름처럼 지워지고 맙니다(렘 17:12-13, 새번역).

예레미야 17장 전반부의 내용을 살펴보면 다음과 같다.

1) 1-4절: 유대인의 가증한 우상숭배의 죄는 철필로 마음 판에, 다이아몬드 촉으로써 성전 뿔에 새겨질 정도로 증거가 분명하고 심각하여 나라가 망하고 포로가 될 것이다.

2) 5-11절: 선민이라는 자존심과 자신의 의를 의지하고 타인을 정죄하는 율법적·인간적 교만은 얼마나 어리석은가? 그러나 하나님을 의지하는 자는 시냇가의 나무처럼 가뭄이 와도 푸른 잎과 철 따라 여는 열매를 자랑할 것이다.

3) 12-18절: 주를 버린 자는 수치를 당하고 땅바닥에 쓴 이름처럼 지워지지만, 주를 의지하는 자는 성전에서 보호를 받고 주를 찬양할 것이다.

간음한 여인을 데려온 율법학자, 서기관, 바리새인, 유대인들은 그 여인과 다름없이 온갖 죄를 몰래 저지르고 있으면서도 자신의 율법적 의를 자랑하고 예수님을 올무에 빠지게 하려고 음모를 꾸몄다. 철필로 돌 같은 마음 판에 그들이 저지른 성범죄, 우상숭배의 죄가 기록되어 있고 성전 벽마다 금강석 펜촉으로 죄가 기록되어 있는데도 그들은 뻔뻔하게 한 여인을 희생양 삼으려 한다.

그때 예수님은 손가락으로 땅바닥 흙 속에 다음과 같이 썼을 것이다. "만물보다 더 거짓되고 아주 썩은 것은 사람의 마음이니, 누가 그 속을 알 수 있습니까?" 마치 한국교회를 향해 하나님의 손가락이 나타나서 교회 벽마다 "데겔"(저울에 다니 함량이 부족하다), "메네 메네"(망할 날이 얼마 남지 않아 카운트다운에 들어갔다), "우바르신"(나라가 나뉘어 다른 나라들에게 주어질 것이다)을 쓰시는 듯하다(단 5장).

율법학자와 서기관과 바리새인들은 곧바로 그 말씀이 예레미야 17:9임을 알았다. 이윽고 예수님이 말씀하셨다. "너희 가운데서 죄가 없는 사람이 먼저 이 여자에게 돌을 던져라." 그리고 다시 몸을 굽혀서 땅에 무엇인가를 쓰셨다. "우리의 성전은 영광스러운 보좌와 같다. 처음부터 높은 산 위에 자리를 잡았다. 주님, 이스라엘의 희망은 주님이십니다. 주님을 버리는 사람마다 수치를 당하고, 주님에게서 떠나간 사람마다 생수의 근원이신 주님을 버리고 떠나간 것이므로, 그들은 땅바닥에 쓴 이름처럼 지워지고 맙니다." 바로 예레미야 17:12-13절이었다. (나는 그렇게 짐작한다.)

그리고 예수님은 그곳에 모인 종교 지도자와 정치 지도자와 유명인의 이름을 하나씩 땅에 쓰기 시작했다. "전병욱, 이동현, 김기동, 김해성, 고은, 이윤택, 안태근, 안희정, 김기덕, 한만삼…" 자기 이름을 본 자들은 하나씩 손에 쥐어든 돌을 버리고 슬그머니 자리를 떠난다. 어른부터, 지도자부터, 유명인부터 그 이름이 쓰이고 있기에.

손가락으로 쓴 이름들

예수님은 지금 수치를 당한 여인의 모습으로 한국교회에 와서 먼지 나는 메마른 마당에 몸을 굽히고 손가락으로 한 사람 한 사람 이름을 쓰고 계신다. 한국교회가 저지른 우상숭배, 간음, 도적질을 보여주고 거짓말로 지은 바벨탑을 보여주는 이름들이다. 생수의 근원인 주님을 버리고 돈을 섬기고 권력을 섬기고 출세를 지향했던 메마른 마음 판에 주님의 피 흐르는 손가락이 나타나 "메네 메네 데겔"(함량 부족이라. 곧 망할 것이다)을 쓰고 있다. 쓰는 이름마다 피가 묻어 있다.

한국교회가 용기 있게 미투를 외치는 피해자를 정죄하는 것은 있을 수 없는 일이다. 그들을 보호하고 살려야 한다. 그들의 고통을 이해하는 자세가 필요하다. 예수님의 손가락 앞에서 겸허해야 하며 하나님이 손가락으로 만드신 이 땅과 교회를 그의 영광스러운 보좌로 만들어야 한다. 희망은 교만과 거짓과 정죄의 돌을 움켜쥔 지도자들 손에 있는 것이 아니라, 손가락으로 땅에 글을 쓰시고 빈손으로 십자가에 매달리신 예수님의 빈손에 있다.

미투 운동에 예수님의 손가락이 이름을 쓰고 있다.

진보 신학이 부활 신앙으로 연결되는가?

오늘 「뉴스앤조이」에 실린 한완상 박사님의 설교문에는 한국의 진보 신학자들이 가진 편견일 수 있는 한국교회사에 대한 왜곡이 드러나 있어 간단히 비평한다. 설교문 전체에 대한 비평은 아니고, 설교의 2번 첫 부분을 다루려 한다.

> 먼저 예수와 그리스도 간의 단절이 가져온 신학적·신앙적 문제점부터 간단히 살펴봐야 합니다. 하기야 이 단절은 예수와 바울 간의 단절과도 연관되고, 하늘과 땅 간의 분리와도 연관되며, 하나님 나라와 죽어서야 간다고 믿는 천당 간의 괴리와도 연관됩니다. 그러나 무엇보다 예수가 그리스도에서 분리되고, 그리스도가 예수로부터 단절된 것이 오늘 기독교의 심각한 문제입니다. 먼저 한국교회의 역사와 현실에서 이 단절의 문제를 살펴볼 필요가 있습니다.
>
> 19세기 말 주로 미국 선교사들로부터 전승된 기독교 복음에는 예수와 그리스도 간의 단절이라는 문제보다는 일종의 '몽매한 일치'가 두드러졌습니다. 소박하게 말하자면 예수는 이름이고 그리스도는 성으로 인식한 듯합니다. 이런 소박하고 몽매한 동일성은 초기 선교사들의 근본주의적 신학과 신앙에서 비롯된 듯합니다.

그들은 대체로 19세기에 풍미했던 자유주의 신학을 거부했습니다. 하기야 19세기 서구 자유주의 신학에 대한 비판과 반발에는 근본주의 신학 이외에도 성서 비평(고등 비평)에 의한 고차원의 진보적 비판도 있었습니다. 특히 20세기 초 실존주의적 성서 해석은 역사의 예수에 대한 역사 탐구를 단절시켰습니다. 진보적인 성서 비평도 희한하게 근본주의 신학과 함께 역사적 예수에 대한 탐구를 포기하게 하거나 불필요한 것으로 여기게 했습니다.[1]

우선, 19세기 말 내한 선교사들은 예수와 그리스도를 몽매하게 동일시하지 않았다. 아무 근거 없는 말이다.

둘째로, 그들은 근본주의자가 아니었다. 근본주의는 1920년대에 자리 잡았다. 1910년대까지 대부분의 장로회 선교사들은 19세기 말 독일의 자유주의 신학, 역사적 예수 연구, 성서 고등 비평을 거부했으나, 그렇다고 해서 그 때문에 바로 근본주의자가 되는 것은 아니다.

셋째로, 1915년부터 역사적 예수 연구를 도입한 일본 조합교회나, 고등 비평을 수용하기 시작한 감리교회는 적극적인 친일과 신사 참배 찬성의 길로 갔다. 역사적 예수 연구가 바로 그리스도의 부활 신앙으로 연

---

1   한완상, "교회 안에 부활의 예수가 없다", 「뉴스앤조이」(2016. 3. 16) http://www.newsnjoy.or.kr/news/articleView.html?idxno=202407.

결되는 것은 아니다.

　한국 초기 교회를 미화할 필요는 없다. 그렇다고 그 뿌리를 잘라버리는 일은 성급하다. 사회학자들이 역사를 함부로 단정하는 오류를 범하는 것도 그 한 예다. 아니, 많은 역사학자가 사회학자들의 영향을 받아 과거를 오늘의 눈으로만 보는 것이 문제라고 하겠다.

4월 2일
신학 덕후 현상

괴짜와 광의 등장

요즘 청소년·청년들은 광(nerds) 아니면 괴짜(geeks)가 많다. 사교성이 적어서 말이 적고 혼자 보내는 시간이 많지만, 똑똑하고 남을 배려하며 공동체를 위한 재능 기부도 하면서 다양한 경험을 쌓고 어느 한 분야를 꾸준히 공부하여 자신의 세계를 나름대로 구축해가는 '덕후'들이 늘어나고 있다. '덕후'가 비하의 의미로 쓰이기도 하지만, 여기서는 한 가지 분야에 빠져서 미친 듯이 파고드는 사람을 가리키는 말로 쓰겠다.

신학 덕후의 등장

1970-1980년대 한국 기독교의 급성장과 1980년대 출판 문화의 폭발적 성장으로 기독교 출판사들이 우후죽순처럼 세워졌다. 그곳에서는 똑같이 우후죽순처럼 세워진 수많은 신학교의 학생들과, 제자 훈련 및 성경 공부로 성장한 중대형 교회 평신도들에게 필요하고 그들 마음을 끌 만한 기독교 서적과 경건 서적을 찍어내기 시작했다. 특히 중대형 교회 담임 목사의 설교집은 여러 출판사를 살렸다. 평신도용 신앙 안내서, 기독교 소설, 간증집 등이 베스트셀러가 되자 사업이 된다고 판단한 이들은 일인 기독교 출판사를 세우기도 했다.

2000년대를 지나면서 성장한 이들 평신도 가운데는 의사나 교사나 변호사 등의 전문가도 많았는데, 이들은 목사의 권위주의나 천편일률적 설교에 만족하지 못했다. 그들은 성경 공부 때 활용하던 간단한 주석 대신 본격적인 주석서들을 읽기 시작했으며 관련된 신학 서적으로까지 독서의 폭을 넓혀갔다. 단순한 경건 서적은 그들의 눈높이에 맞지 않았다. 매주 한 권 정도의 전문 신학 서적을 독파해나가는 신학 덕후들이 등장하기 시작했다.

사실 신학 덕후 1세대는 1980년 전후에 등장했다. CCC 등 대학 캠퍼스 전도 운동이 활발하던 1970년대부터 일군의 지적인 대학생들이 평신도 신학과 새 찬양 운동을 전개하고 반독재 운동에까지 참여했다. 1980년대는 운동권의 시대이자 사회과학(대개 좌파) 서적의 시대였다. 기독교 청년들도 해방 신학, 민중 신학, 흑인 신학 등 자유주의 신학 서적을 읽었다. 현재의 신학 덕후 2세대는 40-50대 전문가가 많다. 그러나 시간 여유가 있는 이들의 신학적 관심은 실천적 신학보다는 지적 만족에 그치는 경우가 많다.

신학 덕후 3세대에 대한 기대

신학생들이 신학교에서 별로 독서하지 않고, 목회 현장에 나가면 목회에 치여 책을 읽지 않아 기독교 지성인이 될 가능성이 적은 것이 그간의 현실이었다. 따라서 그러한 반지성적 목사들이 2000-2020년 20년간 가나안 성도와 평신도 신학 덕후를 양산했다. 또 다른 요인은 양산된 신학교 졸업자들 중 목회로 가지 않고 책을 읽고 글을 쓰는 이들이 늘었다는 점이다. 이제 30-40대 가나안 성도 가운데 등장할 신학 덕후 3세대가 한국교회에 새로운 신학, 목회, 교회의 가능성을 던져주지는 않을까 한다.

5월 23일
감리교회의 잃어버린 20년

얼마 전 감리교회 교세가 발표되어 약간의 충격을 주었다. 표7은 대한 기독교 감리회 웹페이지에 공식 발표된 자료다. 한때 150만까지 갔으나 이제 100만 명이라고 봐야 한다. 올해인 2018년 말 예상치는 내가 추가한 것으로, 20년 전인 1998년으로 돌아간 130만 명 수준이다. 그러나 실제 출석하는 교인 숫자는 100만 명으로 추정할 수 있다.

지난 20년간 감리교회가 보여준 내부 분열과 교회 세습과 부패 상을 생각하면 2000년대 10년간 교인이 증가한 것이 이상할 정도이며, 2011년부터 현실을 인정하면서 정상적인 통계가 나왔다고 볼 수밖에 없다. 거품이 터진 후 현재의 감리교회 교세는 100만 명으로 잡아야 한다.

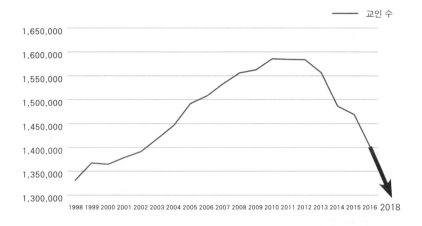

교인 수					
1998년	1,328,623	2005년	1,491,754	2012년	1,585,503
1999년	1,365,444	2006년	1,507,994	2013년	1,557,692
2000년	1,362,602	2007년	1,534,504	2014년	1,486,215

2001년	1,377,310	2008년	1,557,509	2015년	1,468,442
2002년	1,389,878	2009년	1,563,993	2016년	1,397,918
2003년	1,417,213	2010년	1,587,385		
2004년	1,445,539	2011년	1,586,063		

▲표7_ 감리교 교세 현황, 1988-2016

5월 23일

장로교회의 양극화

장로교회는 쇠퇴가 가속화되면서 양극화되고 있다. 간단히 통합 측만 보자. 2016년 말 현재 270만 명 정도 교인을 유지하고 있다. 아마도 2017년 말 통계는 240만 정도가 아닐까 한다. 어쩌면 실제 출석은 200만으로 봐야 할지도 모른다. 그러면 한국 장로교회 교인 전체는 약 450만 명 정도가 아닐까.

통합 측이 발표한 통계를 보면, 2015년 말 100인 이하 교회는 전체 교회 8,843개 중 5,563개로 62.9%였다.[2] 그러나 2017년 말 100인 이하 교회는 전체 9,000개 중 80%인 7,200개로 추정된다. 200인 이하 교회 누계는 2016년 말 7,060개(78.47%)였으나 2017년 말에는 8,100개

---

2   장창일, "예장 통합, 100명 이하 작은 교회가 60% 넘어", 「국민일보」(2017. 2. 20) http://news.kmib.co.kr/article/view.asp?arcid=0923697949.

(90%)로 여겨진다.

이를 도표로 그리면 다음과 같다. 즉, 2016년 말 64%였던 100인 이하 교회가 현재는 80%로 추정될 정도로 작은 교회가 급격히 늘어나고 있다. 10인 이하 가정교회가 급격히 늘어나고 있으나 이는 통계에 잘 잡히지도 않는다.

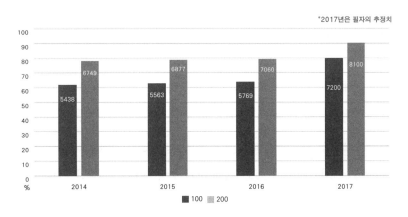

*2017년은 필자의 추정치

▲표8_ 100인 이하와 200인 이하 교회 누적 통계(통합 교단)

5월 25일

신학교가 사는 길

1. 신학대학원 목회학 석사 과정 신입생을 5년간 받지 않는다. 교육 전도사는 기존 졸업생이나 부목사가 대신한다. 주일 학교가 줄어들기 때문에

큰 문제가 없을 것이다.

2. 대신 졸업한 지 7년 이상 된 60세 이하 목사들을 학생으로 재입학시켜 3개월씩 두 학기로 나누어 6개월간 집중 교육을 받게 한다. 학비는 교인 수나 교회 재정에 비례해서 받고, 신학 석사 학위를 다시 주는 형식으로 해서 교육부와의 갈등도 줄이면 된다. 총신이나 장신처럼 큰 학교의 경우 한 학기에 300명을 받으면 5년간 3,000명을 재교육할 수 있다. 장신의 경우 교수가 80명이니 60명을 투입하면 교수 대 학생 비율이 5:1이다. 다른 일 다 중단하고 목사 재교육과 재충전에 투자하면 된다. 작은 학교는 더 적은 수로 알차게 교육할 수 있어 유리하다.

이런 제안을 하는 이유는 신학이 없어서 교회가 망하고 있기 때문이다. 목사 수준이 낮아서 청년이 교회를 떠나고 있기 때문이다. 군번 떼고 신학교에 재입학하는 걸 목사들도 내심 환영할 것이다. 졸업 회수가 섞이니 시너지 효과도 날 것이다. 지금 그들은 교인을 먹일 말씀도, 지도할 신학도 메말랐다. 목사가 살아야 교회가 산다.

3. 이 5년간 은퇴할 베이비붐 세대 목회자가 많으므로 30대, 40대가 담임 목사나 부목사가 될 희망이 약간은 생긴다. 교인이 줄기 때문에 약간이라고 표현했다. 사업이 아니라 목회가 있어야 교회가 산다.

4. 5년 후에 다시 목회학 석사 과정생을 뽑아도 수급에 문제가 없다. 5년 동안 신학교와 교수를 줄이면서 구조 조정도 가능하다.

5. 2번 재교육에서 신학교 교수들이 얼마나 도움을 줄 수 있을지가

문제일 수 있는데, 일방적으로 가르치기보다 목사들로부터 목회 현장을 배우면 교수들도 변할 것이다.

6. 과거에 박창환 장신대 학장이 10년간 신입생을 받지 말자고 제안한 적이 있으나 교수 회의에서 반응이 없었다. 하지만 이제 이런 황당하고 과격한 방안 없이는 신학교가 살 수 없는 지경에 이르렀다.

6월 3일

누가 가나안 성도가 되는가?

상당수는 다음 범주 중 일부에 들어가지 않을까?

1) 가난한 성도
2) 비정규직
3) 20-30대
4) 독신/미혼/이혼자
5) 전세/월세 거주자
6) 중대형 교회 출석 경험자
7) 서울, 경기에 부모나 가족이 없는 자

가나안 성도의 발생 이유는 사회경제적·문화인류학적으로 분석할 필요가 있다. 탈교회 현상을 단지 교회론적·신학적 문제로 접근하면 많은 것을 놓칠 수 있다. 신학자들이 이 현상의 원인과 실제에 대한 전체적인 그림을 보고 접근해야 바른 진단과 대안이 나올 것이다. 또한 미국이나 여러 나라에서 발생한 탈교회 현상과 비교하는 공시적 연구와, 일제 강점기에 네 번이나 교회가 쇠퇴하면서 발생했던 가나안 성도 현상에 대한 통시적 연구가 병행되어야 한다.

한편 발생 원인 분석과 더불어 가나안 성도들이 만들어가는 새로운 공간과 관계에도 주목할 필요가 있다. 과연 그들은 공적 토론장에 나가고 있는가? 그들은 공공성에 참여하는가?

6월 3일

설교는 비밀 결사 항전 지령

C. S. 루이스는 『순전한 기독교』(*Mere Christianity*)에서 그리스도인을 적군(악의 세력)이 점령한 영토에서 활동하는 지하 저항 세력으로 비유했다. 이에 따르면 주일 예배 설교는 지하 교회가 내리는 비밀 지령이다. 그러므로 설교에는 비장한 전투를 위한 전술 전략, 독립 국가에 대한 소망, 동료에 대한 전우애, 전사자에 대한 위로가 넘쳐야 할 것이다.

이러한 관점에서 오늘 한국교회의 설교만 놓고 보면 대부분의 교회는 이미 맘몬과 권력과 명예라는 점령군에게 투항한 후 그들이 주는 배급에 만족하며 사는 부역 세력이다. 적당한 타협을 통해 전선이 사라진 상태다. 예능으로 위문하는 설교만 하면 전투는 언제 하겠는가?

겸손과 온유로 대하되 선으로 악에 지지 않는 지하 교회 공동체가 되려고 가짜 친나치/친일 교회를 떠난 이들(아마도 가나안 성도?)이 과연 지하 저항군으로 사느냐는 또 다른 문제다. 개인으로 흩어지면 저항군 활동이 불가능하기 때문이다.

6월 20일

한국 개신교의 성장 쇠퇴 순환론

해방 이전 한국 개신교는 4-5차의 쇠퇴를 경험했다. 특히 1920년 중반의 급쇠퇴와 1940년대 초반의 대위기가 있었다. 그런데 1920년대와 흡사한 현상이 2010년대에 발생했다.

1) 교회 분쟁: 교권주의자들의 교회 선거 조작, 반대파 책벌
2) 신구세대 갈등: 읽은 책이 다르고 문화가 달라 소통 불가
3) 신학의 보수화: 근본주의의 도입과 강화

4) 반기독교 운동: 비과학적인 인종/성 차별 집단으로 낙인

5) 대량 탈교회 현상: 의무 잃은 가나안 교인 급증

6) 언론의 목사·교회 비판: 비매 운동 압력과 교회의 언론사 운영

7) 목사·장로와 2세들: 화류계 출입, 밀수, 고리대금업, 횡령, 음주 연회나 즐김

한 세대 성장 후 한 세대 쇠퇴

한국교회는 한 세대(1895-1920) 성장한 후 목회자들이 교권을 잡자 나이든 유력 목사, 장로들이 보수화되면서 교회 건축과 인사 문제에서 부패하였다. 그리고 타락한 교권주의자들이 벌이는 여러 행태가 노골화되면서 다음 한 세대 동안(1920-1945) 쇠퇴, 변절하는 과정을 겪었다. 한 세대를 25년으로 잡았을 때 1920년대는 한 세대 성장한 후 한 세대 쇠퇴의 시작이 되었다.

두 세대 성장 후 두 세대 쇠퇴

경기 고점은 100주년을 기념한 1984-1985년이었다. 그때 지도자들이 잔치에 눈이 멀어 흥청망청하고, 이후 10년간 외형 성장(이라 읽고 내적·영적 후퇴라 읽는다)에 취해 시대 변화를 읽지 못했다. 하드웨어는 늘렸으나 소프트웨어를 업그레이드하지 않아 곧 구닥다리가 되었다.

1920-1945년의 부패와 쇠퇴가 한 세대 성장 후 한 세대 쇠퇴였다

면, 1995년 이후의 부패와 쇠퇴는 두 세대(1945-1995) 성장 후에 일어난 일이므로, 두 세대의 부패와 쇠퇴가 예상된다. 즉, 1995-2045년의 50년 간 영적 가뭄이 오지 않을까 한다. 두 세대 성장으로 교회 세습까지 만연해졌기 때문이다.

1940년대에는 일제의 패망과 해방 및 분단으로 완전히 새로운 판을 시작할 수 있었다. 북한에서 기독교인의 대량 난민 이주가 이루어지면서 교인 유입이 일어났고, 반공 포로 석방도 도움이 되었다. 남한 사회가 이들을 대접하면서 교회도 성장했다. 그러나 신사 참배와 전쟁으로 지도자 손실이 일어나, B급 지도자들이 교회를 분열시키고 교회 성장주의로 빠진 것이 문제였다. 1960년대부터는 산업화, 도시화, 아파트촌 등장과 더불어 교회가 성장했다. 그러다가 지금은 경제 성장률 2%에도 못 따라가는 실정이다.

현재 신용을 상실하고 썩을 대로 썩은 한국 개신교회에 새로운 기회가 주어질 가망이 있을까? 혹자는 평화 체제와 통일이 이루어지길 기대하지만, 앞으로 30년간 통일은 무망하지 않을까? 그러면 1995-2045년 두 세대에 걸친 50년간의 침체 쇠퇴기가 계속되지 않을까?

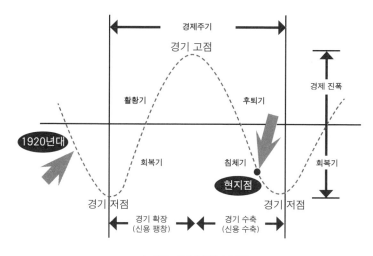

▲표9_ 한국교회 순환 곡선 ©옥성득

앞으로의 전망

그러나 이런 비관적 장기 전망에도 불구하고 성장–쇠퇴 순환론은 낙관적인 면이 있다. 바닥을 치고 나면 올라가기 때문이다. 동아시아에서는 이런 순환론을 변통론이라 하여, 위(危)–변(變)–통(通)–구(久)로 정리했다. 위기에서 벗어나는 길은 변화와 개혁이다. 그러면 그 시대에 통(go-through)하고 소통되고 유통되는 일을 할 수 있고, 그 상태가 오래 유지될 수 있다. 그러나 1980년대처럼 구(久)에 취해 흥청망청하면 다시 위기가 온다. 그게 1990년대 이후 지금까지의 장기 위기다. 1920년대와 달리 이번 위기는 상승 시점을 가늠하기 힘들다.

순환론에 대한 반론도 얼마든지 가능하다. 이 도표는 경제 순환 주기이지 한 지역의 종교 순환 주기가 아니다. 금융 투자에서는 자산 가치에 영향을 주는 환경의 변화를 다룰 때, 주기적으로 반복되는 '순환적 변화'(cyclical change)와 한 번 가면 다시는 돌아오지 않는 '세속적 변화'(secular change)를 구분한다. 순환하지 않고 변화가 일정하게 한 방향으로만 진행되는 대표적 현상이 '탈종교성'이기 때문이다. 한국교회의 현재 위기가 세속적 변화가 되고 그렇게 역사적으로 한 번 침체되면, 다시는 회복할 수 없는 침체가 될 가능성이 높은 것도 사실이다.

그러나 아프리카 대륙이나 다른 나라에서 부흥하는 예도 있고, 한국에서도 교회는 1910년대의 쇠퇴, 1920년대 중후반의 쇠퇴, 1930년대 후반에서 1940년대 중반까지의 쇠퇴 등에도 불구하고, 회복 탄력성을 가지고 해방 이후 회복기에 접어들었다.

문제는 1995년부터 나타난 현재의 쇠퇴가 CVID(complete, verifiable, irreversible decline)인가 하는 것이다. 당장만 보면 되돌리기 어려운 세속적 쇠퇴로 보인다.

7월 8일
배워서 사람 되자

"배워서 남 주자는" 말이 있다.

"Why not change the world?"라는 말도 있다.

좋은 말이지만 재고할 점이 있다.

원래는 그런 뜻이 아니었겠지만,

두 말만 보면 다음 몇 가지가 빠져 공허할 수 있다.

무엇을 배울 것인가?

무엇을 줄 것인가?

어떤 세상을 만들 것인가?

무엇보다 두 문장에는 '내'(I)가 생략되어 있다.

나는 어떤 사람이 될까?

나는 무엇을 배울까?

나를 어떻게 바꿀까?

앞의 두 문장에는 '남'과 '세상'만 있다.

배움의 최종 목적은 남과 세상이 아니다.

남과 세상만 내세우면 진부한 기술자나 기회주의자가 된다.

무엇을 배울지가 불분명하면

창조과학도 과학이 된다.

근본주의도 신학이 된다.

내가 없고 남과 세상만 있으면 고지론(高地論)으로 간다.

재학생은 좁은 세계관으로 세속화에 저항하다 고립되고

졸업생은 좋은 직장에서 진부한 전문가로 세속화된다.

세상은 잘난 사람이 바꾸지 않고 된 사람이 바꾼다.

남 주기 전에 먼저 내가 사람이 되어야 한다.

세상을 바꾸기 전에 나부터 바꿔야 한다.

배움은 남이나 세상이 목적이 아니다.

위인지학(爲人之學)이 아니라 위기지학(爲己之學)이다.

배워서 남 주려면 더 많이 알고 더 많이 소유해야 한다.

배워서 내가 되려면 바르게 알고 바르게 행동해야 한다.

세상을 바꾸려고 학력도 위조하고 가짜 목사도 된다.

남 주려고 석박사 하더니 횡령하고 세습하고 추행한다.

세상을 바꾸려면 남이 우러러보는 높은 데로 가야 한다.

반면 나를 바꾸려면 남들이 모르는 낮은 데로 가야 한다.

20년 전에는 "배워서 남 주자"가 약간 맞는 말이었으나

앞으로 20년은 "배워서 내가 되자"로 바뀌어야 한다.

나를 위한 공부라야 사(私)가 아닌 공(公)이 된다.

나를 구원하지 못하는 공부는 남도 구원하지 못한다. 역설이다.

나는 얼마나 엉망인가?

이 땅에 배운 자가 얼마나 많은데

왜 다들 그 모양 그대로인가?

그러니 배워서 사람 되자.

배워서 나를 바꾸자.

바뀐 나를 세상에 주자.

배워서 사람되자(Let's study to be I)
배워서 나를 바꾸자(Why not change myself?)
바뀐 나를 세상에 주자(Why not give such a me to the world?)

▲그림4_ 나를 바꾸는 공부 ⓒ옥성득

7월 26일

한국 개신교는 소수 종교임을 자각해야

현재 개신교인을 800만으로 잡으면 남한 인구의 15.6%에 불과하다. 남
북한을 합하면 전체 인구의 약 10% 수준이다. 그동안 개신교인 증가 그
래프만 보았기 때문에 개신교가 급성장하고 있고 대단한 세력인 듯 느낄
수 있지만, 표10의 인구 증감 도표에서 보듯이 남한의 도시 인구가 급격
히 증가하고 경제도 급성장했기 때문에 1990년대 중반까지 서울을 비롯
한 대도시의 교회들도 급성장한 것이다. 그러나 인구 증가와 도시화를 고
려하면 '폭발적' 성장은 없었다.

북한 인구도 남한 교회 정도로 급성장했다. 인구 증가면에서 보면 지

난 20년간 북한이 남한 개신교보다 우수했다. 교회가 성장한 게 자랑이 아니다. 지난 20년간 북한 인구 성장률에도 미치지 못하고 안티만을 외치다가 교회를 망친 현재의 60대 이상 구세대는 은퇴하고 물러나 침묵하라. 30-40대에게 바통을 넘겨라.

초대형 교회들도 수평 이동으로 성장한 것이니 자랑할 것이 없다. 마땅히 미안하게 생각하고 모은 교인을 다시 흩어 돌려주어야 한다. 작은 교회 돕는 일에 헌신하고 생색을 내지 말라.

인구와 경제가 저성장하는 마당에 정체하던 교회가 쇠퇴하자 위기의식을 느낀 수구적인 교회 지도자들은 1990년대의 반종북 프레임으로 살 길을 찾다가, 진보 정당이 정권을 잡자 반동성애 프레임으로 교인 이탈을 막고 사회에서 자기 목소리를 내려고 한다. 그러나 안티로는 개독교 담론에 대항할 수 없고 교회의 정체성도 확립되지 않으며 사회로부터 더욱 고립되어 적합성을 잃어버린다. 정체성도 적시성도 놓친다.

교회와 목회 자체를 개혁해야 한다. 교회 지도자들이 개혁되어야 한다. 사회의 눈에 있는 티를 안티하지 말고 교회의 눈에 들어가 있는 들보를 치우기 위해 씨름해야 한다. 소수가 살아남는 것은 남다른 거룩성과 영성으로 존경받을 때다. 타자를 공격하고 배제하며 자기를 내세우는 교만한 집단은 모 정당처럼 하루아침에 사람들로부터 외면당한다. 불법적 세습부터 회개할 때 교회가 살 것이다.

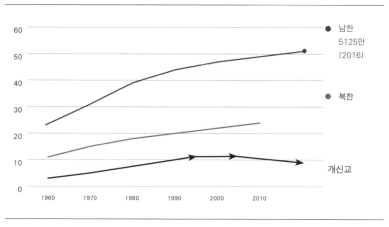

	● 남한 5125만 (2016)
	● 북한
	개신교

60
50
40
30
20
10
0

1960　1970　1980　1990　2000　2010

▲표10_ 남북 인구와 개신교인 증감 ©옥성득

7월 31일

한국인은 선민이 아니다

한국 개신교 강단에 자주 등장하는 논리 중에 무궁화, 봉황, 꼬레아, Chosen 등을 근거로 한국인은 세계 선교를 위한 종말의 선민이라고 말하는 공식이 있다. 역사적 근거가 없거나 성경적 근거가 없는 이야기로, 끼워 맞추기식 만담이다. 이런 세계관과 역사 인식으로는 선민이 되기는 커녕 망민이 된다.

　　얼마 전 큰 집회에서 어느 목사님이 설교 중에 이런 말을 했다. "무궁화는 영어로 'rose of Sharon', 즉 샤론의 꽃인데 이는 예수 그리스도(아

2:1)를 의미한다. 그리고 상상의 새인 봉황은 하나님의 천사를 뜻한다. 또 조선의 국제적 표기인 'Chosen'은 '선택을 받았다'는 뜻이기도 하며 '코리아'는 히브리어로 '하나님 앞에 부름을 받은 자'라는 의미다." 정말 그런지 한 가지씩 살펴보자.

샤론의 꽃

이 말은 아가 2:1에 한 번만 나온다. 샤론의 수선화 혹은 샤론의 장미라고 하는 이 식물은 우리나라 무궁화와 상관이 없다. 무궁화를 영어로 하니 '샤론의 장미'가 된 것일 뿐이다. 아가 2:1의 샤론의 꽃은 사실 실물이 알려지지 않았다. 서양에서 샤론의 장미는 서양금사매(Hypericum calycinum)를 가리키는데 이 꽃의 나무는 상록수로서 꽃이 피는 떨기나무다. 한국에서만 무궁화를 지칭할 뿐이다. 같은 단어를 샤론의 수선화로 번역하기도 하는데 수선화는 나무가 아니다. '들에 백합화, 골짜기에 수선화'로 대구를 이루므로 샤론의 꽃은 '샤론의 장미'보다 '샤론의 수선화'가 더 좋은 번역이다. 이것은 사실 특정 꽃이 아니라 샤론 골짜기에 피는 야생화를 말하므로 들꽃으로 번역하면 좋겠다.

조선과 Chosen

19세기까지 한국은 주로 프랑스 선교사를 통해 외국에 Corée나 Corea로 알려져 있다가(발음은 꼬레), 1882년 한미 조약, 1883년 한영 조약 이후 상당 기간 영어로 Corea, Korea로 알려졌고, 점차 영어와 독일어 등에서 Korea로 자리를 잡았다.

1878년 존 로스(John Ross)의 『한국사』(History of Corea), 1882년 윌리엄 그리피스(William Griffis)의 『은자의 나라 한국』(Corea, the Hermit Nation), 1885년 퍼시벌 로웰(Percival Lowell)의 『조선, 고요한 아침의 나라』(Chosön, the Land of the Morning Calm; a Sketch of Korea) 등에서 보듯이 1880-1890년대에는 Corea, Korea, Chosön이 혼용되었다. 당시 국명 조선은 로웰처럼 Chosön으로 표기하거나 Chyosön 혹은 Chosun으로 표기했다.

Chosen으로 표기한 것은 일제의 조선 총독부다. Korea라는 국명은 사라지고 일본의 식민지로서 Chosen을 사용하게 되었는데, 이는 우리가 잘 아는 조센징의 '조센' 발음이다. 선택받았다는 'chosen'의 의미는 없었고 식민지로 깔보는 단어였다.

코리아

간혹 "고려 시대부터 우리나라를 지칭한 코리아는 히브리어로 '하나님 앞에 부름을 받은 자'"라는 글이 보이는데, 이건 정말 근거 없는 잠꼬대다. 언제 고려를 코리아나 코레아로 불렀단 말인가? 혹시 불어 표기 Corea를 보고 그렇게 추측한 것이라면 오해다. 고려 시대 '고려'는 '코리아'나 '코레아'로 발음된 적이 없다. '고구려'에서 온 '고려'는 한국인은 '고려'로, 외국인은 '고리어' 혹은 '고레'로 발음한 것으로 보인다. 아랍어에서는 '쿠리아'로(고구려의 '구'를 가지고 간 듯), 프랑스어, 이탈리아어 등 라틴어 계열에서는 Corée, Corea로 표기했다. 발음하자면 꼬레, 꼬려 정도였다.

그런데 이런저런 블로그 글을 보면 고려가 '코리아'나 '코레아', '꼬레아' 등으로 발음되었다고 상정하고, '부르다'의 히브리어는 카라(קרא)이고 '부르는 자'는 코레(קורא)라서 여기에 접미사 '아'를 붙인 '코레아'는 '예루살렘 땅끝까지 열방에 복음을 전하도록 하나님이 특별히 선택하여 부르신 나라'라고 해석할 수 있다며 설을 푼다. 말장난에 불과하다. 이런 확인되지 않은 이야기를 설교에 짜깁기로 써먹는 것은 더욱 무책임한 일이다.

봉황

전설의 새인 봉황과 하나님의 천사는 아무 상관이 없다. 봉황은 도교나 유교에서 동서남북을 지키는 사신(四神) 중 남쪽을 수호하는 주작을 지칭한다. 봉은 수컷, 황은 암컷이다. 천사는 암수가 없으며 어떤 방향을 지키는 신도 아니다. 용은 황제를 상징하므로 조선에서는 봉황으로 왕을 상징했다. 1897년 고종이 대한제국을 선포하고 황제라는 칭호와 함께 곤룡포를 입고 용상 위에 용을 그려 황제의 상징으로 삼았으며 남대문 입구 천장에도 용을 그렸다. 절이나 사당에 있는 용은 수신을 상징했으며, 19세기 민화의 봉황은 안위와 번영, 부귀와 장수 등 길상(吉祥)을 의미했다.

선민

한국인은 선민이 아니다. 한국인이 선민이라는 자민족 중심주의 (ethnocentrism)와 교만은 버려야 한다. 하나님의 모든 백성은 타자를 섬기기 위해 부름받은 에클레시아다. 한민족만이 복음과 묵시의 선민인 것은 아니다. 팔레스타인 기독교인이나 아프리카 기독교인이나 모두가 선민이다. 한국 개신교는 한국 안에서도 소수의 종교로서 타종교나 비종교인에 대한 예의를 지켜야 한다. 한국인이 세계인을 만날 때는 약소국으로 겪은 고통과 이민/난민으로 겪은 설움을 바탕으로 그들과 연대하며 그들의 고통을 이해하는 마음을 가져야 한다. 물론 선민 의식은 때로 필요하다. 그러나 선민으로의 부르심은 섬기기 위한 부르심이지, 역사적·성경적 근거도 없는 말로 짜깁기한 자부심이 아니다.

8월 6일

통합 총회 세습 재판일에 고함

2013년 9월 예장 통합 총회는 870 대 81로 교회 세습 금지 결의를 통과시켰다. 5년 만인 오늘, 재판국은 헌법대로 재판해야 한다. 빌라도의 오판을 반복하지 말라. 80년 전 1938년 신사 참배 결정을 반복하지 말라. 만일 예장 통합이 세습을 치리하지 않으면 하나님 앞에 큰 죄를 짓는 것이요 교회의 머리 되신 예수 그리스도를 욕되게 하는 것이요 돈과 권력 앞에 절하는 우상숭배의 죄를 범한 것이요 교회법을 무시하는 불의를 묵인한 것이며 세상의 비웃음거리가 될 것이므로, 그런 치욕에 대한 작은 항의로 나는 통합 측 목사증을 반납하겠다. 비록 목회를 하지 않아 대단한 것은 아니지만 말이다. 김하나 목사 세습은 불법이다. 아래 재판국원의 이름을 밝힌다. 8월 7일 현재 투표 결과, 서광종, 이의충, 임채일, 조건호, 조원희, 한재엽 국원이 반대했고, 이어 조양구 목사가 반대표를 던진 제7인으로 밝혀졌다.

재판국장
이경희 목사
동광교회
인천노회

재판국 서기
기노왕 장로
대화교회
서울서북노회

재판국 회계
오세정 장로
연동교회
서울노회

재판국원
김점동 목사
창동제일교회
서울북노회

재판국원
김정섭 장로
기쁨의교회
포항노회

재판국원
김태호 장로
대전성지교회
대전서노회

재판국원
서광종 목사
금옥교회
김제노회

재판국원
신덕용 장로
개봉중앙교회
서울서남노회

재판국원
서성규 목사
울산산성교회
함해노회

재판국원
이의충 장로
광천교회
광주노회

재판국원	재판국원	재판국원	재판국원	재판국원
임채일 목사	조건호 장로	조양구 목사	조원희 목사	한재엽 목사
한마음교회	소망교회	일산홍광교회	소상교회	장유대성교회
순천남노회	서울강남	평북노회	경서노회	부산노회

▲그림5_ 명성교회 세습 재판 경과[3]

8월 1일

통합 목사직 사직

"화로다 나여, 망하게 되었도다"(사 6:5).

오늘 통합 측 재판국이 8 대 7로 명성교회 세습을 인정하였습니다. 저는 이 판결이 부당하므로 항의하며 다음 총회 헌법에 따라 예장 통합 측 목사직을 '자의 사직'하겠습니다. 세습 인정 판결로 장로교회는 80년 전 신사 참배 결의보다 더 큰 죄를 범했습니다. 당시에는 일제의 강제로 결의했으나 오늘 통합 측 재판국은 자의로 결정했기에, 통합 교단 최대 수치의 날이자 가장 큰 불의를 범했습니다. 통합 교단은 오늘자로 죽었

<hr>

3   「신학 춘추」 페이스북 이미지를 재가공함.

습니다. 그러나 언젠가 통합 총회가 재를 덮어쓰고 회개하여 오늘의 결의를 무효로 돌리는 날이 오기를 기대합니다. 주여, 통합 교회를 불쌍히 여겨주옵소서.

대한예수교장로회(통합) 총회 헌법, 제2편 정치, 제5장 목사, 제35조 목사의 사임 및 사직, 제3항에 "3. 자의 사직: 목사가 부득이한 사유로 인하여 목사직의 사직을 원할 때 노회에 사직서를 제출하고 노회(폐회 중에는 임원회)는 이를 심사하여 사직케 할 수 있다"고 되어 있습니다.

저는 1993년 4월 21일 통합 측 평양 노회에서 목사 안수를 받았습니다. 그러나 2018년 8월 7일 목사직 자의 사직서를 제출합니다. 이제 저는 더 이상 목사가 아닙니다. 25년간 장로교회 목사로 지내게 해주신 주님께 감사드립니다. 불충한 종을 주여, 용서해주옵소서.

위에 쓴 그대로 사직서를 노회 서기에게 이메일로 제출하였다.

8월 8일
부활이 없다는 사두개적 세습 세력

늑대 가운데 파송된 양 같은 예수님의 제자들은 "뱀처럼 지혜롭고 비둘기처럼 단순해야" 한다. 뱀처럼 지혜롭다(φρόνιμοι, wise)는 것은 간교하다는 뜻이 아니라 빈틈없고 신중하며(prudent) 상황 판단이 빠르다는 (shrewd) 뜻이다. 뱀의 교묘함은 특히 위험이 닥칠 때 재빨리 피하는 모습으로 나타난다. 논쟁과 위기의 순간에 사리를 신속 정확하게 판단하여 그 위험에서 빠져나갈 길을 찾는다. 곧 빈틈없는 사태 해결 능력을 말한다. 한국 속담인 "구렁이 담 넘어가듯이"[4]와 같은 뜻은 φρόνιμοι에 없다. 그러니 그런 것이 통합 재판국과 명성교회 당회의 수법이다. 여러 상황에서 나타나는 예수님의 '지혜로운' 모습을 보자.

사두개인의 공격(마 22:23-33)

부활을 믿지 않는 사두개인들이 일곱 형제와 연속해서 결혼한 한 여인의 경우를 들며 "여인은 부활 때에 일곱 중의 누구의 아내가 되겠습니까?" 라고 질문하여 올무에 넣고자 했을 때, 예수께서는 다음과 같이 '지혜롭게' 대답하셨다. "이르시되 너희가 성경도, 하나님의 능력도 알지 못하는 고로 오해하였도다. 부활 때에는 장가도 아니 가고 시집도 아니 가고 하늘에 있는 천사들과 같으니라. 죽은 자의 부활을 논할진대 하나님이 너희에게 말씀하신 바 '나는 아브라함의 하나님이요 이삭의 하나님이요 야곱의 하나님이로라' 하신 것을 읽어보지 못하였느냐? 하나님은 죽은 자의

---

4 일을 처리하는 데 남이 눈치채지 못하게 슬그머니 해치움. 본심을 드러내지 않고 은근히 계획을 추진하는 능구렁이.

하나님이 아니요 살아 있는 자의 하나님이시니라."

진리에 대한 지식이 지혜를 준다.

바리새인의 공격(마 22:34-40)

한 율법사가 예수님을 시험하여 묻는다. "선생님, 율법 중에서 어느 계명이 큽니까?" 당시에도 "뭐가 중헌디?"라는 질문을 했던 것이다. 십일조, 주일 성수, 사회 참여, 주초(酒草) 금지, 동성애 반대, 세습 금지, 교회 성장 등 가운데 어느 것을 중시하여 교회 예산과 운동력을 집중할 것인가? 예수께서 이르시되 "'네 마음을 다하고 목숨을 다하고 뜻을 다하여 주 너의 하나님을 사랑하라' 하셨으니, 이것이 크고 첫째 되는 계명이요. 둘째도 그와 같으니 '네 이웃을 너 자신 같이 사랑하라' 하셨으니 이 두 계명이 온 율법과 선지자의 강령이니라."

하나님을 사랑하고 두려워하며, 내 가족, 내 교회가 아니라 이웃을 사랑한다면 매일 어떤 기준으로 판단하고 행동해야 할지 알 수 있다.

유월절의 군중(요 2:24)

유월절에 예루살렘에서 많은 사람이 예수님이 행하신 표적을 보고 그분의 이름을 믿었지만, "예수는 그의 몸을 그들에게 의탁하지 아니하셨으니 이는 친히 모든 사람을 아심이요"라고 했다.

유대로 가는 것을 말리는 제자들(요 11:9-10)

"예수께서 대답하시되 '낮이 열두 시간이 아니냐? 사람이 낮에 다니면 이 세상의 빛을 보므로 실족하지 아니하고, 밤에 다니면 빛이 그 사람 안에 없는고로 실족하느니라.'" 죽음의 때를 대비하며 담담히 내면의 영성의 빛으로 갈 길을 비추는 모습이다.

한편, "비둘기처럼 순결하라"에서 순결은 순진무구가 아니라 단순함(simplicity)을 말한다. 일편단심으로 충성하는 모습이다. 곧 주변에 해를 끼치지 않는 것(harmless), 돈이나 힘이나 불순한 동기를 섞지 않고(unmixed, unadulterated) 주께서 말씀하신 대로, 법대로 따르는 수동적이며 온순한 습관을 말한다. 이는 위압적이거나 험악하지 않고 공격적이거나 반항적이지 않다는 뜻이다.

그러나 대형 세습 교회는 불법을 자행하고도 이를 항거하는 자들에게 위압적이다. "세습했다. 어쩔래?"라는 식으로, 불의한 행동을 하고도 위풍당당한 점령군처럼 행동한다. 심판이나 부활을 실제로 믿지 않고 현세만 인정하는 태도다. 그들에게 비둘기의 모습이 있는가? 능구렁이 수법에, 시체를 뜯어먹는 들판의 독수리 떼처럼 사납다. 표절과 위조와 불법으로 목사직을 유지하는 세력은 계명을 무시한다. 윤리가 부재하다. 거룩한 척하지만 실은 독수리처럼 더러운 시체를 뜯어 먹는 부정한 세력이요, 구렁이처럼 적당히 넘어가는 사두개, 바리새 세력이다.

시(詩)를 공부해야 하는 이유

유교 오경(五經)의 시작은 공자가 편찬한 옛 시로 이루어진 『시경』(詩經)
이다. 공자는 여기 담긴 총 311편(305편)의 시를 한마디로 표현하면서 노
송 경편에 등장하는 「사무사」 구절을 인용하여 '생각에 간사함이 없다'는
뜻의 "사무사"(思無邪)라 했다(詩三百 一言以蔽之 曰思無邪). 역시 공자는
술이불찬(述而不贊)의 자세, 온고지신(溫故知新)의 태도로, 낙빈 속에 겸손
하면서도 당당히 인간성의 가치를 믿고 사신 분이었다. 그래서 그는 시와
음악의 대가였다.

　　자공이 "가난하되 아첨하지 않으며, 부유하되 교만하지 않으면 어떻
습니까?"라고 물었다. 공자께서 "괜찮다. 그러나 가난하되 [도를] 즐거워
하며, 부유하되 예절을 좋아하는 것보다는 못하다"라고 말씀하셨다. 자
공이 "시경에서 '곧 잘라놓은 듯, 곱게 갈아놓은 듯하며, 쪼아놓은 듯, 갈
아놓은 듯하구나!'라고 하였는데, 바로 이것[수양에 수양을 더하는 것]을
말한 것 같습니다"라고 말했다. 공자께서는 "사(賜, 자공의 이름)야, 비로소
너와 더불어 시경을 논할 만하구나. 지나간 것을 일러주니 아직 오지 않
은 것을 아는구나!"라고 말씀하셨다.

　　子貢曰 貧而無諂 富而無驕何如 子曰 可也 未若貧而樂 富而好禮者也 子貢曰 詩

云 如切如磋 如琢如磨 其斯之謂與 子曰 賜也 始可與言詩已矣 告諸往而知來者[5]

상아를 절차(切磋)하고 옥돌을 탁마(琢磨)하듯이 사특함이 없는 양심을 만들어가기 위해 우리는 생각과 마음을 자르고 줄로 쓸고 쪼고 곱게 갈아서 빛나게 해야 한다. 많이 안다고 생각하고 늘 나서기 좋아했던 자공은 이제 비로소 깨달았다. 더 다듬어야 한다. 가난 속에서도 도를 즐거워하는 마음, 부자라도 타인을 대할 때 예의로 대하는 자세는 절차탁마하듯 매일 이루어가는 작업이다. 물질의 빈부보다 나와 남을 대하는 자세가 문제다.

성경을 잡고 펼치면 중간 부분에 시편이 나온다. 내가 가지고 있는 개역개정판은 구약이 1,331쪽, 신약이 423쪽, 도합 1,754쪽이라 중간 부근이 874-875쪽이고 거기에 시편 97-101편이 실려 있다. 시편 98:1은 "새 노래로 여호와께 찬송하라"다.

조상의 신앙 체험과 고백이 나이테처럼 새겨진 옛 시편과 나의 고민, 항의, 감사, 확신, 찬양이 들어간 새 노래가 어울릴 때, 우리는 세상과 하나님에 대한 논리적 이해와 법적 정의를 넘어선 시적 정의(poetic justice)가 포함된 통전적 세계 이해로 넘어간다.

시편을 읽지 않는 사람을 그리스도인이라고 할 수 있을까? 예수님도

---

5   『論語』學而篇, 『詩經』衛風篇

어릴 때부터 시편을 암송하고 읊조리고 묵상하고 노래했다. 그는 십자가 위에서의 마지막 순간 고통 중에 피를 토하면서도 시편 22편을 아람어로 노래했다. "엘리 엘리 라마 사박다니…."

> 내 하나님이여, 내 하나님이여, 어찌 나를 버리셨나이까?
> 어찌 나를 멀리하여 돕지 아니하시오며
> 내 신음소리를 듣지 아니하시나이까?(1절)

> 겸손한 자는 먹고 배부를 것이며
> 여호와를 찾는 자는 그를 찬송할 것이라.
> 너희 마음은 영원히 살지어다(26절).

시편과 음악을 중시했던 루터는 죽기 하루 전인 1546년 2월 17일, 시편 31:5을 암송했다. 공동 기도문에서 임종 때 하는 기도였다.

> 내가 나의 영을 주의 손에 부탁하나이다.
> 진리의 하나님 여호와여, 나를 속량하셨나이다.

문학과 음악은 하나님의 침묵과 인간사의 부조리 속에서도 '사무사'의 자세로 하나님의 말씀과 하나님의 정의를 믿고 외치고 노래하게 한다. 악인이 승리하는 음침한 골짜기 같은 세상과 교회에 대한 절망 속에서도 공의와 소망을 놓치지 않는 것이 시인의 자세다. 바울의 말을 빌리면 "나는 매일 죽는다"는 자세요, 윤동주의 말을 빌리면 "별이 바람에 스치우는 밤"에 "잎새에 이는 바람에도 괴로워하는" 예민한 양심을 가지고 "별을 노래하는 마음으로" "모든 죽어가는 것을 사랑"하는 인(仁)과 예(禮)의 태도다. 그럴 때 우리는 하늘을 우러러 한 점 부끄럼 없는(思無邪) 시인이 될 수 있을 것이다. 그것이 우리가 걸어가야 할, 우리에게 "주어진 길"(道)이다.

1941년 11월 20일, 스물셋의 윤동주는 연희 전문 졸업을 앞두고 진로를 고민하던 청년이었다. 시대는 암울한 밤이지만 그의 안에는 빛나는 양심이 있고 우러러볼 하늘이 있었다.

오늘 밤에도 별이 바람에 스치운다.

Tonight again, the stars are brushing in the wind.

술이부작에서 술이창작으로

해 아래 새것이 없지만, 동시에 새로운 피조물은 계속 만들어진다. 하나
님의 형상을 닮은 인간은 새것을 만들어낸다. 새것이라야 참 가치를 지
닌다. 미술품이나 책의 원본과 복사품/짝퉁/표절품의 가치 차이는 때로
수천 배, 수만 배 이상이 난다.

40대 이상 세대가 받은 한국 교육은 창조성을 길러주는 면에서 약점
이 있었다. 한국 유학은 공자의 말씀인 술이부작(述而不作, 옛 일에 따라 기
술할 뿐 창작한 것은 아니다)의 태도를 문자적으로 적용하여 주자학에 머물
렀다. 그것이 정통 명분론으로 경직되면서 사문난적(斯文亂賊)으로 상대
를 죽이기도 했다.

그나마 기독교가 들어와서 질식한 한국 사상에 창문을 열고 환기를
시켰으나, 개신교도 1920년대 이후 근본주의에 사로잡혀 술이부작의 태
도를 수구하고 있다. 개혁 신앙이라면 당연히 개혁과 보수(保守)가 함께
가야 하는데, 개혁이 사라지니 남는 것은 수구(守舊)뿐이다.

1960년대 이후 두 세대 동안은 화려한 신학에 혹해 때로 괴력난신
(怪力亂神, 이성으로 설명하기 어려운 괴이한 현상이나 존재)을 말하기도 했다.
발음하기도 어려운 외래어나 번역어가 들어갈수록 그 신학이 대단하다
생각했다. 마치 이국적인 서양 요리나 외국 요리에 점점 길들여져 혀가

꼬부라지는 요리 이름을 말해야 혀에 미각이 도는 사람처럼, 나이프와 포크를 들고 외식을 해야 식성(食性)이 풀리는 이들이 신학교에서 양산되었다.

우리의 원재료로 요리한 식탁이 비록 촌스럽고 평범해 보여도, 한국 민중은 그것으로 2,000년을 살아왔다. 우리 땅에서 나온 원재료로 전통 맛을 살리면서 변하는 입맛에도 맞는 새로운 요리를 창출하는 신학이라야 한다. 300년 전, 100년 전, 50년 전 한국 어머니의 레시피를 찾아라. 외국 아무개의 신학을 소개하는 수준이 아니라 누구도 하지 않았던 이야기를 할 수 있는 한국인 신학자라야 개신교 5세대(2015-2045)라는 시대를 살아갈 수 있다. 우리 현실을 제대로 분석하고 우리 상황에 맞는 신학을 만들어 숟가락, 젓가락으로 먹을 수 있게 해야 한다.

물론 외국 요리도 먹어볼 필요는 있다. 그래야 비교도 되고 배우기도 한다. 식상(食傷)한 요리만 먹기보다는 별미도 즐길 줄 알아야 하겠다. 퓨전도 좋다. 하지만 별미가 주식은 될 수는 없다. 주식도 대식이 되면 안 될 터이다. 소식도 하고 금식도 자주 필요하다. 그러나 무엇보다 외식은 자주할 게 아니다. 외식은 비싸기도 하지만 몸을 망친다.

사실 외식은 지루하다. 재미가 없다. 남의 다리를 긁는 기분이라 시원함이 없다. 무슨 식재료로 만들었는지 믿을 수 없다. 내가 유기농으로 직접 키운 채소로 조미료 없이 만드는 비빔밥은 노력과 시간이 많이 들고 볼품이 없을 수도 있지만, 고급 식당에서 먹는 코스 요리보다 싸고 몸에 좋고 만드는 재미도 있다. 개운하다. 퓨전으로까지 다양하게 만들 수 있다.

외국 유학 박사증은 말하자면 요리사 자격증이다. 요리사가 외국 음식만 소개하면 무슨 재미로 사나? 외국에 있을 때는 그곳 식재료로 요리했다면, 국내에 와서는 한국인 입맛에 맞는 요리를 만들 수 있어야 한다. 그렇지 않으면 셰프가 아닌 고용된 요리사에 불과하다.

셰프와 시인과 신학자의 삶은 고단하나 지루하지 않다. 새것을 만들기 때문이다. 고단하지만 재미있는 삶이냐, 지루하지만 편리한 삶이냐의 선택이다. 술이부작하되(인위적 만들기, 짝퉁 만들기, 표절하기는 버리되) 술이창작(새것을 만드는 창조적 작업을 해낸다)으로 나아가야 한다.

8월 11일

한국 기독교 제1과제 : 가족주의 극복

인도에서는 범람하는 갠지스강 중간에 있는 섬에서 세차게 흘러가는 흙탕물을 바라보는 단독자 수도승이 종교인의 모습이다. 이스라엘에서는 광야 동굴 앞에서 낙타 털옷을 입고 메뚜기와 들꿀을 먹는 예언자의 고독한 모습이 종교인의 이미지다. 인도, 중동, 유럽, 북미의 종교인은 이처럼 신 앞에 홀로 서는 단독자의 모습을 보인 후에 출가 공동체, 신앙 공동

체의 회중을 혈연 가족을 대신할 새 가족으로 맞이한다. 그러나 한국에서
는 유교의 영향으로 불교든 기독교든 가족주의가 막강한 힘을 발휘한다.

불교와 가족주의

불자는 출가(出家)로 시작한다. 가족이나 가정과의 인연을 끊지 않으면
삼사라(윤회)의 속세와 끊지 못하고 니르바나(열반)의 세계에 들어가지 못
한다. 석가모니는 왕자로서 부왕의 간청을 물리치고 효자(孝子)의 길 대
신 뭇 인간의 생로병사를 해결할 길을 찾아 나선다.

한국의 조계종은 속세와의 인연을 끊지 못하기 때문에 법난(法難)에
말려 있다. 한국에서 불교가 살기 위해서는 출가를 분명히 하는 것이 우
선이다. 출가한 이들이 모인 상가(승려) 공동체를 형성해야 다르마(법)를
추구하고 니르바나의 붓다(불)의 세계에 도달할 수 있다.

기독교와 가족주의

예수님은 요셉과 마리아의 아들로 태어났으나 나이 서른에 집을 떠나 광
야에서 시험을 받은 후 요단강에서 세례를 받고 하나님의 아들로서의 사
명을 깨달아 공적 사역에 나선다. 어느 날 마리아와 동생들이 예수님을
찾아왔다.

예수께서 그들에게 대답하셨다. "누가 내 어머니이며, 내 형제들이냐?"

그리고 주위에 둘러앉은 사람들을 둘러보시고 말씀하셨다. "보아라, 내 어머니와 내 형제자매들이다. 누구든지 하나님의 뜻을 행하는 사람이 곧 내 형제요 자매요 어머니다"(막 3:33-35).

혈연에 의한 가족이 아니라 하나님의 뜻을 행하는 신앙 공동체가 새 가족 공동체라는 말씀이다. 세례 요한도 아버지의 제사장직을 세습 받지 않고 집을 떠나 광야 산굴에 있는 에세네 수도 공동체에서 생활했다. 위기의 세상에서 새 시대를 준비하려면 집을 떠나고 효자의 삶을 떠나야 한다. 더 큰 부모인 하나님, 더 큰 가족인 일반 대중을 만나야 참된 나를 찾을 수 있다.

최근에는 좋은 사위 조건에 '효자가 아닐 것'이 들어간다는 농담이 있지만, 사실 그것도 딸이 시가가 아닌 본가에 효도하는 효녀가 되기를 바라는 부모의 욕망에서 나온 말이다. 한국 사회는 종교 분야에서도 이 가족의 연을 끊지 못한다. 특히 결혼이 허용되는 개신교 목회자에게 가족주의는 영적 타락과 물적 탐욕의 근원적 원인이 된다.

예수님이 열두 살 유월절에 예루살렘 성전에 올라갔을 때, 부모는 아들을 성전에서 놓치고 말았다. 놀라서 돌아온 부모에게 예수님은 자신이 '아버지의 집'에 있는 것이 마땅하다고 말했다. 예수님을 따르는 기독교인들은 20대 이후 성인 시기부터 육신의 부모 뜻을 따르는 자들이 아니라 하늘에 계신 하나님의 뜻을 따르는 자들로 독립해야 한다. 남자는

'부모를 떠나' 한 여자와 결혼해야 한다. 목사는 출가한 후 새 공동체를 형성하고 목회해야 한다. 그래야 육신의 아버지의 권위보다 하늘 아버지의 뜻을 따르게 된다. 명성교회뿐 아니라 세습한 300여개 교회는 예수님의 길이 아니라 세상 관습의 길을 걷고 있다.

기독교 이단과 가족주의

통일교를 비롯한 이단들의 핵심은 혈연 가족 개념이다. 한국인이나 미국 보수주의자에게 가족이라는 가치가 중요한 것을 알기 때문이다. 그들은 대개 여성의 희생을 당연시한다. 혹은 한국 여성의 차별을 역이용하여 여성에게 다가가지만, 결국 여성의 헌신을 이용하여 조직 확대를 꾀한다. 이단의 경우 창시자가 가부장이 되어 성장시키다가 대개 그가 죽으면 조직이 와해되는데, 간혹 딸이 세습하지만 그것도 가족주의의 변형에 불과하다.

한편 가톨릭에서는 사제 계급의 조직적 부패를 통해 계급을 유지하고, 개신교에서는 가족들의 끼리끼리 해먹기를 통한 상류층 진입 시도와 굳히기가 만연하다. 화려한 비단옷을 입은 세습 교회와 이단에서 믿음을 보겠느냐? 무엇을 먹을까, 무엇을 입을까 염려하는 것은 다 이방인이 하는 일이다. 들판에 나가서 백합화를 바라보고 하늘에 나는 참새를 보라.

한국교회에는 왜 이단이 많은가?

9월 11일부터 열리는 예장 고신 68회 총회에 이단성을 조사해달라는 두 안건이 상정되었다고 한다. 이 글에서는 안건 자체를 논의하는 대신 다음 세 가지를 묻고 간단히 답하려 한다. 첫째, 이단이란 무엇인가? 둘째, 한국교회에는 왜 이단이 많은가? 셋째, 이단 고발이 고려파 정체성 확립에 도움이 될까?

이단이란 무엇인가?

교회에서 이단을 설명할 때 한자의 의미로 설명하는 경우를 자주 본다. 다를 이(異), 끝 단(端), '끝이 다른' 교리나 그 교리를 신봉하는 집단이라는 것이다. "이단이란 출발은 같았으나 어느 순간 정통에서 떠나 잘못된 길로 빠져 끝이 달라진 사람이나 집단이다"라고 생각한다. 그동안 한국교회에서는 이런 잘못된 정의 때문에 교리나 신학이 약간만 다르면 이단이라고 정죄하는 경우가 많았다.

그런데 이단의 '단'은 끝부분(결론, 마지막)이 아니라 '단서'(端緖)라는 말에서 보듯이 실마리(출발, 시작), 즉 근본이나 근원을 말한다. 우리가 잘 아는 맹자의 사단(四端) 첫 구절은 "측은지심인지단야"(惻隱之心仁之端也)다. 측은한 마음이 '인'의 근원이라는 뜻이다. 맹자는 사람의 본성에 하늘이 준 '인'의 근본이 있어서(기독교식으로 말하면 하나님의 형상이 있어서) 우물에 빠진 아이를 보면 건져주는 착한 일을 하게 된다는 성선설을 주장했다. 인간 본성이 발현될 수 있는 실마리(端緒)가 있기 때문에 사람은 짐승과 근본이 다르다. 여기서 성선설은 논외로 하고 사단(四端)이라는 단어에서 보듯이 '단'의 의미는 끝부분이 아니라 시작되는 근원을 말한다.

성경으로 가보자. 이단에 관해 언급하는 요한1서 2:18-19이다. "아이들아, 지금은 마지막 때라. 적그리스도가 오리라는 말을 너희가 들은 것과 같이 지금도 많은 적그리스도가 일어났으니, 그러므로 우리가 마지막 때인 줄 아노라. 그들이 우리에게서 나갔으나 우리에게 속하지 아니하였나니, 만일 우리에게 속하였더라면 우리와 함께 거하였으려니와 그들이 나간 것은 다 우리에게 속하지 아니함을 나타내려 함이니라." 여기서 요한은 적그리스도에 속한 이단 집단이 외형은 비슷하나 그 뿌리가 적그리스도에 있기 때문에 그리스도의 교회가 아니라고 선언한다. 근본이 다르기 때문에 전자와 후자의 차이는 맹자의 설명을 빌리자면 짐승과 인간의 차이요, 요한에 따르면 적그리스도와 그리스도의 차이다.

통일교를 비롯한 여러 이단은 처음부터 그리스도 안에 속하지 않았기 때문에 교회 안에 몰래 숨어 있다가 양들을 훔쳐서 나간다. 같은 뿌리, 같은 영에서 출발했다가 어느 순간 샛길로 빠져 끝이 다른 이단이 된 것이 아니다. 출발부터 근원적 동기와 목표가 다른 집단이기 때문에 이단이다.

출발 지점에서 각도 1도 차이는 잘 보이지 않는다. 그러나 달까지 가는 우주선을 그 각도로 잘못 쏘면 그것은 영원한 우주의 미아가 된다. 출발선에서는 마치 미세한 차이처럼 보이지만 그 우주선의 끝(端)이 향하는 목표 지점은 수백만 광년 차이가 날 것이다. 이단은 교회와 그렇게 다른 집단이다.

다시 말해, 우리 주변에서 신학의 끝부분, 즉 단순한 신학적 입장 차이나 교리 차이 때문에 교단 안팎에서 서로 이단으로 몰아가는 '마녀사냥'이 있다면 이는 '이단'의 '단'자를 오해한 것이다. 그런 차이의 예로는 개혁주의와 복음주의의 차이, 은사 중지론과 은사 지속론 같은 성령론의 문제, 침례만 옳은가, 유아 세례를 줄 수 있는가, 예배 시간에 기타를 쳐도 되는가 등과 같은 의례의 문제, 혹은 여성 안수 문제 등이 있다.

한국교회에는 왜 이단이 많은가?

이것은 '한국 정치에는 왜 대립과 분열이 많은가'와 비슷한 질문이다. 지난 100년간 식민 지배, 분단과 전쟁, 압축 성장, 정체 등을 경험한 한국은 합리적·점진적·안정적인 사회가 아니라 열정적·돌변적·동적인 사회다. 극한의 변화와 경쟁 속에서 성공한 자에게나 실패한 자에게나 공히 상처와 한과 고난이 많고 여유와 쉼과 배려는 적다. 늘 고함치는 극단 노선이 이기고 조용한 중도 노선은 설 자리가 없다.

그런 세월을 보낸 한국의 중노년 남성들은 마음이 굳어 있다. 삶에 재미가 없다. 단조로운 어조에, 비슷한 패션에 불변의 머리 스타일이다. 집중하고 몰두해야 느낄 수 있는 재미와 희열과 성숙이 없다. 여행을 가도 사진 찍고 다음 장소로 가기 바쁘며, 차에서는 자고(주마간산도 아닌 주마숙면) 호텔에서는 논다. 그래서인지 적을 만들고 공격할 때 집중하게 되고 희열을 느끼는 중년 남성이 많다. 그들이 한국 종교와 한국 정치를 분열시키고 있다.

기독교의 경우 한쪽에는 130년이 지나 제도 종교로 굳어진 기독교의 교단 지도자들이 있고, 다른 한쪽에는 고난 속에서 여러 종교에 선택적으로 의존하는 민중이 있다. 후자 가운데 일하고 그들을 치유하고 도와주려는 목회자는 신학적 혼합주의에 빠질 위험이 있다. 21세기 한국 종교 문화는 전근대-근대-탈근대가 공존하면서 혼란이 가중되는 양상이다.

이 복잡한 상황을 손쉽게 해결하는 방법이 근본주의적 이분법이다. 그러나 아군(정통)과 적군(이단)으로 나누고 적을 공격하는 흑백 논리는 구세대에게 어울리는 사고방식이다. 19세기 말 정통 주자학에 젖은 유생들이 위정척사(衛正斥邪, 정통 방위와 이단 척결)를 내세운 것과 같다. 한 시대에 적절했던 이념도 새 시대에는 불통이 된다. 성리학이 비록 도덕성과 예의염치는 주었으나, 새 학문에 새 노래를 부르며 새 박자에 새 춤을 추는 재미는 주지 못했다.

왜 한국교회에 이단 시비가 많은가? 결국 새로이 집중하고 몰두할 대상이나 화두가 없어 신앙 생활에 재미가 없기 때문이다. 개똥벌레 날아다니는 숲속 길을 헤치고 걸어가 모닥불을 피우며 삶과 예수님을 이야기하던 청춘 시절에는 재미가 있었다. 그러나 유튜브 틀어놓고 매일 같은 목소리, 같은 내용을 들으며 자판이나 치면 삶에서 싱싱한 활력소가 빠져나간다. 정통론에 빠지는 이유는 무미건조한 신앙 생활의 무료함을 이기기 위해 적을 만들고 공격하기 때문이다.

이단 고발은 효용성이 있는가?

그렇다면 이단 고발이 고려파의 정체성 확립과 교회 생태계에 도움이 될까? 얼마 전 김순성 교수는 전국 장로 부부 수련회에서 "고신 영성과 고신교회의 시대적 사명"에 관해 강의했다. 그는 고려파 영성의 특징 여섯 개 중 첫째를 말씀 공부와 기도를 통한 체험적 영성으로 꼽았다. 성령 충만하면 기쁨, 평안, 감격, 감사, 눈물이 있는데, 고신은 이러한 영성을 회복할 때 재미 있는 교단, 생기 넘치는 교단이 될 것이다. 고려파 하면 떠오르는 이미지가 바로 그런 생체험이 넘치는, 싱싱한 비늘이 파닥거리는 물고기와 같은 것이 되면 좋겠다.

의대를 갓 나온 인턴이 더러운 담요를 덮고 자는 거지를 보고, 더러운 담요를 덮으면 병에 걸린다고 설명하고 담요를 걷어가면 어떻게 될까? 그는 책에서 배운 대로 바른 일을 했다고 생각하겠지만, 거지는 밤

새 떨면서 자다가 얼어 죽을 것이다. 더러운 담요를 걷어가는 것보다 새 담요를 줘야 한다. 거지에게 새 담요의 좋은 점에 대해 강의하거나 새 담요의 생산과 유통 과정을 설명하지 말고 새 담요를 줘야 한다.

그리고 부부가 생각이 다르고 싸운다고 해서 이혼하는 것은 아니다. 책 한 권, 영상 몇 개 보고 이단 심사를 하자는 것은 신혼부부가 다투었다고 이혼하자는 꼴이다. 시찰에서 그런 안건이 올라와도 노회에서 기각시키는 안목이 필요하다. 총회가 남의 사생활까지 판단하는 곳이 되면 교단의 위신은 말할 것도 없고 교회 생태계만 어지럽게 만들 뿐이다.

총회가 강도 만난 한국 사회를 위해서 해야 할 일이 산적해 있는데도 모여서 겨우 교리 논쟁, 이단 규정, 정통 놀이나 하자는 것인가? 고신이 정통을 독점하던 시대는 지나갔다. 교리적 문제도 없는데 타 교단 목사를 이단으로 잡는다면 비웃음만 살 것이다. 고신이 지켜야 할 정통은 신사 참배 거부 전통에서 보여준 '하나님 앞에 선' 자유로운 단독자로서의 주체성이요, 개혁 신앙 수호 운동에서 보여준 세속주의와 싸우는 전투적 개혁성이요, 말씀과 기도에 전념하여 체험 있는 영성을 바탕으로 자기를 부인하고 '고아와 과부와 나그네'를 돌보는 봉사성에 있다.

총회는 과유불급인 이단 조사 안건을 기각하고 대신 고려파 정체성 확립과 영성 성숙 방안을 숙고하라. 죽어가는 교회를 살릴 수 있는 개혁안에 집중하라. 사회적 약자를 돌보기 위한 방안 마련에 몰두하라. 그리하여 재미있고 살아 있는 고려파로 거듭나기를 바란다.

왜 소통이 안 될까?

왜 서로 간에 소통이 안 될까? 내가 정당하다고 믿고 상식적이라고 생각하는 것을 왜 상대방은 아니라고 할까? 서로 쓰는 언어가 다르기 때문에 이해가 안 되고 불통으로 남는 것이다. 상대방의 언어와 문법을 배워야 한다.

사람들의 정치적 언어를 이해하기 위해 굳이 유형을 나누자면 지상에는 세 가지 종족이 존재한다. 그들은 각자 이분법적 안경을 쓰고 세상을 바라보기 때문에 다른 종족에 대한 도덕적 우위를 확신한다.

1) 진보주의자: 억압받는 소수자의 권리를 위한 투쟁이 가장 도덕적
2) 보수주의자: 전통적 가치 수호를 통한 문명 유지가 가장 도덕적
3) 자유주의자: 정부 규제로부터의 개인 자유 수호가 가장 도덕적

한국에서는 민중 사관, 민족 사관, 신우파 사관이 이 세 종족을 각각 대변한다고 볼 수 있다.

1) 민중 사관: 억압받는 민중 계급의 해방이 최고의 가치
2) 민족 사관: 민주화와 분단 민족의 통일이 최고의 가치
3) 신우파 사관: 개인의 자유와 번영이 최고의 가치

△표11_ 세 종족의 이분법적 정치 언어[6]

세 종족을 쉽게 말하면 다음과 같다.

1) 바꾸자

2) 서서히

3) 내비둬

한국 상황을 전제로 조금 어렵게 비판하자면 다음과 같다.

6   Arnold King, *The Three Languages of Politics: Talking Across the Political Divides* (May, 2017)에 기초함.

1) 진보주의 = 사회주의 = 평등주의 = 한때 주사파 → 강남 좌파 →
'종북' 좌파로 진화

2) 자유민주주의 = 한미 동맹 + 독재 지지 + 한때 친일파 + 근대화 +
내재적 발전론 + 통일 = 짬뽕 기회주의

3) 신자유주의 = 세계화 = 뉴라이트 = 한때 주사파 = 자유 골통 = 비
역사적 역사관

결국 2010년대에는 이 세 그룹이 돌고 돌면서 헬조선을 만들고 있는데,
이를 교회에 (안 좋게) 적용하면 다음과 같다.

1) 진보주의 = 핍박받는 소수를 자처하며 = '확 바꾸자'는 신앙

2) 보수주의 = 세습이다. 그래서 어쩌라고! = '뭐가 문젠데'의 신앙

3) 자유주의 = 가나안 성도라고 불러주셔 = '그냥 내비둬'의 신앙

세습 옹호자 측에서는 자유와 진보가 교회의 적이라고 본다. 세습 저항
측에서는 진보와 자유가 협력하여 좋은 가치를 보여주어야 하지만, 따로
논다. 다시 돌아가 보자.

1) 신학적 진보주의
   = 사회에서 소외된 소수자, 작은 자를 섬긴다 = 제사장 정신.

2) 신학적 자유주의

= 제도 교회의 부패와 비리에 저항한다 = 예언자 정신.

이처럼 진보와 자유가 제사장과 예언자 정신으로 보수적인 왕들이 바른 길을 가도록 현장에서 섬기고 광야에서 외쳐야 한다. 만약 그들이 외치지 않으면 돌들이 외칠 것이다.

10월 12일

한국 기독교사와 중국 기독교사 연구 비교

아마존 온라인 서점에 있는 영어 저서 중 2017-2018년에 출판된 중국 기독교에 대한 연구서와 한국 기독교에 대한 연구서(일부 대중서)를 선별해서 비교해보았다. 중국 기독교에 대해서는 1년에 40여 권이 출판되고 한국 기독교에 대해서는 2-4권이 출판된다. 중국 기독교에 대하여 10-20배 정도의 연구 결과가 영어로 출판되고 있는 것이다. 자국 언어로 출판되는 저서와 상관 없이 세계어가 된 영어로는 중국 기독교가 많이 소개되고 있고, 그에 대한 연구가 활발히 이루어지고 있음을 알 수 있다.

영어로 박사 논문을 쓴 후 책으로 내는 한국인은 1년에 한 명도 안 된다. 그러면서 미국, 영국, 독일 신학교에 1년에 수백만 달러를 갖다 바치고 있다. 완전 퍼주기다. 한국 기독교는 섬처럼 고립되어 있으며, 아직도 외국인이 쓴 신학 서적을 번역해서 풀어먹는 번역 신학에 머물러 있다.

이런 상황을 타개하려면 한국 신학자들은 의무적으로 평생 최소 한 권의 영어 저서를 외국 출판사에서 출판해야 한다. 한글로 짜깁기된 서적이 아니라 영어로 내놓아도 읽을거리가 있는 그런 책이 없다면, 한국 신학도 한국교회도 세계인의 눈에는 없는 것과 마찬가지다. 또한 영어로 쓰면 개념도 분명해진다. 영어로 써야 우물 안 개구리를 벗어나 세계 기독교인과 대화가 가능하다.

한국 기독교 쇠퇴의 중요한 원인 중 하나는 한글로 된 책만 쓰고 읽고 가르치기 때문이다. 그런데 그중 대부분이 영어에서 번역한 책이라, 한국 목회자와 교인은 현실과 동떨어진 채 공중 부양을 한 상태로 성경을 읽고 해석한다. 그것이 바로 현실을 떠난 기독교요, 한국 사회에서 아무런 영향력을 발휘하지 못하는 기독교요, 그 결과 사회로부터 외면받는 기독교다. 한국 상황에 맞는 신학이라야 영어로 출판할 수 있다는 현실적 아이러니를 깊이 깨달아야 한다.

한국 기독교 책의 또 다른 문제는 현재 한국 기독교에 대한 사회학적·신학적 연구가 적다는 것이다. 모두들 초기인 1910년 이전 연구에 매달려 있다. 일제 강점기를 다룬 책들과 해방 전후 및 1950-1990년대를 다룬 책은 물론, 2000년대 이후를 다룬 책이 많이 나와야 한다.

후배들이여 일어나라! 영어로 책을 출판하라.

10월 30일

종교개혁 주일에

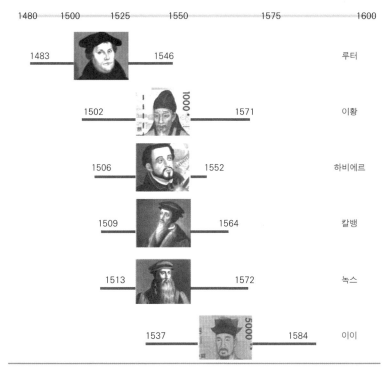

▲표12_ 기독교의 역사적 인물과 한국의 유학자들 ©옥성득

너무 루터, 칼뱅 하지 말자. 그들은 조선도 몰랐다(하비에르야 알았지만).
그가 아무리 훌륭해도 이황 이이만 자꾸 말하면 탁상공론이 될 수 있다.
시대의 한계나 한국의 급변하는 상황도 공부하자. 지난 100년도 모르는
데 500년 전 이야기로만 돌아가지 말자. 돌아가려면 2,000년 전으로 가
든가 100년 전으로 가라. 80년 전 신사 참배는 회개하고, 현재의 대형 교
회 문제는 회개하지 않는 것도 마찬가지다. 남의 다리만 긁지 말고 내 다
리를 긁어 시원하게 하자

11월 23일
한국교회와 초대형 교회의 미래

페이팔(Paypal)을 만든 피터 틸과 블레이크 매스터스의 『제로 투 원』(*Zero
to One*, 2014)을 읽으며 충격과 함께 약간의 영감을 받았던 기억이 난다.
기업은 무(Zero)에서 출발하여 유일한 기업(One)이 되어야 하고, 경쟁 대
신 혁신적 기술로서 독점해야 산다는 메시지가 담겨 있다. 이 책에서 피
터 틸은 초대형 기업의 네 가지 특징이 1) 독자 기술, 2) 네트워크 효과,
3) 규모의 경제, 4) 브랜드 전략이라고 했다. 이런 특징에 비추어보면 한
국의 초대형 교회는 가장 중요한 독자적 기술을 해외 초대형 교회에서
수입하고, 규모의 경제와 브랜드 전략으로 성장한 후, 매뉴얼과 유사 프

로그램으로 지점까지 만들어 규모를 확산하면서 독과점 체제를 만들었다.

현실 분석: 저성장 저효율의 초대형 교회

한국의 초대형 교회들은 자본력을 바탕으로 좋은 목회자를 모아 좋은 프로그램을 돌리고 중소형 교회 교인을 진공 청소기처럼 흡수하여(수평 이동) 독과점 교회 생태계를 이루었다. 크기로 보면 상위 5% 교회가 전체 교인의 90%를 소유하고 있다. 총회나 노회가 초대형 교회의 규모를 규제하지 않아 무한 성장한 결과, 초대형 교회는 노회와 총회의 권위를 무시하고 세력을 모아 목소리를 높이며 교단을 탈퇴하겠다고 협박까지 하는 형국이다. 또한 석좌 교수 월급을 지원함으로써 신학교까지 좌지우지할 수 있게 되었다.

그러나 이제는 더 이상 '고성장·대규모' 교회를 유지하기 힘들어졌다. 독자적 기술에 해당하는 프로그램도 낡았고 네트워크 효과도 없으며 큰 규모가 오히려 짐이 되는 상황인 데다 브랜드도 별로 먹히지 않는다. 가난한 청년들이 먼저 떠나 가나안 성도가 되거나 '소확행'(작지만 확실한 행복)을 추구하며 작은 교회를 선택한다. 주일 학교가 축소되고 부모 세대인 장년층도 떠나고 있다. 결국 초대형 교회는 '저성장·중규모'로 추락하고 있다. 대마불사의 낙관론도 담임 목사의 범죄와 세습 등으로 인해 빛이 바랬다. 남은 것은 '명확한 비관주의'다. 한국교회는 계속 쇠퇴하고 있고 대형 교회는 교인과 헌금이 줄어도 구조상 규모를 바로 줄일 수 없기 때문에 고비용 저효율 집단으로 전락하고 있다.

미래 전망 1: 쇠퇴 후 도약이 올 것인가?

과연 혁신적인 작은 교회(Zero)가 등장해 초대형 교회(One)를 대체할 수 있을까? 혹시 그런 작은 교회가 낡은 초대형 교회를 대체하여 스스로 새로운 형태의 독과점 초대형 교회가 되는 것을 목표로 하지는 않을까? 그렇다면 그것을 교회의 발전이요 진보라 할 수 있을까? 『제로 투 원』의 결론 부분에 나오는, 인류의 미래에 관하여 닉 보스트롬이 예상한 네 가지 패턴을 보자.

1) 번영과 파멸의 반복
2) 완만한 발전에 따른 안정
3) 극단적 파멸에 따른 멸종
4) 특이점에 따른 도약

이런 패턴에 비추어 교회사를 살펴보면 세계 교회 전체는 2)에 가깝다. 유럽이나 미국, 아프리카 등지에서는 한 지역에 기독교가 들어가 정착할 때 2)의 패턴을 따랐고 극단적 파멸이나 폭발적 성장은 없었다. 다만 유럽과 미국은 지난 30년간 하락세를 보이고 있다. 한국교회는 4)의 특이

점과 같은 부흥 운동과 인구 대이동에 따른 도약으로 번영의 물결이 몇 차례 찾아왔지만 급격한 쇠퇴도 동시에 온 1)의 유형에 가깝다.

역사적 참고 자료

표13에서 보듯이 한국 개신교는 지난 130년간 일방적인 성장만 하다가 현재는 쇠퇴 중이다. 이런 패턴에 익숙한 많은 교인이 현재의 위기가 초 유의 것이며 따라서 한번 쇠퇴하면 회복하기 어려울 것이라는 비관주의 에 사로잡혀 있다.

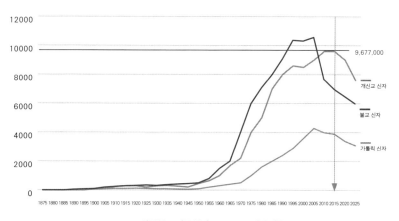

▲표13_ 한국 종교 인구 통계, 1875-2025 ⓒ옥성득

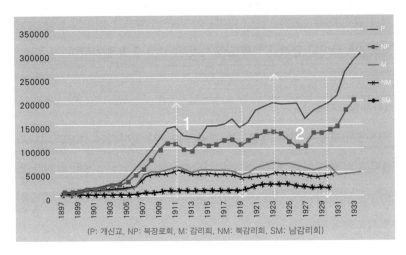

▲표14_ 한국 장로교회와 감리교회의 성장, 1897-1933 ⓒ옥성득

그러나 1897-1933년의 교회 성장을 표14에서 살펴보면, 1910년까지 성장하던 교회는 1910년대 초와 1920년대 중반에 쇠퇴를 경험한다. 1번은 일제의 핍박, 2번은 사회주의의 반기독교 운동이 원인이었다. 1910년에서 1930년까지 20년 동안 인구 성장 대비 교회 성장은 없었다. 30년대에 장로교회가 성장했지만 그 교인들은 40년대에 사라진다.

북감리회는 1911년 이후 해방까지 정체했고, 남감리회는 1923년까지 약간 성장하다가 정체했다. 당시 인구 증가를 고려하면 감리교회는 일제 강점기에 쇠퇴했다. 마치 중환자실 모니터에 그려지는 변동이 거의 없는 식물 인간의 몸 상태와 같다. 확연히 비교되는 장로회와 감리회의 성장 추이 때문에 1930년대에는 네비우스 정책 승리론이 등장했다. 물론

1940년대에는 신사 참배 강요와 일제의 핍박으로 교회가 급격히 쇠퇴한다.

네비우스 정책은 굳이 이 글에서 논하지 않겠다. 여기서 말하려는 것은 장로회처럼 일시적 쇠퇴기를 겪었든 감리회처럼 장기적 쇠퇴기를 겪었든 한국교회는 일방적·직선적 성장만 경험한 것이 아니라 성장과 쇠퇴를 반복해왔다는 점이다.

미래 전망 2: 낙관주의와 비관주의

한국교회의 미래가 어떠할지에 관해서는 다음과 같은 몇 가지 입장이 있을 수 있다.

1) 불명확한 낙관주의: 현재 쇠퇴하고 있지만 일제 강점기 장로교회가 그랬듯이 미래에 다시 성장할 수도 있다. 성장과 쇠퇴를 반복하는 역사가 21세기에 재현될 수 있다.

2) 확고한 비관주의: 1910-1945년 감리교회처럼 한국교회는 장기 침체와 쇠퇴에 빠질 것이다. 이미 식물 인간 상태로 악화되어 종말을 눈앞에 둔 상황이다.

3) 냉정한 현실 인식: 1910년대 초반의 위기는 교회가 연합하여 전진 운동을 벌임으로써 극복해냈다. 3·1 운동 이후의 성장기를 지나 맞이한 1920년대의 도전과 시련에는 교회가 제대로 대처하지 못했다. 신학

적으로 혼란했고 내부 분열이 있었으며, 대형 교회 현상과 지도자들의 도덕적 타락으로 대사회 영향력을 상실했다. 교회 내부로 고립되는 근본주의와 신앙 환원주의에 빠졌다. 결국 1930년대 후반부터 진행된 일제의 탄압에 제대로 저항하지 못하고 신사 참배와 군국주의를 지원하는 훼절한 교회가 되었다. 오늘날에도 신사상, 신문화, 새로운 성 문화, 여성 운동, 청년 운동 등에 무감각하고 교회 분쟁과 내부 분열로 인해 대사회 영향력을 상실하는 등, 유사한 상황이 급격히 진행되고 있다. 반기독교 운동이 지속될 것이다.

4) 확고한 낙관주의: 사실 현실적 가능성이 거의 없기에 이런 입장은 찾아볼 수 없지만 이렇게 생각해볼 수도 있다. 『제로 투 원』의 '수직적 하나'를 추구했던 초대형 교회의 독과점 체제는 망해가고 있다. 그렇다고 해서 줄어드는 교인을 여러 교회가 1/n로 나누는 제로섬 게임의 무한 경쟁 체제도 대안이 아니다. 가정 교회나 선교적 교회처럼 건강한 회중이 자랄 수 있는 생태계를 만들기 위해, 노회와 총회가 교회의 대형화를 규제할 수 있어야 한다. 예를 들면 한 교회의 최대 규모를 교인 3,000명으로 제한하는 등의 특단의 조치가 필요할 것이다. 이러한 방안을 연구하고 실천하기 위해 지혜를 모아야 한다.

현재의 대세는 2)지만 그 속에서도 3), 1)의 자세를 유지해야 한다. 쇠퇴 후에 새로운 인구 이동(북한 주민이나 외국인 이주 등의 변수)이나 부흥이 올

수 있다. 그렇다 해도 한국 사회나 교회는 늘 급변 모델을 따라가는 불안한 공간이다.

올해 교계의 말, 말씀, 망언, 궤변

"박무용 목사가 총회장이었을 때 그에게 2천만 원을 준 혐의(배임 증재)로 검찰에 기소가 됐다. 돈은 왜 주었나?"(기자) "부정한 청탁이 아니었다. 치료비와 선교비로 쓰라고 준 것이다"(3월 31일, 총신대 김영우 총장, 「크리스천 투데이」 보도).

"장신대가 동성애를 지지한다는 왜곡된 주장은 사실이 아니고 작위적 판단에 근거한 것으로 깊은 유감을 표한다"(7월 20일, 장신대 임성빈 총장 서신).

"앞으로 우리 사회와 교회에 큰 영향을 끼칠 문제는 악한 영의 지배를 받는 동성애 세력과 이슬람의 침투입니다.…무슬림이 100%에 가까운 나라 예멘에서 온 난민 5백 수십 명이 무비자 입국이 가능한 제주도를 찾아왔습니다.…한국을 무슬림화하려는 이슬람의 전략이 맞아들고 있다고 위험을 경고하는 소리가 높아지면서 잘살게 된 우리가 난민을 받지 않고 쫓아낼 수 없다는 소리도 힘을 얻고 있습니다. 그러면 한국교회

는 어떻게 해야 할까요?"(7월 22일, 고신 이성구 목사, 「코람데오」 보도)

"그래, 우리 세습이다, 뭐 어쩌라고?"(7월 29일, 명성교회 고세진 협동 목사 주일 설교)

"80년 전 신사 참배 결의는 일제의 강제로 결의했으나, 오늘 통합 측 재판국은 자의로 결정했기에 통합 교단 최대 수치의 날이다"(8월 7일, 옥성득 교수 페이스북, JTBC 손석희 앵커 브리핑 인용).

"김요한 씨의 책 『지렁이의 기도』에는 그리스도인의 신앙과 경건의 모습으로 볼 수 없는 특이하고 우려스러운 내용이 많이 수록되어 지금 현재 크게 논란을 일으키고 있습니다.…새물결플러스 출판사의 대표이므로 교파를 초월하여 한국교회에 미치는 영향이 매우 큽니다. 이대로 방치하면 이후에 발생할 부작용이 심각할 것이므로 조속히 대책을 세워야 할 것으로 판단됩니다"(8월 23일, 천재석 목사 고신 총회 이단성 연구조사 청원 건, 「코람데오」 보도).

"미국과 서구 사회에선 잘못된 인권 때문에 다양한 사회·문화적 병리 현상이 나타나고 있다." "그런데 한국 사회는 어찌 된 일인지 남들이 버린 젠더 평등이라는 '폐품 쓰레기'를 받아들이려 하고 있다"(8월 27일, 새에덴교회 소강석 목사, NAP 독소 조항 폐지를 위한 '국민기만 인권정책 비상대책위원회'[국인비] 출범 때, 「국민일보」 보도).

"명성교회 세습 반대는 마귀가 흔드는 것…맞을 만큼 맞았다. 가만있으면 안 된다"(9월 13일, 명성교회 김삼환 원로 목사 새벽 기도 설교, 「뉴스앤조이」 보도).

"극우와 기독교가 만나는 곳에 '가짜뉴스 공장'이 있었다." "에스더 기도운동이 숙주 역할"(9월 27일,「한겨레」보도).

"간통죄도 폐지된 마당에 나는 천 명의 여자랑 자도 무죄다"(10월 31일, 인천 새소망교회 김다정/김디모데/김다현 목사, 청와대 국민청원 게시판).

"지구상 유일한 분단 국가라는 안보 현실을 무시한 판결"로 "양심의 자유에 대한 과도한 해석이 낳을 우리 사회의 혼란에 대해 깊이 우려하지 않을 수 없다"(11월 1일, 한국기독교연합이 양심적 병역 거부 무죄 판결에 대해,「조선일보」보도).

"오정현 목사에 대한 지난 2016년 8월 27일 자 [총신대] 합격 무효 결정은 무효"(11월 27일, 총신대학교[총장 직무 대행 김광열]가 예장 합동 동서울 노회[노회장 곽태천 목사]에 보낸 공문).

"조용히 물러가려고 했는데 많은 분들에게 번거로움을 안겨드렸습니다. 전부터 조기 은퇴하려고 했는데 학교가 허락지 않고 정년 일 년을 달랑 남기고 은퇴하게 되었습니다. 그동안 섬기던 작은 교회를 위해 좀 더 시간을 내며, 꼭 써야 할 책들을 집필하려고 합니다.···선생의 자격을 제대로 갖추지 못한 저를 사랑의 눈으로 보아준 졸업생과 재학생들에게 깊은 감사를 드립니다. 여러분을 가르칠 수 있었던 것이 저에게는 큰 기쁨이고 영광이었습니다. 더 잘 섬기지 못한 것이 많이 아쉽고 후회가 됩니다"(11월 29일, 고신대 박영돈 교수 조기 은퇴 퇴임사,「코람데오」보도).

"우리는 헌법을 위반한 제103회 총회를 규탄한다"(12월 20일, 예장 통합 정체성과 교회수호 연대 창립 총회 성명서, 「크리스천투데이」 보도).

2019년

1월 1일

하루를 천년같이

1898년에 나온 제임스 게일(James Scarth Gale) 선교사의 *Korean Sketches*를 보면 여행할 때 마부나 일꾼에 관해 이렇게 말한다.

> 조선에서는 참을성이 많아지게 되는데 서양인으로서 더 빨리 그렇게 될수록 더 좋다. 여행할 때 행복하게 되는 유일한 방법은 조선인들에게 시간 여유를 주는 것이다. 순례에서 그들이 맡은 일을 그들 방식대로 하게 하라. 우리가 그들에게 아무리 일을 시키려 애쓰고 짜증을 내고 서둘러보았자 아무 소용이 없다. 그들은 여느 때와 다름없이 느린 데다가 우리들을 못마땅해하기도 한다. 이상하기 짝이 없지만 이런 이상한 나라에 '서두르는' 뜻의 말은 왜 그리 많은지 도무지 알 수 없는 노릇이다. 어서, 급히, 얼른, 속히, 빨리, 바삐, 즉시, 잠깐, 날리, 냉큼 등은 우리가 쓸 수 있는 흔한 말의 일부에 불과하고 매일 들을 수 있다. 조선인들은 이런 말을 흔히 듣지만 효과는 전혀 없다(p. 78).

그 외에도 '빨리'를 나타내는 순우리말로는 당장, 곧바로, 이내, 후딱, 신속히, 날쌔게, 잽싸게, 금세, 날래(평안도, 함경도), 싸게(전라도), 퍼뜩(경상도), 혼저 재게(제주도) 등 수없이 많다. 1904년 러일 전쟁 취재를 위해 종군 기자로 한국을 방문한 미국 작가 잭 런던(Jack London)은 그런 뜻의 단어가 20개나 된다는 사실이 "한국인이 게으르다"는 것을 보여준다고 결론지었다. 피상적 관찰이었다.

19세기 말이나 일제 강점기까지 서양인이나 일본인 글에 나오는 한국인은 대부분 농부(상당수가 소작인)와 하인(머슴이나 종)과 일꾼인데 그들은 "게으르고 느렸다." 왜 그랬을까? 정말 게을렀던 것이 아니다. 한국인은 노동 강도가 높았고 열심히 일했으나 노동의 대가를 제대로 받지 못했기 때문에 부리는 자들이 아무리 "빨리!"를 외쳐도 천천히 자기 방식대로 일하는 법을 익혔다. 농사의 경우에는 농번기나 철에 따라 일해야 했지만, 집수리 일꾼이나 가마꾼 등으로 고용되어 일할 때는 천천히 느리게 했다. 가마꾼은 아무리 급해도 십 리를 가면 한 시간 이상은 쉬면서 막걸리라도 마시고 갔다.

서양의 문화 인류학자들이 아프리카·아시아의 소위 '원시적' 마을에 가서 처음 본 것도 '더럽고 게으른' 부족들이었다. 그러나 '원시인'의 게으름은 다르게 보면 자유로운(flexible and free) 시간 운용이었다. 돈으로는 가난했으나 시간으로는 부자였다. 일은 적당히 살 만큼 하면 되었기 때문에 아등바등하지 않아도 되고, 함께 공동체를 조화롭게 꾸려가면 되었으므로 '게으르게' 보였다.

전임 전도사 시절의 내가 생각난다. 나의 인생에서 그만큼 시간 없고 돈 없고 투잡에 일이 많아 정신없어하던 때가 없었다. 30년이 지난 지금,

한국교회 전도사와 부목사들의 상황은 더 악화한 듯하다. 그러나 그렇게 '빨리빨리' 성장시킨 대형 교회들이 오늘날에는 적폐가 되어 청산 대상이 되고 있다. 성장은 수단인데도 목적으로 착각했다. 성장한 교회가 사회를 위해 할 일을 잃어버리고 성장 자체를 목적으로 삼으면서 '빨리빨리 병'에 중독되어 방향을 상실했기 때문이다.

일과 돈과 시간이 적절히 조화된 삶이 행복하고 좋은 삶이다. 미국에서는 돈을 좀 적게 벌어도 자기 시간을 가질 수 있다는 이유로 인문학 교수가 되는 똑똑한 이들을 많이 만난다. 사실 미국 인문대 조교수나 부교수 월급은 소방관이나 경찰관 수준이다. 대신 자기 시간을 스스로 통제할 수 있다는 장점이 있기에 만족하며 사는 경우가 많다. 현대인들이 가장 원하는 것이 시간이기 때문이다.

하나님께는 하루가 천년 같다. 그분은 우리를 부리고 갑질하는 분이 아니다. 누가 내 귀에 '빨리빨리'를 외치고 있다면 그것은 하나님의 음성이 아니다. 차근차근 엿새 동안 세상을 창조하고 이레째 안식하신 하나님께서는 우리에게 얼른, 속히, 빨리, 당장, 즉시 하라고 요구하지 않으신다. 지금도 끝까지 참고 기다리고 계신다. '빨리'를 외치는 자는 나를 부려먹으려는 자들이니, 하나님과 진리 안에서 자유로워진 자들이여! 그렇게 죽음으로 몰고 가는 사탄의 갑질하는 목소리에 "No!"를 외쳐라.

흔히 '속도보다 방향'이라고 한다. 맞는 말이다. 그런데 바른 방향을 향해 나아갈 때도 과속은 금물이다. 정해진 속도와 절차를 지키며 이웃과 함께 가는 것도 중요하다. 바른 방향, 바른 속도, 동행의 한 해가 되자. 워라밸(work-life balance)이 중요하다. 풍성한 시간을 누리는 한 해가 되자.

1월 10일

역사는 깊다

여러 퇴적층이 쌓여 이루어진 지층처럼 표층 아래 다양한 저층이 있다. 어느 곳을 파내려가느냐에 따라 혹자는 금맥을 만나고 혹자는 석탄층을 만난다. 역사를 파내려갈 때, 혹자는 19세기 여항(閭巷) 지식인층을, 혹자는 20세기 전반 평양 개신교인 상인층을 만난다. 이러한 지층은 시간의 흐름에 따라 사료 안에 굳어져 있는 것이 아니다. 다층 구조보다 더 아래로 흐르는 마그마가 있어 때로는 그것이 화산으로 터진다. 그리하여 역사는 살아서 출렁이는 복합 지층임을 알게 된다.

역사는 차갑지만 뜨겁고 죽었지만 살아 있다. 활화산 근처에서 내면을 보려면 위험을 감수해야 한다. 초학에게는 벅찬 일이다. 혹 한반도에서 석유를 기대한다면 그 남다른 용기는 좋으나 젊음을 낭비하는 만용으로 다가가서는 안 된다. 선학들이 파놓은 기존의 자리에서 조금 더 내려가 새로운 것을 발견하거나, 그들이 파던 곳 바로 옆에서 새로운 맥을 만나는 일이 다반사이니 선학에게 감사하라. 무엇보다 한 시추공을 통한 발견은 코끼리의 상아가 아니라 대개 털 몇 오라기에 대한 것에 지나지 않으니, 선배 시추공들의 변변치 않은 결과가 곳곳에 널려 있더라도 그것을 가볍게 여기지 말라. 그런 결과가 반면 교사로 내 노력을 줄여준 것이다.

어느 곳에서 무엇을 기대하며 시추할지 가르쳐 줄 스승을 만나야 한다. 그리고 그곳을 깊이 파야 한다. 깊은 우물을 파기 위한 도구가 많으나 영어, 일본어, 한문으로 이루어진 지층은 해당 언어로 파쇄하며 광석을 모아야 한다. 새로운 시추 공법은 늘 나오고 공법마다 장단점이 있으니 한 가지 방법에 의존할 일은 아니다. 공법은 대개 10년마다 바뀐다. 다행히 좋은 광맥이나 수맥을 발견하면 하나님의 은혜로 알고 감사하라. 깊은 우물이라야 '오래된 신선한 물'을 줄 수 있다.

1월 13일
차라리 숙명론이 좋다

목사가 되어 팔자를 고친 자가 많다. "팔자, 운명이다"라고 할 때의 팔자와 "팔자를 고친다"고 할 때의 팔자는 원래 같은 뜻이지만, 후자에는 적극적인 인간의 노력이 들어간다. 따라서 한국인의 운명관에는 사주팔자 숙명론과 팔자를 고칠 수 있다는 변천론이 공존한다. 명당이 아닌 땅도

비보를 통해 명당으로 고쳐지고, 관상도 심상이 으뜸이라 세월에 따라 고칠 수 있으며, 같은 논리로 사주팔자도 진인사대천명(盡人事待天命)으로 바꿀 수 있다.

그래서 나온 것이 다음과 같은 해석이다. 과거에 벼슬을 하지 않은 일반 상민이 죽으면 묘비에 '학생 해주 오공지묘'처럼 직위명(學生), 본관(海州), 성(吾公), 지묘(之墓) 순으로 썼는데 대부분의 묘비는 이 8자였다. 그런데 벼슬을 하면 '한성판윤(漢城判尹) 해주오공지묘'처럼 글자가 10자나 12자 등으로 늘어 '8자'가 고쳐졌다. 그래서 돈을 주고서라도 양반 관직을 샀고 돈이면 '팔자를 고친다'는 말이 나왔다. 그런 시대가 18-19세기여서 박지원은 『허생전』이나 『양반전』을 내 이를 풍자했다.

1980년대 이후 대도시에 대형 교회가 등장하면서 팔자를 고친 목사들이 많다. 교회 크기가 벼슬이 되어 족보에도 올리고 묘비에도 올릴 수 있으므로 '○○○○○교회 목사 명당 ○○○ 박사의 묘'와 같이 8자를 18자로 바꾸는 일이 일어났다.

그냥 '목사 ○○○의 묘'처럼 7자로 살자. 5자도 족하다. 아니, 묘비도 없고 흠도 없이 사라져도 좋을 것이다. 그게 팔자요 소명이요 부르심이다. 18자가 된다고 천국 가는 게 아니다.

박문약례 : 교회가 사는 길

다르게 해석할 수도 있지만 나는 박문약례(博文約禮)를 '글은 널리, 의례는 간단히'로 해석한다. 폭넓은 지식, 간단한 예식. 학문은 좌우상하 사방으로 넓히되 예식은 약소하게 하라. 마음은 채우되 행동은 비워 간단명료하게 하라.

이런 관점에서 보면 오늘날 한국교회는 거꾸로 가고 있다. '박문' 대신 '일자무식'이다. 21세기 교회를 둘러싼 다양한 사조, 철학, 사회적 이슈에 대한 신학적 숙고와 연구가 필요하다. 공부할 책이 쏟아져 나온다. 그러나 박문을 포기한 목사가 많다. 오로지 한 신학자만 받드는 단문(單文) 외곬의 교수도 많다. 책 한 권이면 족하다며 성경만 읽는 일책(一冊) 신자도 많다.

또한 '약례' 대신 '허례'로 갔다. 목사들이 아는 게 예배뿐이니 만사가 예배 회복, 설교 회복으로 귀결된다. 예배당과 예배 의식만 화려하다. 예배도 너무 많고 설교도 지나치게 많다. 공연하고 춤추고 찬양하면 세상이 변할 줄 알고 호화판 허례허식만 늘렸다. 마술이 판치니 술사만 는다. 물성만 가득하니 영성이 사라졌다. 너희가 무엇을 보려고 예배당에 가느냐? 호화판 잿밥이냐? 번쩍이는 비단옷이냐?

목사는 일주일에 제대로 된 설교 한 번만 해도 되지 않을까? 교인도 일주일에 성령과 진리로 드리는 예배 한 번으로 족하지 않을까? 새벽 기도와 기도회는 필요하지만, 관행적인 설교, 습관적인 예배, 기복적인 새벽 기도는 없어도 좋다. 한국교회는 모임이 너무 많다. 악수례가 너무 많다. 모여서 차와 커피를 너무 많이 마신다. 쓸데없는 '례'를 줄여야 한다.

한국교회는 약문박례의 시대에서 박문약례의 시대로 가야 산다. 인문학과 신학은 최대(maximum)가 되고 마당만 밟은 허례는 최소(minimum)가 되어야 참 교회가 된다.

1월 11일
'기독교'를 청산하라

'프로테스탄티즘'(Protestantism)의 한글 번역어로는 무엇이 적당한가? '개신교'라는 용어가 일제의 잔재이므로 청산하고 '그리스도교'를 사용하자고 주장하는 이들이 있다.[1] 그러나 이 주장은 역사적 사실로 봐도 오류가 많고 논리적으로도 타당하지 않다.

기본적으로 기독교나 그리스도교는 Christianity에 해당하는 용어로,

---

1   백영찬, "'개신교'를 '그리스도교'로 바꾸자", 「당당뉴스」(2017. 12. 1).

로마 가톨릭, 동방 정교회, 종교개혁으로 생긴 신교, 오늘날의 초교파 교회나 독립 교회 모두를 포괄하는 통칭어기 때문에 Protestantism만을 지칭하는 용어는 될 수 없다. 기독교(基督敎)는 중국에서 사용한 한문 용어로, 그리스도의 음역이 '기독'(基督)이어서 그렇게 된 것이다. 일본에서는 이를 キリスト敎로 음역했고 한국에서는 중국의 한문 용어를 받아들여 기독교로 부르거나 영어와 일본어를 음역하여 '크리스도교'나 '크리씨도교'로 표기했다. 그러다가 1897년 언더우드가 편집한 「그리스도신문」에서 '그리스도'가 자리 잡게 되면서 '그리스도교'라는 용어도 사용되었다. 기독교나 그리스도교나 음역만 다르게 했을 뿐 의미는 Christianity로 차이가 없다. 따라서 Protestantism을 그리스도교나 기독교로 번역할 수 없다.

그리스어 Χριστός → 라틴어 Christus → 중국어 基利斯督 (→ 基督)
포르투갈어 Christo → 일본어 キリスト(→ 基督)

중국, 일본, 한국 모두 로마 가톨릭에 대해서는 '천주교'라는 용어를 사용해왔고 Protestantism만 지칭할 때는 한중일 모두 신교(新敎)라는 말을 가장 널리 사용했다. 「독립신문」 1897년도 글들을 읽어보면 '크리씨도교'

안에 구교와 신교와 희랍교가 있다고 구분하고 있다.[2] 신교라는 용어는 1890년대에 널리 사용되었다.

1882년부터 존 로스가 '예수셩교'라는 말을 사용한 이후, 1890년대부터 줄인 형태인 '예수교'가 보편화되었다. 대한예수교장로회, 조선예수교장로회, 조선예수교서회, 조선예수교공의회, 조선예수교연합공의회, 조선장감연합협의회 등에서 보듯이 단체 이름에 예수교라는 용어를 널리 사용했다. 耶穌敎를 '야소교'라고 읽는 경우가 많은데 이는 잘못이다. 본래는 중국에서 耶穌의 발음이 '예수'여서 한문으로 耶穌敎라고 쓴 것인데 한국에서 이를 그대로 수입하면서 일부에서 '예수교'로 읽지 않고 '야소교'로 잘못 읽기 시작했다. 지금이라도 耶穌는 원발음인 '예수'로 읽어야 하며 耶穌敎도 '예수교'로 읽어야 한다.

일제 강점기에는 조선기독교연합공의회, 조선기독교교육연맹, 조선기독교청년회 등에서 보듯이 기독교라는 말을 Protestantism의 뜻으로 전용하기도 했다. 이 전통이 해방 이후 지금까지 이어져 한국에서는 기독교가 Protestantism의 뜻으로 사용되는 경우가 많다. 굳이 말하자면 이것이 일제 식민지 시대의 용례를 따르는 것이므로 버려야 한다. YMCA(Young Men's Christian Association)의 Christian을 '기독'으로 번역한 것은 올바른 선택이었으나, 이후에 이것을 '개신교'의 뜻으로 잘못 사용

---

2   "론셜", 「독립신문」(1897. 1. 26).

하면서 문제가 되었다.

위에서 볼 수 있듯이 일제 강점기에는 공식적으로 개신교라는 용어를 단체나 조직 이름 앞에 붙이지 않았다. 당시에는 예수교나 기독교가 Protestantism의 뜻으로 사용되었지, 개신교라는 용어는 거의 사용되지 않았다. 따라서 개신교라는 용어는 일제 잔재가 아니다. 그리스도교라는 단어야말로 일제 강점기에 사용했던 キリスト教의 음역이므로, 오히려 그리스도교로 바꾸는 게 일제 잔재를 따라가는 것이다.

또한 Protestantism을 그리스도교라고 칭하는 것은 앞에서 말한 대로 범주에 어긋날 뿐 아니라 다른 교회, 곧 가톨릭과 정교회를 무시하는 무례한 태도다. 혹자는 천주교가 '가톨릭'(보편적)이라는 말을 독점하듯 개신교도 '기독교'라는 말을 독점해도 좋다고 주장한다. 그러나 실제로 통칭인 '기독교'를 개신교가 독점한다면, 한국에서는 천주교와 개신교와 정교회를 포괄하는 용어가 없어진다. 그러면 세 교회는 영원히 다른 종교로 남는 비극이 연출될 것이다. 현상 유지가 필요할 때도 있지만 과감히 바꿔야 할 때 바꾸는 것이 개신교가 할 일이다.

그러므로 일제 강점기에 일부 단체나 조직에서 Protestantism을 기독교로 부르면서 굳어진, 개신교의 뜻으로서의 '기독교'를 청산해야 한다. 예를 들어 '한국기독교장로회'라는 명칭에서 기독교가 Protestantism의 뜻이라면 잘못 사용하고 있는 것이므로 수정할 필요가 있다. 흔히 한국 장로교회에서는 기독교(그리스도)와 예수교(예수)가 싸운다고 하지만, 그 말도 잘못이다. 엄격히 말하면 예수교장로회도 바른 명칭이 아니다. 다만 그것은 일제 강점기 이전 1907년에 조직된 '대한예수교장로회 독노회' 명칭에서 보듯이 천주교와 구분된 개신교의 뜻으로 사용되던 전통을 따른 것이므로 기독교장로회보다는 더 나은 용어라고 볼 수 있다.

Protestantism을 한글로 개신교, 혹은 줄여서 신교로 번역하여 사용하는 것은 바르고 정확한 표현이다. 이를 기독교나 그리스도교로 번역하는 것은 반에큐메니컬적이며 교만하고 틀린 처사다. 그런데도 기독교대한감리회, 기독교대한성결교회, 기독교대한하나님의성회, 기독교한국루터회 등에서 보듯이 일제 잔재인 '기독교'가 널리 사용되고 있다. 수정하려면 기독교를 수정해야 한다.

Protestantism의 한글 번역어는 예수교나 개신교로 하고 Christianity의 번역어는 기독교나 그리스도교로 하면 된다. 가톨릭교회, 정교회, 개신교회, 독립교회 등 모든 기독교인이나 그리스도인이 하나 되어 하나님의 영광을 드러내면 좋겠다. 사족을 달자면 장로교가 아니고 장로교회, 줄여서 장로회다(예: 장로회신학교). 마찬가지로 감리교가 아니고 감리교회, 줄여서 감리회다(예: 감리회신학교).

김구는 대부흥 운동의 산물

김구는 원래 평양 장로교회 부흥 계열 인사였다. 1903년 가을 개종 때부터 1905년 7월까지 2년간 그러했다. 그는 1904년 황해 장연에서 학교를 운영하면서 오순형과 함께 평양 사경회에 참석했고, 새벽 기도회에도 나갔다. 아마 길선주나 방기창을 만나 교제했을 것이다. 사경회 후 평양 숭실 졸업생인 최광옥을 장연교회에 초대하여 사경회를 했으며 오인형 가족을 개종시켰다. 그 후 1905년 11월 진남포감리교회 엡윗청년회 대표로 서울 상동감리교회에 와서 을사조약 반대 상소 운동에 참여한 것으로 보아, 이때 감리교회로 교적을 옮긴 듯하다. 그 이유와 과정은 확실하지 않지만 을사조약이 계기가 된 것이 아닌가 한다. 어쨌든 김구는 개종 후 2년 동안 평양 장로교회의 영향 아래 장로교인으로 열심히 전도했다.

그런데 요즘 보면 김구(반평양부흥) 대 이승만(친평양부흥) 구도를 만들어 '김구-민족-3·1 운동' 대 '이승만-평양 대부흥-친미-반공-반민족'으로 대결시키는 식의 역사 해석이 있다. 이승만은 대부흥 때 미국에 있었다. 대부흥 운동 소식을 듣고 이를 지지했으나 실질적인 관계는 없는 인물이었다. 김구가 1907년 평양 대부흥의 직접적 산물은 아니지만 1903-1905년 평양 기독교와 사경회의 산물이므로, 평양 대부흥의 영향권 아래 있던 인물이라고 해도 틀린 말은 아니다. 곧 김구가 이승만보다 평양 대부흥에 더 가까운 인물이었다. 3·1 운동에서는 이승만이 더 중요한 인물이었으며, 두 사람 다 민족의 지도자로 활동했다.

후대의 역사를 수십 년 전으로 가져가 덧씌우면 안 된다.

1월 25일

의궤에는 왕이, 제사에는 조상이, 예배에는 하나님이 없다

유교식 섬김의 의례(공경, 절, 제사)가 기독교 예배에 들어왔는가? 무교(巫教)식 영 섬김(초혼, 신 모시기, 신 들림, 신 보냄)이 한국교회 예배를 지배하는가? 여기에 관해 생각해보자.

의궤에는 왕이 '없다'

예의 왕국 조선은 왕실 행사를 그림으로 남겨놓았다. 조선 시대 기록 문화의 꽃인 의궤(儀軌)는 그 역사적 사실성과 규모와 채색과 구도 등에서 귀중한 국보적 사료고 세계적 유산이다. 다만 본래 국왕의 어람용이거나 왕실 행사를 위한 자료집이어서 극소수의 사람만 볼 수 있는 특별 자료였다. 그랬던 것이 이제 박물관에서 공개되고, 책으로 출판되어 누구나 볼 수 있게 되어 다행이다. 그런데 의궤를 보면 언제나 왕의 자리가 비어 있다. 1887년(고종 24년)의 신정왕후 팔순 잔치 의궤에서 보듯이, 궁녀가 둘러싼 왕의 의자에 고종이 그려져 있지 않다. 왜 빈(空) 공간(空間)으로 남겨 놓았을까?

참고로 왕의 초상화인 어진은 종묘에 모셨다. 어진에는 불화(佛畵)를 통해 발전한 배채법(背彩法)을 사용했다. 고려 시대에 불화를 그리던 정성과 불심이 조선 시대 어진을 그릴 때 왕을 향한 충성심과 외경심으로 연결되었다. 그런데 의궤에는 왕을 그리지 않는 것이 관례요 원칙이었다. 그 이유가 무엇인지는 아직까지 분명히 밝혀지지 않았다. 한국 미술사 전공 교수에게 물어도 분명한 대답을 해주지 않았다.

여러 가지 해석이 있는 모양이지만 아마도 그림의 왕이 임금 자체와 동일시되던 때여서가 아닌가 한다. 어진과 달리 여러 작품을 만들어야 하는 의궤의 경우, 화공이 왕을 그리다가 실수로 훼손하거나, 규장각 사서가 보관 중에 실수로 훼손하거나, 홍수나 전쟁에 파손되거나, 혹은 역모를 꾀하는 자들이 의도적으로 훼손할 경우를 대비하여 일부러 왕을 그리지 않았을 것이다. 다만 마지막의 경우일 가능성은 적은데, 역모자들이 규장각이나 외규장각에 보관된 왕실 자료를 훼손하는 경우는 거의 없었기 때문이다. 왕이 그 자리에 '영적·정신적으로 존재한다'는 논리였을 수도 있는데, 이는 왕의 이름을 쓰지 않는다는 전통과도 연결되는 듯하다.

어쨌든 주로 왕의 행사를 그린 그림에 정작 주인공인 왕이 없다는 역설은 많은 것을 생각하게 만든다. 침묵이 웅변보다 더 많은 것을 말하고, 때로는 부재(없음)의 공간이 존재(있음)의 공간보다 더 강력한 이미지를 상상하게 한다는 역설이다.

제사에는 조상신이 '없다'

이런 역설은 유교의 제사에도 적용된다. 제사에서 조상신은 신주(위패)에 거한다. 후손은 조상의 신이 신주에 거한다고 믿고 제사 때마다 위패를 꺼내 조상신을 부르며 '마치 조상신이 그 자리에 있는 것처럼' 제사한다(祭神 如神在). 마치 그 모습을 보듯이(如見其形), 마치 그 목소리를 듣듯이(如聞其聲), 마치 음식 드시는 것을 보듯이, 가족사를 보고하고 음식을 올리고 흠향하게 하고 절을 한 후 다시 위패함으로 돌려보낸다.

임금을 그린 의궤에 임금이 없고 조상에게 제사하는 제례에 조상이 없다. 하지만 이 '없다'는 '있다'보다 더 강력한 존재적 지위를 가진다. 바로 여기에 조상신과 후손이 제사를 통해 강력하게 만난다는 역설이 있다. 그러나 제례에서 정성이 사라지고 효심이 사라지면 그 '없다'는 그저 무존재적 '없다'로 전락한다. 오늘날 제사가 사라지고 노인이 버려지고 노인 자살률이 세계 1위가 되어버린 한국 상황은, 바로 전근대적 '없다'에 있던 '있다'의 역설적 논리가 사라지고, '있다'가 있다이고 '없다'가 없다라는 단순 직설적인 근대적·물질적 논리가 지배하는 탓이다. 물성(物性)이 영성(靈性)을 삼켜버리자 무슨 제물을 사서 제사상에 올릴까, 그 위치는 무엇일까에 매달리게 되고, 결국 의례 자체도 없어지고 말았다.

기독교 예배에는 하나님이 '없다'

한국 초기 교회 교인이 유일신 하나님을 섬기는 예배에 참석했을 때 그의 예배 영성은 1) 조선 시대 왕을 섬기는 '충' 의례와 유교의 '효' 의례인 제사의 영성과 연결되거나, 2) 무교의 굿판에서 보는, 신을 부르고 신을 모시고 신을 즐겁게 하고 신나게 놀고 신이 나가게 하여 평안한 곳으로 보내드리는 신 경험과 연결되어 있었다. 영이신 하나님을 섬기는 기독교 예배는 유교의 제례나 무교의 굿과 유사성이 많다. 초기 한국교회는 유교적 제례가 제공한 조상'신'의 '무존재의 존재' 경험을 바탕으로 조상의 조상인 전부(天父) 하나님을 예배했다. 그러다가 1907년 대부흥 운동을 계기로 성'신'을 경험하면서 무교의 굿 영성을 수용하는 방향으로 흘렀다. 안 계시는 듯 계시는 유교의 조용한 신보다 황홀경에 빠지게 하는 무교의 시끄러운 신이 더 피부에 와 닿았기 때문이다.

　그리하여 주일 낮 예배에서는 계시는 듯 안 계시고 안 계시는 듯 계시는 조용한 신을 섬기고, 밤이나 새벽이나 산 기도에서는 뜨겁고 화끈한 신을 섬기는 것이 한국 개신교의 현실이었다. 평온할 때는 전자의 '없는' 신을, 위기의 때에는 후자의 '있는' 신을 섬겼다. 대개 남자들은 전자의 신, 여자들은 후자의 신을 섬겼다. 보수적인 신학자들은 전자를, 보수적인 평신도는 후자를 섬겼다. 한국교회의 영성이 지닌 이 음양의 이중

성(duality)은 유교적 교회 구조(가부장적 당회, 남자 목회자의 권위)와 무교적 영성(삼박자 축복, 기복 신앙)과도 연결된다. 대형 교회는 이 이중 구조를 잘 이용한 사례다. 한국 개신교 예배에는 제사에서 없어진 조상신 자리에 제주인 담임 목사가 자리 잡고 있으면서, 그가 무당처럼 신을 부리며 신을 존재케 한다고 하면 과언일까?

　기독교의 신이 1년에 몇 차례 제사를 통해 대면하는 유교의 조상신도 아니고 위기 때 찾아 부르는 무교의 신도 아니라면, 그분은 무엇이 다른가? 영으로서 보이지 않는 삼위일체 하나님의 '없다'와 '있다'의 역설적 관계는 잠시 예수님의 성육신으로 해소되었다가 다시 성령 강림을 통해 새로운 차원으로 들어섰다. 천하를 다스리시는 하나님이 나의 아버지로 현존하시고 일상에서 함께 살아가는 성령님이 십자가에 달리신 예수 그리스도의 현존을 지시하기에, 오늘도 우리는 신앙의 순례길을 걸어간다. 비록 때로 그 하나님이 '없는 것처럼' 느껴지는 아우슈비츠의 상황이 오더라도, 마치 하나님이 '없는 것처럼' 느껴지는 세월호의 상황을 겪어도, 신 부재의 고통 속에서 신 존재의 역설을 찾아가며 그 긴장을 놓치지 않는 인간이 되기를 모색한다.

폭풍에도 주무시는 주님

요즘의 사수-조수 관계도 그렇지만 과거의 스승-제자 관계란 절대적이어서, 제자는 존경하는 스승의 말소리 하나 동작 하나까지 따라 했다. 종교계의 도사-제자 관계는 더 심했다. 제자는 팔로워(follower)다. 예수님도 제자들을 부를 때 나를 '팔로우'(follow) 하라고 명하셨고, 너희를 나의 '팔로워'로 만들어주겠다고 약속하셨다.

어느 날 예수께서 제자들에게 갈릴리 바다 건너편으로 가자고 하셨다. 중간에 폭풍이 와서 배가 파선할 지경인데도 예수님은 주무시고 계셨다. 제자들은 경험에 기초해 온갖 노력을 다했으나 파도는 더 높아져 갔다. 결국 제자들은 이렇게 말했다. "랍비여, 우리가 죽게 되었는데도 신경을 전혀 안 쓰시나이까?"(무정하시네요. 어떻게 그럴 수가! 우리는 이렇게 고생하고 있는데 코까지 골며 주무시다니…). 잠에서 깬 예수님은 이렇게 말씀하신다. "왜 두려워하느냐? 왜 믿음이 없느냐?"(스승을 못 믿어? 제자는 스승을 따라 하는 거야. 내가 자면 너희도 자. 베드로야, 너도 자. 피곤하지도 않냐?) 그는 이어서 파도를 꾸짖으신 후, 바다가 잠잠해지자 다시 주무신다.

이 사건은 예수께서 파도까지 다스리는 신성을 지닌 하나님의 아들이라는 사실을 가르치는 교리적 구절이 아니다. 여기서 핵심은 제자의 삶이다. 예수님은 제자들에게 삶의 교훈을 가르치려고 함께 여행했다.

작년에 이어 올해도 한국교회라는 배는 폭풍을 만나 높은 파도에 파선될 위기에 놓여 있다. 선원들은 물을 퍼내고 노를 젓고 돛을 붙들고 아우성을 친다. "주여! 우리가 죽게 된 것을 돌아보지 않으십니까? 어째서 주무시고만 계십니까? 저 악인들이 기고만장하여 날뛰며 교회를 파선시키는 것을 왜 모르는 체하십니까?" 그러고는 파선 직전의 교회를 나간 후 '가나안' 성도 가 되었음을 은근 자부하기도 하고 괴로워하기도 하고 몰려오는 파도 반대 연대를 만들기도 하고 페이스북에서 성토하기도 하고 성명서를 발표하고 시위도 하고 총회에서 결의도 하고 법원에 고소와 반고소를 일삼기도 하며, 온갖 일을 한다. 입에 거품을 물거나 칼을 든 자도 많다. 그래도 주님은 주무시고 계신다. 스승이 자면 제자는 어떻게 해야 할까?

1월 28일

SNS 가나안 성도

카페인 우울증(카톡, 페이스북, 인스타그램 때문에 생긴 우울증)을 겪는 이들이 많다. 카톡, 페이스북, 인스타그램에 올라오는 글과 사진을 계속 보면, 배가 아프고 상대적 박탈감을 느끼거나 자존감이 낮아지고, 결국 우울증에 걸려 이 셋을 접는 SNS 가나안 성도가 된다. 대형 교회를 떠난 가나안 성도처럼 말이다. 남아 있더라도 포스팅을 하지 않고 눈팅만 한다. 여성들은 관계가 중요해서 친구들이 있는 카페인을 끊지 못하나, 엔터테인먼트가 중요한 청년들의 경우 SNS를 떠나 영화나 유튜브를 즐기는 이들도 많다. 내 글만 해도 블로그 조회수가 페이스북 '좋아요' 숫자의 다섯 배나 열 배 이상인 경우가 많다.

간단히 말하자면 SNS 상의 숫자는 한국 대형 교회 교인 수처럼 허수다. '좋아요'도 "아멘"처럼 품앗이가 많다. 읽지도 않고 예의로 눌러 헌금(적선)한다. 헌금도 안 하는 얌체 성도도 많다. 한편 카페인 혹은 TGIF(트위터, 구글, 인스타그램, 페이스북)에서 가짜 뉴스가 판을 치다 보니 한국교회사 해석도 중구난방이다. 평양 대부흥을 해방 후 이승만 정권의 건국과 연결하는 이도 있고, 대부흥을 반공 친미와 연결하면서 김구를 반평양 반부흥파로 만드는 이들도 있다. 소설을 쓰는 것과 같은 역사 왜곡이다. 검정 색안경을 쓰고 역사를 보면 모든 것이 흑역사로 보인다. 귀에 걸면 귀걸이인 세상이다.

카페인 중독도 문제고 카페인 우울증도 문제다. 이제는 중독에서 깨어날 때다.

한기총의 기독교 정권론

한기총 신임 대표 회장 전광훈 목사는 "대한민국은 이승만 대통령이 세운 기독교 국가다. 기독교 입국론에 맞춰 나라를 다시 설계해야 한다"고 주장했다. 한기총이 생각하는 기독교 국가는 무엇일까? 지난 10년 이상 일각에서 '이승만 기독교 입국론'이 유행해왔지만 근거가 약하다. 4·19 세대 중 일부에서도 비판의 뜻으로 기독교 정권이 무너졌다는 이야기를 했으나 그 말도 반성적 정리지 엄정한 역사적 정리는 아니다. 왜 이승만 정권이 기독교 정권인가?

이승만 정권을 기독교 정권이라고 보는 데는 한두 가지 이유가 있다. 첫째, 대통령과 부대통령을 비롯해 국회의원 다수가 기독교인이었기 때문이다. 하지만 장로 대통령, 전도사 대통령, 집사 국회의원이 많으면 기독교 국가가 되나? 기독교 정당이 나오면 기독교 국가인가? 그런 것이 거짓말임을 여러 번 경험하고도 아직도 그런 말을 하는가! 둘째, 이승만이 1919년 필라델피아에서, 1948년 국회 연설에서 기독교 국가론을 말했기 때문이다. 정치에서 말로만 하는 수사를 액면 그대로 받아들이는 것은 지나치게 순진한 태도다. 기독교 국가가 그토록 전쟁 준비를 안해서 국민을 죽이며, 기독교 정권이 그런 부패로 망하는가? 말로는 무엇을 못하랴! 말로만 따지면 솔 대통령도 민주주의의 뿌리가 아닌가?

말 잔치를 하려면 좀 제대로 하라. 교회 하나 제대로 못 세우면서 어찌 국가를 세우며 하나님 나라를 세우랴! 말로 나라를 세울 수 있다면 그동안 대한민국을 백 개는 세웠으리라. 한기총이 기독교 입국론을 독점하고 말 잔치를 하도록 내버려 둘 수 없다. 이제는 청년 그리스도인들이 제대로 된 기독교 입국론을 세울 때다.

2월 6일
한국교회 쇠퇴의 4대 요인

1934년 초 한국 장로교회와 선교회들이 선교 50주년 행사를 준비하고 있을 때, 「기독신보」는 김택민의 "숫자로 본 조선교회"를 8회에 걸쳐 연재했다.[3] 장로교회와 감리교회는 선교 희년 대회에 총력을 기울이며 50년간 교세가 성장한 것과 교회가 사회에 공헌한 것을 자랑했다. 그러나 1920년대의 성찰에 이어 1930년대 초반에도 김택민이 한 것과 같은 여러 예언자적 비판이 있었다.

김택민은 여러 통계 수치를 통해서 일단 교회가 수적으로나(입교인, 헌금액 등) 질적으로나(목회자 교육 수준 등) 성장하고 있다고 분석했다. 그

---

3   金宅珉, "數字로 본 朝鮮敎會," 「基督申報」(1934. 3. 14, 3. 28).

러나 이 성장 과정에서 대위기가 발생했으며 이는 다음 네 가지 요인에 기인한다고 지적했다. 1990년대 이후 위기 상황과 유사하므로 주의해서 볼 필요가 있다.

첫째, 성경 신앙이 아닌 강단 신앙(講壇信仰)이다. 설교 중심의 강단 신앙은 고리타분한 목사에게 의존하는 신앙이다. 목사들은 사회 문제를 기도로 해결하려는 기도 환원주의나 연구 없이 높고 거룩한 목소리로 설교를 반복하는 보수주의를 고수함으로써 성경에 기초한 독립적이고 성숙한 신앙 성장을 방해한다.

둘째, 유물화(唯物化)다. 교회는 목회자 교육이나 직원의 복지보다 건물에 더 투자했다. 부자들의 교회가 되었고, 부자라야 장로가 되었다.

셋째, 학습교인의 교육 실패다. 전체 교인 중 학습교인의 비율이 30%(1897-1904) → 25%(1905-1915) → 15% (1916-1931) → 10%(1932-1933)로 계속 감소했다. 이는 교회가 초신자의 요리문답에 신경쓸 뿐 생활 교육에는 실패했기 때문이다.

넷째, 대교회주의(大敎會主義)다. 현재 목회자 1인당 교인 수는 250명이고 각 교회 평균 교역자 수는 3명이다. 게다가 1,500-2,000명 교인이 등록된 교회들이 존재하는데, 이런 대형 교회에도 목사 1인, 남전도사 1인, 여전도사 1인만 있어서 모든 교인을 효과적으로 돌보지도 못하고 교회 밖에서 진리대로 살도록 그들을 인도하지도 못한다. 그 결과 독재적인 목사만 남게 되어 평신도들이 그에게 반항하기에 이르렀다.

첫째 요인인 설교에 의존하는 맹목적 반지성주의가, 셋째 요인인 초신자 양육 실패(제자화 실패)로 인한 신앙 환원주의(신앙과 생활의 괴리 현상)와 결합하면 교회는 사회로부터 격리되고 시대에 뒤처지게 되며 기독교는 목사교가 된다. 둘째 요인인 유물화된 중산층 교회와 넷째 요인인 대형 교회가 결합하면 권위주의적 목사의 전횡으로 인한 내부 분쟁이 나타난다. 또한 교회 전체는 생존을 위해 투쟁하는 소형 교회와 분열하는 대형 교회로 양극화된다.

1920년대 중반 이후의 이런 현상이 1985년 이후의 남한에서 재현되면서, 목사교로 변질한 중대형 교회의 대량 세습 현상이 발생했다. 이제는 일제 말보다 더 큰 배교와 타락이 일어나고 있다.

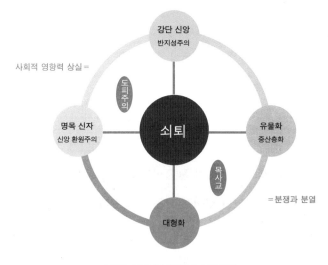

▲표15_ 한국교회 쇠퇴의 요인 ©옥성득

전도사의 힘

3월 1일 평양의 정일선

3월 1일 서울의 정재용

3월 1일 원산의 곽명리

3월 3일 함흥의 조영신

3월 8일 대구의 김태련

기미독립선언서를 낭독한 이들은

모두 전도사(조사)였다.

그리고 다 감옥에 갔다.

전도사여, 힘내라!

교회 세습은 성직 매매이자 적그리스도 행위

예수 그리스도는 성전에서 하나님께 바칠 제물을 거래하는 성전용 동전
을 매매하고 이를 통해 사익을 챙긴 자들을 가증스럽게 여겨 좌판을 뒤
엎고 채찍을 들어 쫓아내셨다. 만백성이 기도하는 집을 일부 특권층 가족

이 장사하는 집으로 만든 우상숭배자들을 향한 의로운 분노이자 채찍이었다.

오늘날 이단 집단은 물론이고 교회와 노회와 총회에서 하나님께 바칠 교직을 매매하고 표를 매수하고 거대 재산을 세습하는 행위는 심지어 루터 당시의 교황청보다 심하다. 하나님의 채찍이 곧 임할 수밖에 없다. 루터와 멜란히톤은 성경을 무시하고 성직을 매매하는 교황을 적그리스도라고 비판했는데, 세습도 교인들의 헌금을 빼돌려 가족에게 주는 도적질이요 임의로 법을 어기는 불법 행위다. 이를 비판하는 집사와 장로를 내쫓고 그 자리에 돈을 받고 직분자를 세우는 행위 역시 탈법적 교직 매매 행위요, 자기 말을 하나님의 말로 위장하는 우상숭배 행위다.

이처럼 중대형 교회에서 벌어지는 다양한 형태의 세습은 성직 매매의 일종이다. 돈을 주고 교직을 사는 것도 성직 매매지만, 물려주어 돈과 힘을 누리게 하는 세습도 성직 매매다. 중세 때 타락한 교회와 수도원이 바로 세습과 성직 매매로 망했다.

대형 교회 담임 목사와 원로 목사는 중세 시대 교황이나 주교의 자리에 앉아서 교권과 금권으로 성직을 매매하고 교인이 낸 헌금으로 사재를 축적한다. 사회로 돌아가야 할 디아코니아 자금을 비자금으로 빼돌려 교회 부동산 늘리는 데 사용하고 여성 교인을 성희롱하고 추행하면서 거룩한 결혼 제도를 망가뜨리고 있다. 이런 자들은 교직이나 교회나 여성을 물건 취급하는 유물론자요 소유욕에 불타는 맘몬주의자다.

그리스도와 적그리스도의 차이는 명백하다. 그리스도는 사적 이익을 위한 돈을 거부하지만 적그리스도는 돈을 사랑한다. 그리스도의 제자는 마음이 가난하지만 적그리스도의 추종자는 통장에 돈이 가득하다. 금수저 하나만 대물림하는 것이 아니다. 이단이 따로 없다. 성직 매매는 한국교회 부패의 근원이다. 중대형 교회 장로직, 목사직은 벼슬이 되었고 노회장, 총회장 선거는 파벌 간 금권 선거일 때가 많다. 대형 교회 세습은 날강도 짓이요 적그리스도 행위다. 교회가 강도의 소굴이 되었다. 이미 그 뿌리에 도끼가 놓여 있고 그 가지를 위한 전지가위가 마련되어 있다.

2월 24일
가나안 성도가 양산되는 이유

가나안 성도의 급증에 관해서는 많은 논의가 가능하겠지만, 1920년대와 1990년대를 비교하면서 간단히 논의해보겠다.

1920년대
1919년 3·1 운동 후 1920-1923년에는 일시적으로 새신자들이 개신교회로 몰려와 학습교인이 되었다. 유학 양반들이나 프랑스 신부 지도하에 있던 천주교인들과 달리, 예수교인들은 민족을 위해 자발적으로 자신의 안위를 돌보지 않고 독립운동을 하며 고난당했다. 미국과 캐나다 선교사들도 감옥에 간 자와 다친 자를 적극 보호하고 위로했다. 이후 세계 여론이 일본을 비판하자 일제는 문화 정치로 전환할 수밖에 없었다. 그래서 많은 사람이 새로 예수교회로 들어온 것이다. 특별히 북장로회와 남감리회가 몇 년간 성장했다.

그러나 1920년대 중후반에는 세례교인과 학습교인이 모두 줄었다. 1910년대 초반에 새로 오던 숫자에도 전혀 미치지 못했다. 1920년대 초반 학습교인으로 등록했던 이들은 정착하지 않고 교회를 떠났다. 1925년 전후 사회주의자들이 반기독교 운동을 강하게 전개했기 때문이다. 1920-1923년에 발생한 학습교인 가운데 많은 수가 돌밭이나 가시밭에 떨어진 씨앗처럼, 사회주의자들이 물어가거나 고난이 오자 성장하지 못하고 고사하는 형편이었다.

다음의 그래프를 통해 확인해보자. 학습교인은 매년 새로 등록하는 초신자고 입교인은 누적 통계이므로, 한 해의 성장을 보려면 학습교인을 보는 것이 더 좋다. 1922년과 1925년에 학습교인이 크게 증가했으나 1911년 수준에는 미치지 못했다.

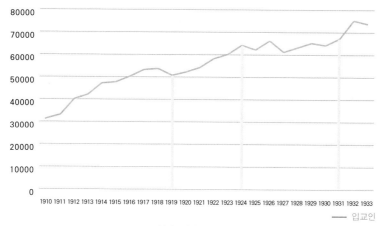

—— 입교인

▲표16_ 북장로회 입교인, 1910-1933

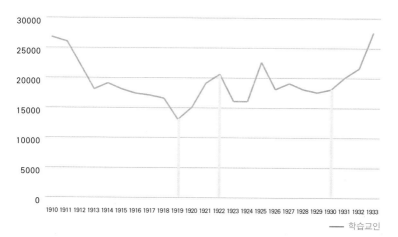

—— 학습교인

▲표17_ 북장로회 학습교인, 1910-1933

1990년대

강남 대형 교회 붐과 함께 개신교 전 교단이 보수화하고 신오순절화 (neo-pentecostalization)하면서 교인 수는 증가했으나 교회의 대사회 영향력은 감소했다. 곧이어 신학교가 졸업생을 양산하여 목회자 수와 교회 수가 급증하면서, 교회와 신앙의 사유화(privatization) 및 시대착오적 성장 (anachronistic growth)이 발생했다. 그 결과 적극적으로는 반기독교 운동이, 소극적으로는 가나안 성도의 탈출이 10년 동안 진행되었다.

아마 1984-1994년의 10년간이 개신교의 최근 황금기였을텐데, 이 시기에는 공공연하게 교회를 사업, 목회를 경영이라 불렀으며 성장 지상주의가 판을 쳤다. 좋은 대학 나오고도 신학교에 갔고 전도사와 목사가 좋은 신랑감 탑10에 들어갔다. 신학교 한 학년 입학 정원은 50명에서 100명으로, 다시 300명으로까지 늘어났다. 교회에 출석해서 집사가 되어야 사업도 되고 인간관계도 넓힐 수 있었다. 이때 브랜드(네임 밸류)가 있는 대형 교회에 나가려면 중산층은 되어야 했다.

사라진 교인들

1920-1923년에 지식인들은 교회를 민족의 미래를 위한 대안으로, 민중은 치유와 위로의 장으로 보고 몰려들었다가 1925년 이후 밀물처럼 빠져나갔다. 1980년대 후반에서 1990년대 초반 잘 되는 교회로 몰려든 사람들은 1990년대 후반부터 교회 쇼핑을 하며 떠돌다가 결국 가나안 성

도로 사라졌다. 교회를 제법 다녔음에도, 역시 돌밭이나 가시밭에 떨어진 씨앗처럼 뿌리 내리지 못하거나 열매 맺지 못했다. 교회 공동체 일원으로 10년 이상 지내는 것은 그리 호락호락한 일이 아니기 때문이다.

2월 28일

좀비와 3·1절

지난 10년간의 좀비 영화는 그 이전과 달리 잠재적 희망을 암시하는 결말을 보여주었다. 사실 희망마저 사라진 21세기의 종말 후기 사회에서, 우리는 모두 좀비나 강시가 되어 악의 진부성(banality), 생의 무의미성, 미래의 부재를 받아들이며 꾸역꾸역 하루를 산다. 그저 위에서 시키는 대로 단추를 눌렀을 뿐, 가스실에서 죽어간 수만 명을 내가 죽인 것은 아니다. 그러나 "No"라고 말하는 소수의 좀비는 살아남아 언덕을 넘어가고 '부산행'에 성공할 것이다.

개혁과 혁명이 불가능한 세상, 후천개벽도 하나님 나라도 무의미한 단어가 된 2019년의 세상에서 매달릴 일은 "스카이 캐슬" 같은 헛된 성 쌓기, 즉 학벌과 재산과 권력의 축적이다. 그러나 SKY가 무너져도 솟아날 구멍은 있다.

다가오는 3·1절 100주년에는 무슨 의미가 있을까? 생각해보면 식민지에서 독립을 외치는 것이 가당키나 한 일인가? 거대 재벌, 사법부 수장, 정치 실세의 불의, 불평등, 억압을 비판하는 게 가능한 일인가? 나 하나가 외친다고 세상이 바뀌는가? 그러나 모든 불가능성을 알면서도 외친 "대한 독립 만세"였기에 정의로운 운동이었다. 모든 불가능과 불의에 대항하여 인류 보편의 가치인 자유, 평등, 민주, 공동 번영을 외쳤기에 3·1운동은 위대했다.

이완용과 윤치호는 말했다. "그것 해봐야 소용없어. 안 되는 일이야. 불가능해." 그러나 수십, 수백, 수만, 수십만, 수백만 민중은 외쳤다. "된다. 안 되어도 외친다. 불가능해도 정의와 자유를 위해서 외친다."

현실 감각 대 정의 감각이다.
정세 판단 대 양심 선언이다.
실용주의 대 실험주의다.
절망 수용 대 희망 선택이다.
차별 수용 대 평등 추구다.
'네까짓 게' 대 '나 혼자라도'다.
'니들이 뭘해' 대 '함께하면 된다'다.

3·1 운동에 대한 내연과 외연의 문제

흔히 1907년 부흥 운동의 열기가 내연(內燃, 안으로 불탐)하여, 1919년 민족 운동으로 외연(外延)했다고 본다. 그러나 나는 이런 애매한 역사 해석을 수용하지 않는다. 그것은 일종의 신비주의적 해석이다. 12년간, 혹은 10년간 내연만 했다면 이미 심장이 연탄재가 되었을 것이다. 그 전부터 민족 운동으로 계속 행동해온 이들이 3.1 운동을 추동했다고 보아야 한다. 한일병합에 대해서도 침묵하며 내연하고 일제의 각종 탄압에 대해서도 동조하며 내연하다가, 어느 날 갑자기 외연하는 일은 없다.

내연-외연의 애매한 틀에 따라 "기독교인들이 3·1 운동의 전면에 나선 배경에는 1907년 평양 대부흥 운동과 1909년 백만인 구령 운동이 있었다. 부흥 운동은 교세 성장을 이끌었다"라고 서술하는 경우가 많다. 그러나 교세 성장이 민족 운동이나 정치 참여로 연결되었다고 보기는 어렵다. 약간의 상관은 있지만 인과 관계는 아니다. 105인 사건은 직접적 연관성이 있지만, 부흥 운동과 구령 운동은 직접적 연관성이 없다. 1919년에 존재했던 3,000개 교회가 다 독립운동에 참여한 것도 아니므로 세를 자랑할 게 못 된다.

우리는 교회 성장이 곧 민족 운동이나 사회 참여로 연결되지 않는 것을 지난 50년간 잘 보았다. 그러므로 1910-1919년에 구체적으로 무엇이 어떻게 발전했는지를 더 규명해야 한다. 1909년에서 1919년으로 바로 건너뛰면 곤란하다. 지난 50년 동안 교회 성장을 추구한 지도자들이 과연 사회 참여라는 측면에서 제대로 행동했는지 보면 답이 나온다.

기독교의 3·1 운동을 보자면 서북 지역에서 봉화불이 먼저 타올랐는데, 그때 횃불을 든 자들은 거의 105인 사건으로 투옥을 경험한 이들이었다. 1912-1915년에 석방된 그들이 민족 의식을 가다듬어 1919년에 봉기했다. 그것을 1907년까지 연결시키려면, 1907년 부흥 운동 참여자 중 어떤 이들이 105인 사건 때 핍박을 받고 견뎠으며, 만주나 상해나 평안도에서 민족 운동을 했는지 그 연결성을 찾아야 한다. 부흥 운동과 구령 운동이 한국교회를 완전히 비정치화한 것도 아니지만 그것들이 3·1 운동으로 외연한 것도 아니다.

3월 27일
성직 매매는 지옥 8층 말레볼제에 던져질 죄

위조와 표절 후 예장 합동 동서울 노회의 편법 목사 고시와 위임에 이르기까지, 이 모든 것은 한국교회사 최대의 스캔들이라 할만하다.

단테의 『신곡』 지옥편에서 지옥은 9층으로 이루어져 있다. 그중 제 8층은 사기(fraud) 지옥으로 '말레볼제'(*Malebolge*, Evil ditches)로 불린다. 특히 제19곡에 보면 단테는 8층의 유황불 못에 교회 성직 매매자들을 집어넣고 있다. 돈으로 높은 교직을 차지한 후 하나님께 돌아가야 할 영광과 돈을 자기를 위해서 챙기고 쓴 자들이 빠지는 불못이다. 8층 심연에는 인신매매범, 아첨꾼, 위선자, 마술사, 점쟁이, 거짓 예언자, 탐관오리, 도둑, 교사범, 사회 분열자, 위조범들이 빠져 있는 불못도 있다. 돈을 사랑하고 자리를 사랑한 자들이다. 신학교 교수들이 갈 수 있는 곳이다.

돈에 매수된 노회에서 두 시간 만에 목사직을 위임하는 성직 매매(simony)는 단테의 신학에 따르면 이러한 말레볼제에 던질 죄다. 그 바로 아래는 지옥의 맨 밑바닥으로서 루시퍼가 사는 9층이다. 가룟 유다를 비롯해 그리스도를 배반한 반역자들이 가는 곳이다. 반역과 매국에 근접한 죄가 사기와 위선과 성직 매매라는 것이다. 목사직을 우습게 알고 위조와 사기와 표절로 그 자리에 올라간 후, 이것이 탄로 나자 편법을 써서 뒷구멍으로 나와 두 시간 만에 고위 성직을 차지하는 승승장구의 결말은, 결국 나락으로 떨어져 시궁창에 머리를 박고 물구나무를 서는 역전이다.

세습으로 중대형 교회 목사직을 차지하는 것도 성직 매매에 해당하므로 동일하게 지옥 8층 말레볼제에 떨어질 죄다. 점쟁이, 마술사, 거짓 예언자와 동급으로 교회를 망치는, 죄질이 악한 범죄가 바로 사기와 성직 매매와 성직 세습이다. 중세 교회를 망친 것이 성직 매매와 세습이었듯, 한국교회 일만 악의 뿌리도 성직 매매와 세습이다.

교회 세습, 성경이 금하지 않았으니 해도 될까?

교회 세습 금지가 성경에 없으니 세습해도 될까?

목사 정년 규정이 성경에 없으니 영구직으로 해도 될까?

노예 금지 규정이 없으니 노예제는 정당할까?

일부다처제에 대한 금지가 없으니 해도 될까?

일처다부제는 어떤가?

KTX 타라는 말이 없으니 타면 안 될까?

줌(Zoom) 하라는 말이 없으니 하면 안 될까?

마스크 쓰라는 말이 없으니 마스크를 쓰면 이단일까?

왜 간음 사유 외에도 이혼할까?

열두 제자가 다 순교했는데,

왜 해외 선교 중에 순교하자고는 안 할까?

왜 마가복음 16:18에 나온 대로 하지 않을까?

목사만 제사장이 아니라 만인이 제사장이다.

여성도 제사장이고 목사가 될 수 있는데도

어디서 남자 목사만 제사장이라는 비신약적·비개신교적 발언을 함부로

하는가?

신학교 교수들은 본인이 성경을 문자적으로 해석하고 싶으면 문자적으로 하고, 현대적으로 해석하고 싶으면 돌려서 해석한다. 성경의 핵심과 정신을 읽어내고 현대에 적용하라고 신학 공부를 시켰더니, 기득권에 붙어서 구약성경을 읽고 그대로 불러주거나 입맛에 맞게 해석하는 것을 신학으로 알고 있다.

신학의 두 축은 정체성(identity)과 적합성(relevancy)이다. 기독교의 본질적 정체성을 보수하면서 시대와 소통하는 적합성이 균형을 이루어야 한다. 본질도 무시하고 시대와 소통도 못하는 시대착오적·자폐적 신학자들, 그들을 전문 용어로 꼰대 혹은 골통이라고 한다.

4월 22일
저울추와 같은 그리스도인

'권'(權)에는 크게 두 가지 뜻이 있다. 권세나 권위의 권, 그리고 저울의 균형을 맞추는 추로서의 권이다. 저울의 왼쪽에 올리는 물건의 무게가 무거울수록 오른쪽의 저울추는 손잡이에서 멀어져야 균형을 이룬다.

세속 쪽에 올린 물건의 무게가 점점 무거워지고 있는데, 그리스도인이 그 무게에 질려서 세상 쪽으로 다가가 균형을 이루려 한다고 하자. 그러면 결국 세속 쪽의 물건도 떨어지고 자신도 떨어지는 낭패를 당한다.

세속이 대단해 보일수록 저울추인 그리스도인은 거기에서 멀어져야 세상도 살고 그도 산다.

세상과 그리스도인이 균형을 이루고 공생하는 것은 추의 삶이 구별될 때다. 그럴 때 추의 질적 함량이 거대한 물건과 동일해진다. 한편 작은 저울추는 언제나 세상과 함께 살되 약간 위에 위치한다. 그러나 절대 저울 눈금대 위로 올라가지는 못한다. 저울추 역시 세상과 동일선상의, 형이하(形而下)의 세계에 살고 있음을 잊어서는 안 된다.

저울추가 세상의 변하는 무게에 예민하게 반응하면서 수시로 자리를 이동해야 균형이 이루어진다. 세상이 가벼워지면 세상으로 다가가고 세상이 무거워지면 멀어져야 한다. 그러나 세상에서 너무 멀리 떨어지면 저울추도 눈금대를 벗어나 떨어지고 만다.

\# 4월 29일
샤머니즘 탓인가?

순복음 교단 조용기 목사와 샤머니즘(무교)에 대해 생각해보자. 한국에서 종교 사회학자들과 하비 콕스 등은 한국 오순절 운동이 샤머니즘과 결합하여 기복 신앙을 조장하고 윤리성을 약화시켰다고 주장해왔다. 기복 신앙은 미국 복음주의에도 있고 불교나 유교에도 있는데, 왜 순복음의 현세

물질주의를 유교나 불교와 연결하지 않고 유독 무교와 연결했을까?

　나는 그것을 '역사적 서술'이 아닌, 위계적 종교관과 신학관에 따른 '이론적 평가'로 본다. 그러한 관점에 따르면 유교, 불교, 기독교 아래 '미신'에 가까운 무교가 있다. 기존의 신학이나 종교에 비해 '저급'하고 '원시적'이고 '원초적'이라는 것이다. 그래서 1970년대에 새로운 교단으로 등장한 순복음이 방언, 신유, 삼박자 구원 등을 들고 나온 것에 대해 무교의 영향을 받은 기복 신앙으로 비판했다.

　다시 말해 1970년대 순복음 영성이 역사적으로 샤머니즘과 만났음을 밝힌 것이 아니라(그랬다면 역사적 증거를 가지고 서술하면 된다), 종교 사회학 이론이나 기독교 윤리나 신학의 프레임을 가지고 다가갔다. 그러면서 샤머니즘의 영성 때문에 기복 신앙을 추구하는 것이고 비정치적(친정부적)인 것이라고 주장했다. 외국의 다른 학자들도 한국 순복음은 한국 무교와 결합했다고 저평가했다. 그렇다면 왜 미국에서 발생한 순복음 운동에는 그런 평가를 시도하지 않을까?

　과연 1970년대에 두 종교의 만남이 실제로 일어났는가를 따지는 연구 논문이 나와야 한다. 만남이 이루어졌다면 어떤 논리로, 어떤 요소가, 어떤 방식으로 결합했는지 밝혀야 한다. 나는 논문에서 1905-1910년 어간 한국 기독교의 축귀가 네비우스의 연구에 영향을 받았고 복음서 이야기에 기초했으며, 무당 출신 전도부인의 역할도 컸지만 기독교화했다고 주장했다. 무교/도교의 축귀와 일정한 유기적 통합이 일어났지만 종교 혼합까지는 되지 않았다고 보았다.

우리는 무교와 한국 기독교가 혼합되었고 한국 기독교는 무교화되었다는 말을 쉽게 한다. 무교 없이 기독교 없다는 말을 공공연히 한다. 그러나 1) 어떤 시점에 관한 이야기인지 구분해야 하며, 2) 사료적 증거나 분석으로 뒷받침되지 않은 피상적 관찰의 결과라면 그 말을 삼가야 한다. 구체적으로 둘이 어떻게 만나 연결되었는지 밝힐 수 없다면 공허한 말에 불과하다.

조용기 목사 부부의 부패가 샤머니즘 탓이라는 글이 있다. 그게 왜 샤머니즘 때문인가? 타락한 기독교 때문이고 대형 교회 구조 때문이며 탐욕 때문이다. 기복 신앙이 샤머니즘에만 있는 게 아니다. 브라만교에도, 불교에도, 기독교에도 있다. 그냥 부패한 기독교 지도자 부부의 욕심과 가족 이기주의 때문이라고 하자. 더 이상 샤머니즘을 거론하지 말자. 한국 오순절 운동의 결말이 조 목사 부부의 부패라면, 여의도순복음교회나 하나님의성회 오순절 교파에서 교회적·교단적 차원으로 사과와 회개의 성명서라도 내야 할 것이다.

6월 1일

경전 숭배

해인사 팔만대장경을 그대로 도자기에 새긴 16만 도자대장경이 1991년
부터 수십억을 들여 만들어져 2011년부터 통도사 서운암 도자대장경
각에 보존되어 있다. 목판 양면을 도자기에 한 면씩 새겼기 때문에 양이
두 배다. 탁본을 실크스크린 기법으로 새긴 후 유약을 발라 가마에서 구
웠다. 양산군은 세금 2억 이상을 지원함으로써 특정 종교의 경전 사업에
그런 돈을 지원할 수 있다는 선례를 남겼다.

그런데 아무도 보지 않을 경전을 그저 도자기로 만들었다는 데 의
의가 있는 일에, 그런 불사를 일으켜 거금을 쓸 필요가 있을까? 죽은 문
자가 늘어난다고 한국 불교의 불심이 살고 교계가 정화될까? 21세기 디
지털 세대에 맞게 번역해서 컴퓨터에 올려도 모자랄 판에, 해석할 수 있
는 국내 스님도 극소수인 한문 불경을 도자기에 찍어 보관하는 일은 그
야말로 공허한 프로젝트다.

2019년 6월 1일 사랑의교회에서는 400년 전 웨일즈어 성경 증정식
이 있었다. 펼쳐도 한 줄 읽지도 못하는 성경을 어쩌자는 것일까? 도자기
대장경처럼 아카이브에 거룩하게 모셔둘 뿐이다.

대장경을 새기고 그것을 스크린 인쇄하여 도자기를 굽는 일, 성경을
필사하고 골동품 성경을 사서 모셔 놓는 일이 지금 디지털 세상을 사는

청소년 세대에게 무슨 의미가 있을까? 폼은 나겠지만 불심이나 영성과는 거리가 멀다. 한국 불교와 한국 기독교가 경전이 없어 망하는 게 아니라 말씀대로 살지 않기 때문에 망하고 있다. 문자는 죽이고 영은 살린다. 말씀을 듣고 그대로 행하는 자라야 복이 있다.

5월 13일

성경을 어떻게 읽을까?

옥스퍼드 대학교 중국학 교수 레게(James Legge)가 1893년에 쓴 유명한 중국 고전 번역서의 표제 구절이 인상적이다. 그는 『맹자』(孟子)의 만장 (萬章) 상(上)에 있는 구절을 인용했다.

고설시자(故設詩者)	그러므로 시(시경)를 해석할 때
불이문해사(不以文害辭)	문자에 얽매여 말을 해치지 말고
불이사해지(不以辭害志)	말에 구애되어 뜻을 해치지 말고
이의역지(以意逆志)	새 의미로서 원뜻을 거역해야만
시위득지(是爲得之)	이것이 시를 얻은 것이다.

맹자의 이 말, 특히 "이의역지"(以意逆志)는 공자의 "사무사"(思無邪)와 더

불어 시경은 물론 중국 문학, 나아가 중국 고전 경서를 이해하고 해석할 때의 신조처럼 애용되었다. 원저자의 뜻(志)을 파악할 뿐만 아니라, 읽는 사람이 새로운 의미를 발견해야 시를 제대로 이해한 것이다. 이는 중국 문학 해석에 풍부한 다양성과 애매성의 문을 열어주었다. 문자적 의미가 아니라 말하고자 하는 진의를 찾아야 한다는 말부터가 그렇다. 以, 意, 逆, 志란 과연 무엇인지부터 문제가 된다. 또한 저자의 뜻을 거슬러 의미를 찾는다는 것도 고민해 볼 말이다. 맹자의 이 선언 이후 중국 시와 문학과 경서는 창조적 의미를 추구해왔다.

조선 유학은 어떠한가? 나는 조선 유학자 중 상당수가 맹자의 전통에 따라 시대에 맞게 경서와 문학서를 재해석해왔다고 믿는다. 조선 후기 예송 논쟁만 봐도 논쟁이 있었다는 것 자체가 해석의 다양성이 공존했음을 말해준다. 물론 사문난적으로 다른 당파를 죽이는 사건이 일어나 다양성을 존중하는 '예'의 정신이 경색되었지만, 기본적으로 '역'(逆)의 가능성은 열려 있었다고 본다.

한국 기독교의 경우 1905년 장감 연합을 통해 하나의 대한예수교회를 세우려 하는 등 다양성 속에서의 일치를 추구하기도 했다. 그러나 이런 전통이 경색된 1930년대에는 강고해진 교단과 교권이 이단 잡기에 나선다. 사실 교파주의를 원리로 하는 개신교는 태생부터 다양성을 전제로 공존을 추구할 수밖에 없다. 한국에서 보수적인 장로교회도 최소한 '불이문해사(不以文害辭) 불이사해지(不以辭害志)' 수준은 되어야 한다.

문자는 죽이고 영은 살린다. 성경의 문자적 해석에서 벗어나 본뜻을 다시 한번 번역하여 현재 한국 상황을 향한 진의를 발견하는 작업으로 나아가야 한다. 그래야 사무사의 경지에서 사익이 아닌 공익을 추구할 수 있다. 문자를 넘어 성경의 원뜻(志)을 발견하라. 그리고 그것을 현실에 적용하여 진의(意)를 재구성하라!

원뜻을 발견하고 현 상황에 적실한 의미를 재구성하기 위해서는 상상력을 발휘해서 창조적 해석을 할 수 있는 마당을 마련해주어야 한다. 신학적 재건축을 위한 재료를 제공해주어야 한다. 마녀사냥식 검열을 한다면 누가 진정한 의미, 상상한 의미, 재구성한 의미, 시대에 맞는 의미를 찾아 나서겠는가? 문자는 그대로 있지만 의미는 변한다. 성경은 그대로 있지만 신학은 변한다. 교회와 신학은 생물이다.

5월 16일

유자 탱자 망자

나는 오늘 누군가와의 대화에서 한국의 교회나 일부 그룹의 요청에 따라 미국 신학교들이 지지 서한을 보내고 있다는 사실을 알게 되었다. 특히 해당 학교 졸업자가 한국에서 중대형 교회 목사가 되었을 때 그를 지지하는 일이 있다고 한다.

쇠락해가는 오래된 미국 신학교에서 왜 군이 교수 회의 명의로, 때로는 교단도 다른 곳에까지 그런 서한을 보내겠는가? 그들은 한국 상황을 잘 모른다. 예컨대 미국에서는 보통 교회의 부자(父子) 세습이 문제가 되지 않기 때문에 한국 세습 교회에도 그런 관점으로 지지 서한을 보낸다. 그들은 한국교회가 이 문제로 얼마나 고통받고 있는지, 이 문제가 왜 중요한지를 전혀 알지 못한다.

그들이 그런 지지 서한이나 성명서를 보내는 이유는 다만 세계 장로교회의 절반을 차지하는 한국 장로교회와 손을 잡으면 자기들의 생명을 연장하거나 의제를 확대하는 일에 큰 도움이 되기 때문이다. 한국 대형교회에서 그런 오래된 교단 신학교에 100만 달러라도 주면 어떤 일이 일어날까? 바로 이사직이나 명예박사 학위를 주거나, 좀 더 낸다면 연구소를 세워줄 것이다.

한국 교인들은 미국 유명 신학교의 지지가 대단한 것인 줄 안다. 그러나 미국의 상황과 한국의 상황은 다르다. 미국 신학교에서는 그곳의 교회 현실과 그들의 시각에 따라 한국을 바라볼 뿐이다. 그들의 신학을 그대로 가져오면 안 되듯이, 그들의 시각으로 우리 문제를 해결할 수 없다. 익히 알다시피 미국에서 통한 설교라고 해서 한국에서도 통하기는 어렵고, 미국에서 유행하는 신학이 한국에 바로 접목되는 것은 아니다. 이제 미국 신학책은 그만 접고 한국 사회를 읽을 때다.

과거에는 '유자'가 황하를 건너면 '탱자'가 되었다. 그러나 오늘날 태평양을 건넌 탱자는 유자는커녕 탱자도 안 된다. 좋은 토종 탱자는 약에라도 쓰겠지만 저질 수입 탱자가 너무 많다. 미국 신학교 바이러스에 '망자'가 된 경우도 허다하다. 그동안 탱자 탱자 하면서 유유자적했다면, 이제 진짜 맛과 향으로 승부를 걸 때다.

7월 11일

아멘과 할렐루야의 타락

내가 어릴 때 다닌 교회에서는 예배 시간에 '할렐루야'나 '아멘' 등을 거의 외치지 않았다. 부모님이 거제에서부터 올라가 참석한 1973년 빌리 그레이엄 여의도 집회에서도 아멘이나 할렐루야는 없었다. 모두 숨을 죽이고 경청만 했다.

1989년 신학교에 다닐 때, 문익환·임수경 방북 사건 터지자 많은 교회가 다음 질문 하나로 전도사를 뽑는다는 말이 있었다. "자네 '양키 고홈', '할렐루야' 중에 어느 쪽이야?"

2010년 11월 연평도 포격 사건 직후, 대전중문교회 장경동 목사가 설교 중에 이렇게 말했다. "혹 이북이 쳐들어왔다, 그러면 거기(북한)는 2,400만, 우리는 5,000만, 한 사람씩만 해결하면 나머지 2,600만이 살아서 애 금방 낳으면 되거든요? 그까짓 것. 그래서 저는 교인들하고 다 합

의가 됐습니다. 나가 싸우기로. 싸워서 이겨야 합니다." 그러자 교인들은
모두 아멘으로 화답한다.

2018년 12월, 경기도 광주시 한 수양관에서 한기총 회장 전광훈 목
사는 이렇게 설교했다. "앞으로 청와대 진격할 때 사모님들을 제가 앞세
우겠다. 그것도 나이 60 이상 사모님들만. 60 이상 사모님들이 먼저 치고
나가서 먼저 순교하면, 앞으로 나이 순서별로 청와대 순서를 세우겠다.
경호원이 총 쏘면 어떻게 해요? 아, 죽는다고? 총 쏘면 죽을 용기 있는 사
람 손 들어봐요. 두 손 들어봐요!" 그러자 사모들이 모두 아멘 합창하며
두 손을 들었다.

2019년 전광훈 목사는 한기총을 총선에 노골적으로 이용한다. "지
금 우리가 253개 지역 연합회 조직 들어갔잖아요. 선교 카드를 1천만 장
만들면…. 기독교인들이 선교 카드 안 만들면 천당 가요, 못 가요? 못 가
지. 그거 못 하면 천당 못 가지. 그게 무슨 돈이 들어 손해가 와? 그냥 너
카드 하나 있는데 하나 더 가지라는데, 그거 하나 못하면 천당 못 가지.
선교 카드 가진 사람 손 들어봐. 오! 많네. 역시 알짜들만 계속 붙어 있어.
없는 사람 손들어봐! 생명책에서 이름을 내가 지워버려(허허허). 이거요.
선교 카드 우리가 내년 4월 15일까지 1천만 기독교인들[에게 발급받게
할 거예요.] 내가 그래서 한기총 대표 회장 된 거란 말이야." "아멘!" 카
드가 면벌부요 아멘이 쩔렁 소리다.

아멘과 할렐루야가 타락하면서 한국교회도 타락했다. 그 소리의 데

시벨이 올라갈수록 목사가 타락하고 교회는 분열했다. 이제는 아멘과 더불어 유튜브의 '좋아요'를 클릭한다. 종일 틀어놓은 유튜브 뉴스와 강연을 설교보다 더 경청하며 아멘을 연발한다. 30년간 아멘과 할렐루야가 점점 더 타락했다. 조용하던 1960년대가 그립다.

7월 12일

세계 기독교 통계

세계 기독교 인구는 약 25억이다. 기독교 인구는 계속 증가하지만 다른 종교나 비종교 인구도 증가하므로, 결국 지난 100년 동안 32-34%로 거의 변동이 없다. 이 중 가톨릭이 늘 절반 정도 차지해왔으며, 개신교만 보면 오순절파가 최대 교파로서 성공회와 루터파를 합한 것보다 많다. 오순절파는 이미 정교회를 능가했다. 즉, 가톨릭-오순절-동방 정교회 순이다. 9위 장로교회는 날로 감소해서 전 세계 기독교인의 3% 정도다. 또한 한국 신구교 기독교인을 다 합해도 세계 기독교인의 0.6% 정도일 뿐이다. 도표로 살펴보자.

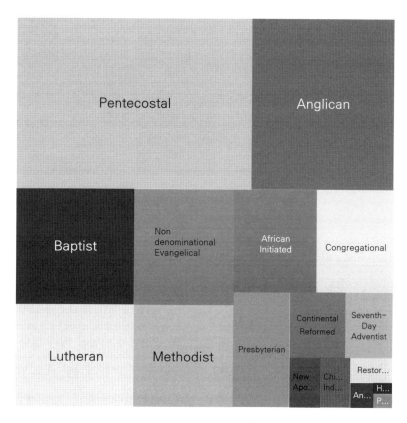

Pentecostal

Anglican

Baptist

Non denominational Evangelical

African Initiated

Congregational

Lutheran

Methodist

Presbyterian

Continental Reformed

Seventh-Day Adventist

New Apo...

Chi...

Ind...

Restor...

An...

H...

P...

▲표18_ 개신교 교파 비율[4]

4 "Global Christianity Breakdown by Denomination and Rite" (June 2018) https://griffinpauljackson.com/2018/06/28/global-christianity-breakdown-by-denomination-rite/.

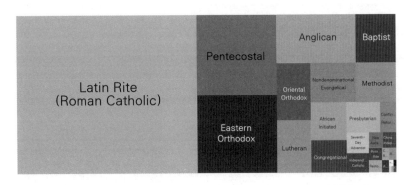

▲표19_ 기독교 교파 비율[5]

한국 장로교회는 다른 교회의 전통에서 배워야 한다. 그래야 독선에서 벗어날 수 있다. 장로교회나 감리교회가 진리를 독점하는 것이 아니다.

2020년 세계 각국의 기독교 인구를 예상해보면, 인도네시아에 한국보다 기독교인이 더 많고, 중국에는 열 배, 필리핀에는 일곱 배나 많다. 아프리카 10개국 이상이 한국보다 기독교인 수가 많다. 케냐만 해도 남한보다 인구가 적은데 교인은 배로 많다. 케냐 인구의 대략 70%(개신교 38%, 천주교 28%)가 기독교인이다. 어디가 선교국인가? 한국인가 케냐인가? 우물 안 개구리가 되지 말고, 냄비 안 개구리가 되지 말자.

 llllllllllllllllll

5   위의 글.

9월 26일

한 집안 살리려고 교단이 죽어

오늘 2019년 9월 26일 예장 통합 104회 총회(총회장 김태형 목사)는 세습할 수 있는 타협안을 가결함으로써 비진리의 편에 서기로 했다. 명성교회 수습 전권 위원회의 수습안이 통과되면서, 아버지 은퇴 5년 후 아들 청빙이 가능한 것으로 결정됐다. 자발적으로 불법을 행했으므로 1938년 9월 10일 강요에 의해 신사 참배를 수용한 총회(총회장 홍택기 목사)보다 더 악한 총회로 기억될 것이다. 한 집안을 살리려고 교단이 죽었다.

11월 24일

불안이 매직을 부른다

종교개혁 500년 후에 이르도록 개신교 국가와 천주교 국가를 막론하고 유럽에서 '매직'(magic)을 믿는 인구는 30% 정도로 차이가 없다고 한다. 중세 천주교의 미신과 매직을 없애고 자연과학을 발전시켰다고 여겨지는 종교개혁이나 개신교가 실은 실패했다고 주장하는 논리 중의 하나다.

한국도 개신교인의 30% 정도가 사주팔자, 궁합, 윤회론, 대박, 기적을 믿는다. 절반이 창조과학을 믿고 격변설을 수용한다. 성완종 사건이

2019년   **257**

나 최순실 사건이 아니라도, 보살집 주 고객은 정치가와 집사와 권사들이라고 한다. 부적 하나에 1,000만 원, 굿 한 판에 500만 원이다. 대학생은 2만 원 받는 점카페에 간다. 온라인 사주 카페도 성업 중이다. 한국에 목사가 10만, 신부가 1만이나 무당 보살집과 점집은 60만 개라고 한다. 곧 연말 연초에 선거철이 다가오니 메뚜기 제철 만났다.

유럽과 미국과 한국에서 개신교는 한탕주의, 대박, 로또, 매직을 없애지 못했다. 노력한 만큼 대가가 주어지는 공정한 법률과 건전한 노동윤리, 가죽을 벗기고 담금질하여 가죽옷 만드는 개혁의 과정이 없으면, 사회든 교회든 시간의 힘 앞에 무너지고 타락한다. 매직을 바라면 정부에서는 매관매직이, 교회에서는 교직매직이 일어나고, 고통은 오롯이 시민과 교인의 몫이 된다. 교직매직의 나쁜 형태가 세습이다. 지난 30년간 300개 이상의 중대형 교회가 세습 매직을 했다. 개신교는 매직으로 무너진다. 교회당에 매직 카펫이 깔리고 있다.

시대의 불안이 기적을 바라고 매직을 부추긴다. 그러나 필요한 것은 타자를 사랑하게 되는, 변화된 요나의 이적뿐이다. 미래에 대한 불안이 매직을 부르나 미래는 하나님에 의해 이미 정해져 있으며 내가 통제할 수 없다. 하나님의 인도하심을 믿고 부르심에 믿음으로 응답하며 나아갈 뿐이다.

한국 우파 개신교는 파우스트가 되려는가?

노쇠해 향락도 누릴 수 없고 삶에 지친 파우스트 박사는 더 이상 살아갈 의욕을 상실하고 자살을 감행한다. 이때 악마 메피스토펠레스(Mephistopeles)가 다가와서 그에게 젊음과 청춘의 기쁨을 제안한다. 조건은 파우스트가 금구를 외치는 순간 지하 세계에서 악마를 섬기게 된다는 것이었다. 그는 주저했지만 젊음의 기쁨을 누릴 생각에 악마의 제안을 수용했다. 파우스트는 계약서에 서명하고 이후 젊음과 활력이 충만해졌다.

임파워먼트(empowerment). 1990년대 이후 보수 개신교가 사회 참여를 외치며 1980년대 비참여의 콤플렉스를 벗어나자고 한 배후에는 정치 권력에 대한 욕망이 작용했다. 지금도 광화문에서 현실 참여를 외치지만 사실 추구하는 것은 정치 권력이다. 파워 게임이다. 본회퍼(Dietrich Bonhoeffer)의 무력화와 희생이 아닌 권력 추구만 있다.

젊음을 얻은 파우스트는 그레트헨이라는 여성을 유혹한다. 그러다가 악마의 계략으로 그레트헨의 오빠인 발렌틴은 파우스트와 결투하다 죽임을 당하고, 그녀는 유아 살해로 투옥된다. 악마와 파우스트는 그레트헨을 감옥에서 빼내려고 노력하지만 정작 그녀는 자신의 죄를 후회하여 신의 용서를 받고 죽는다. 반면 파우스트는 계약대로 악마가 거두어 갔다.

기독교의 핵심 메시지는 무력화다. 희생이요 비움이요 죽임을 당하는 것이며 회개요 용서다. 권력화·거대화가 아니다. 메피스토펠레스의 계약서에 서명하면 대형 건물에 큰 권력을 누릴 수 있다. 지난 30년간 계약서에 서명한 자들이 부지기수였다. 이제 악마와의 계약을 이행할 날이 다가오고 있다.

12월 11일
이 시대의 명언록

1. 전전반측(輾轉反側): 밤마다 잠을 못 자고 반칙만 생각함

"큰 교회는 십자가다. 져야 할 짐도 많고 수많은 아픔과 어려움을 견뎌야 한다. 이 무거운 짐을 지고 나아가야 한다. 내 힘으로 절대 감당할 수 없는, 숨도 쉴 수 없는 순간순간을 지나올 때, 누가 이 교회를 맡아 감당할 수 있을까 싶었다. 누가 이 큰 십자가를 지겠나"(2017년 10월 29일, 김삼환 목사, 주일 설교).[6]

"한국교회 문제 중 하나가 세습이다." "세습 자체가 성서적으로 잘못된 것은 아니지만 한국교회에서 벌어지는 세습에 문제가 많다." "그

---

6   그 후 2017년 11월 12일, 김 목사는 그 십자가를 아들에게 지웠다.

것도 작은 교회(100-200명)의 세습은 문제가 되지 않지만 대형 교회의 세습은 문제다.""엄청난 부와 권세를 가진 교회가 왕실처럼 대를 이어 가려는 데 문제가 있다.""[목회자라면] 정상에서 자자손손 행복하게 살려고 생각하면 안 된다.""주의 종으로서 사명을 다하면 내려와야 한다. 자신도 내려오지 않고 대를 이어 자식에게까지 물려주는 것은 옳은 일이 아니다. 정상에 머물면서 누리는 삶은 목회자의 삶이 아니다"(2001년 4월 19일, 김삼환 목사, 이탈리아 밀라노 한인교회에서 열린 "유럽 선교사 대회" 설교).[7]

2. 지록위마(指鹿爲魔): 사슴을 가리켜 마귀라 한다.

"마귀가 우리를 넘어뜨리려 한다"(2018년 9월 13일, 김삼환 목사, 새벽 기도 설교).

3. 일일지구 부지외호(一日之狗不知畏虎): 하룻강아지 범 무서운 줄 모른다.

"하나님 까불면 나한테 죽어!"(2019년 10월 20일, 전광훈, 광화문 집회 발언)

---

7   『명성교회 창립 30주년 기념 설교집: 섬겨야 합니다(해외편)』(2011). 김 목사는 자신의 이 설교를 정면으로 부정했다. 세습하지 않겠다고 했으나 거짓말이었다.

설교 변천사

한국교회 설교사를 다섯 문장으로 요약해보면 4세대 만에 얼마나 타락하고 뻔뻔해졌는지를 볼 수 있다. 십자가 예수는 부담스러워 하나님을 팔고 있다. 하나님을 가지고 놀더니 이제는 협박까지 하고 있다. 2020년에는 이런 현실이 바뀌기를 희망하며, 몇 년 전 발표한 글에 최근 발언을 넣어 수정해봤다.

1) 힘들 때는 "예수 천당" 하다가(1910-1960년)

2) "삼박자 구원"으로 살 만하자
   "예수 믿고 복 받으세요"로 바꾸더니(1961-1980년)

3) "하나님은 사랑이시라"라며
   압축 성장 때 지은 온갖 죄를 덮어주고(1981-2010년)

4) 그것도 부족해 이렇게 정당화 했다.
   "모든 것은 하나님께서 하셨습니다."(2011-2018년)

5) 그러더니 이제는 이렇게 까분다.
   "하나님, 까불면 나한테 죽어!"(2019-2020년)

하나님과 세상이 만나는 자리로 가는 교회

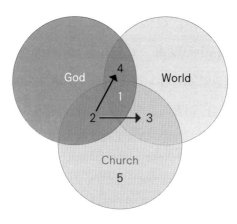

▲표20_ 교회의 자리 ⓒ옥성득

현재 한국의 일부 교회는 2번에서 3번으로 이동했다. 하나님이 사라지고 교회가 세속화된 공간이다. 탐욕과 권력과 돈과 음욕에 빠진 한국교회가 3번의 공간에서 한기총, 세습 교회, 표절 교회와 함께 스러지고 있다. 그래서 많은 교인이 4번으로 이동한다. 하나님이 사랑하고 일하시는 세상에서 주를 섬기는 자들이 늘고 있다. 제도 교회를 떠나 4번에 간 자들을 '가나안 교인'이라 한다. 올해 그 비율은 25% 정도에 달한다.

전체 교인을 1,000만으로 잡으면 250만이 3번의 뜨거운 냄비에서 뛰쳐나와 4번의 가나안에서 돌아다니고 있다. 3번에 놀란 일부 목회자와 교인은 2번으로 다시 돌아가려 하지만, 이미 낡은 모델이라 교인들이 돌아오지 않는다. 일부 목회자는 5번 공간에서 성경만 가르치자고 한다. 문제는 그곳에 세속도 적지만 하나님도 안 계신다는 사실이다.

하나님이 사랑하시는 대상은 세상이다. 1번 공간으로 가면 세상을 하나님 나라로 바꾸는 선교적 교회가 된다. 30-40대 교인과 목회자들이 그 가슴 벅찬 공간인 하나님 나라를 만들기 위해 기도하고 연구하고 세상과 부딪치고 있다. 주여, 저들에게 용기와 지혜를 주소서.

12월 24일

패밀리 트리

유대인은 표적을 구하고 그리스인은 지혜를 찾습니다.
한국 교인은 기적을 구하고 비(非)교인은 정보를 찾습니다.
그러나 우리는 십자가에 못 박힌 그리스도를 전하니
유대인에게는 거리끼는 것이요 이방인에게는 미련한 것입니다.
우리는 예수의 비우심과 희생을 전하니
대형 교회는 비위가 거슬리고 불신자는 비웃습니다.
그러나 오직 부르심을 입은 자들에게는 유대인에게나 그리스인에게나
그리스도는 하나님의 능력이요 하나님의 지혜입니다.

하나님의 미련한 것이 사람보다 지혜 있고

하나님의 약한 것이 사람보다 강합니다.

형제자매 여러분, 여러분이 부르심을 받을 때,

그 처지가 어떠하였는지 생각해보십시오.

육신의 기준으로 보아서, 지혜 있는 사람이 많지 않고,

권력 있는 사람이 많지 않고, 가문이 훌륭한 사람이 많지 않았습니다.

그런데 하나님께서는 지혜 있는 자들을 부끄럽게 하시려고

세상의 어리석은 것들을 택하셨으며,

강한 것들을 부끄럽게 하시려고 세상의 약한 것들을 택하셨습니다.

하나님께서는 세상에서 비천한 것들과 멸시받는 것들을 택하셨으니

곧 잘났다고 하는 것들을 없애시려고

아무것도 아닌 것들을 택하셨습니다.

상놈과 천민을 택해서 양반을 없애버린 것은,

아무도 하나님 앞에서 자랑하지 못하게 하시려는 것입니다.

과부, 창녀, 이방인 기생, 외국인 이주민 과부, 간음한 여인,

그리고 임신한 처녀 집안을 통해 아기 예수가 나귀 구유에 태어나,

광야의 더러운 목자와 페르시아 점성가들의 축하를 받고,

이집트의 불법 이주 난민이 되었다가,

상것들이 살아 귀신이 많은 시골 나사렛 목수의 아들로 자랐습니다.

그는 1평짜리 쪽방에도 머리 둘 곳이 없는 청년이었습니다.

열두 명 규모의 작은 교회, 운동권 출신에 세리도 있는 그 교회를

3년간 하다가 회계 집사의 배반을 당해 십자가에서 처형되었습니다.

우리는 그를 구주라고 부릅니다.

크리스마스 트리를 볼 때마다

저는 패밀리 트리(family tree, 가계도)를 생각합니다.

메리 크리스마스!

12월 26일

60대는 꿈꾸는 때

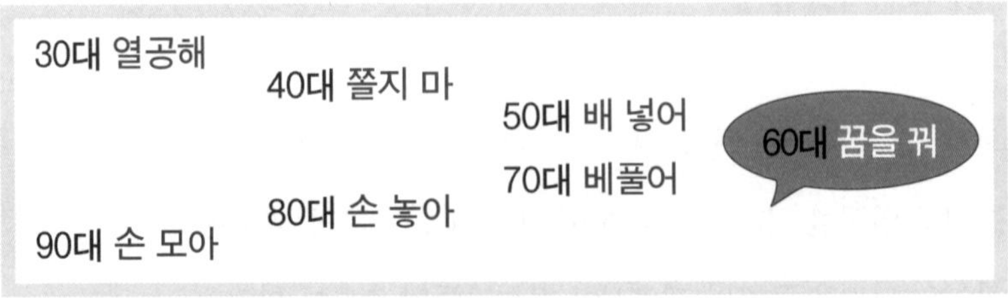

▲그림6_ 연령별 권면 ⓒ옥성득

성서 이야기의 동심원 구조나 수미상관 구조를 적용하면

인생은 60대가 핵심이요 황금기가 아닌가 한다.

반환점(55세)을 지난 후에 맞이하는 회갑과 함께

인생의 2막이 열리는 것이 60대다.

40대는 용감히 나서고

80대는 조용히 절제해야 한다.

50대는 욕심을 줄이고 건강을 관리하고

70대는 나서지 말고 베풀면서 자기 관리해야 한다.

20-30대 신학생과 목사 때 공부하지 않고

40대 때 사회 문제에 침묵한 목사들은

지금 침묵하는 게 좋다.

1948년 대한민국 수립 이전에 태어난 분들은

이제 멀리 보고 위를 보면서

바뀐 세상에서 물러나 말을 아끼기 바란다.

20대: 기초에 투자하라(어학, 독서, 친구).

30대: 정진하라(매일 8시간 이상 공부, 두 쪽 이상 쓰기).

40대 초반: 야망 제거─내실을 기하라.

40대 후반: 비겁 배제─초심을 견지하라.

50대 초반: 뱃살 제거─욕심을 멀리하라.

50대 후반: 타성 깨기—다른 분야의 책을 읽으라.

60대 초반: 명예욕 제거—아첨을 멀리하고 초조함을 극복하라.

60대 후반: 깊이 보라—새로운 말을 하라.

70대 초반: 멀리 보라—한발 물러나라.

70대 후반: 위를 보라—말을 아끼라.

2019년 정리

거짓 예언의 한국교회: 전광훈의 대한민국 폭망설

해방 이후 한국 기독교 근본주의의 6대 공식은 1) 대통령을 절대적으로 칭송·지지하고 그에게 충성한다. 2) 북한 남침과 공산화 위협을 강조함으로써 공포 분위기를 조성한다. 3) 남한 내에 빨갱이(WCC 추종자 포함)나 종북 세력이 많이 존재한다고 강조함으로써 자신은 이 적들과 싸우는 애국 세력처럼 보이게 한다. 4) 북한 해방의 메시지를 전함으로써 통일 지향적인 것처럼 가장한다. 5) 임박한 종말을 강조한다. 6) 무조건 믿고 헌금을 많이 내면 복 받는다는 기복·번영 신앙을 강조한다. 7) 기독교 국가인 미국과의 혈맹을 강조하고 친미 아니면 죽음이라고 강조한다. 이것이 지난 60년간 극보수 개신교 목사들이 전한 일관된 메시지다. 우파 정권을 지지하고 자신의 지지 세력을 결집시키려고 만들어낸, 실패하지 않는 공식이다.

그러나 김대중-노무현-문재인으로 내려오는 이른바 좌파 정권 때는 1)만 바꾸어 대통령과 좌파 정권 척결을 내세웠다. 1948-1953년에 형성된 반공 친미 노선을 고수하면서, 이에 반하는 정권에 대해서는 교회가 반정부 정치 참여를 해야 하는 이유로 내세웠다.

1950-1980년대: 친정권 패러다임

대표적 인물인 매킨타이어(Carl McIntire) 목사와 군소 교단 지도자들이 결합해 박정희 대통령과 전두환 대통령에게 충성의 메시지를 보내면서 집회 허락을 받았다. 반공주의로 국내의 민주화 세력을 비판하면서 WCC 자유주의 신학을 용공 신학으로 매도했다. 공산화를 저지하는 두 대통령을 적극 지지했다. 점점 설 자리를 잃어가는 근본주의 신학 지지 세력을 결집하기 위한 이런 몸부림에, 한국은 세계에서 가장 좋은 토양을 제공했다. 수백 개의 교단 분열이 일어나면서, 소수 교단의 총회장과 임원들이 매킨타이어와 손잡고 필라델피아 페이스 신학교(Faith Theological Seminary)에 가서 신학 박사 학위를 받고 후원금을 지원했다. 또 일부는 그에게서 후원금을 지원받아 신학교를 운영하면서[8] 반공주의·반에큐메니즘의 근본주의 신학을 전파했다.

---

8   신학교 설립에 문교부의 허락이 필요하므로 친정권이 되어야 했다.

1998-2007년: 반정권 패러다임

소위 좌파 정권이 들어서자 위의 공식에서 '대통령 칭송'을 '대통령 비판'으로 바꾸었다. 교회가 급성장하여 몸집이 컸으므로 정권도 함부로 할수 없다고 보고, 서울의 일부 대형 교회를 중심으로 반정부 목소리를 내고 이익 집단화하면서 자기 비리를 덮으려 했다.

김홍도 목사가 대표적인 인물이다. 2005년 3월 1일 시청 앞 "북한 해방 3·1절 집회"에서 그는 "공산화되면 북한과 같이 최빈국, 거지 나라가 된다"며 "북한의 비참한 현실을 보면서도 공산화 통일을 하자고 하는 이들이 있으니 통탄할 일"이라고 했다. 김 목사는 또 "우리나라도 공산화되면 홀로코스트(대량 학살)가 일어나게 된다"며 "큰소리칠 수 있을 때 큰소리쳐서 이런 일을 막아야 한다"고 하는 등, 참가자들이 적극적으로 투쟁에 나설 것을 주문하기도 했다. 시대착오적 정치력 강화였다. 그러나 막후에서 그는 대형 교회를 유지하면서 교회를 세습했다.

반면 진보 측은 이른바 좌파 정권에 참여해서 정권의 일부로 정치 세력화하는 모습을 보였다. 이들이 정권과 함께 망하면서 에큐메니컬 세력도 정권과 함께 사라졌다.

2014년: 친정권 패러다임 아류

2014년 11월 홍혜선은 서울역 집회에서 전쟁을 예언했다. 이때는 공식 1)-3)과 5)를 썼다. 1) "대통령님 사랑합니다." 2) "공산화 막고 땅굴 찾아주세요." 3) "종북 세력 해고해주세요." 5) "12월 14일 오전 4시 30분 전쟁 발발" 예언.

예언이 빗나가자 이미 공산군이 서울에 진입했는데도 방송계 등에 종북 세력이 있어 발표하지 않는다는 황당한 주장을 펼쳤다. 공식 2)와 5)를 결합했으나, 2)를 지나치게 강조하고 공식 4)가 미약하여 전체적으로 메시지가 견고하지 못하다. 다만 끝까지 2)의 공포감 조성으로 일부 추종자를 현혹했다.

한편 이명박, 박근혜 정권에서 친정권 패러다임을 유지한 다수 교회 지도자들은 떡고물로 세습, 종교 부동산 불법 획득, 교권 유지 등의 이익을 얻었다.

2019년: 반정권 패러다임 아류

올해 전광훈은 청와대 앞 집회에서 반정권 예언을 했다. 1) 문재인 대통령은 11월에 암으로 사망한다. 2) 주사파가 청와대를 장악하고 2020년 4월 총선에서 국회의원 200명을 확보하여 헌법을 사회주의로 개정하고 북한과 연방제를 실시하여 대한민국을 북한에 넘길 것이다. 3) 종북 세력인 청와대를 척결하기 위해 히틀러에게 저항했던 본회퍼처럼 순교를 각오하고 정치에 참여하여 보수 우파가 총선에서 승리하게 해야 한다. 4) 하나님이 보수 승리를 막는다면 내가 가만두지 않을 것이다.

전광훈은 이제야말로 정치에 참여할 때라고 자신을 정당화하지만,

위에서 보았듯이 한국 보수 우파 교회는 해방 이후 꾸준히 정치에 참여해왔다. 그리고 한국교회는 이미 해방 이전부터 정치에 참여해왔다. 문제는 어떤 정치 참여인가이지 참여 여부가 아니다. "대한민국이 망한다는 하나님의 음성을 들었다"는 말은 거짓 예언자의 전형적인 문구다. 그가 참으로 그런 음성을 들었고 믿는다면, 왜 본인이 담임하는 교회의 재개발 보상금을 터무니없이 많이 받고 재건축하려 하는가?

사실 민중을 움직이는 것은 신학책도 블로그도 페이스북의 논증도 아니다. 민중을 움직이는 것은 구두로 전달되는 예언인데, 한국에서는 최근 유튜브를 통해 전달되는 가짜 뉴스 형태의 예언이 기승을 부리고 있다. 18-20세기에 한국 민중을 움직이고 신종교(동학, 증산교, 원불교, 보천교, 백백교 등)를 만든 것은 정감록의 예언인 "피난의 방도와 이로움이 궁을(궁궁을을)에 있다"는 말과 피난처인 "십승지지"였다. 최제우는 궁을가(弓乙歌)를 가르치고 궁을 부적으로 치병했다. 박중빈은 궁을을 태극무극의 원으로 해석했다.

1920년대에는 마치 오늘날 전광훈의 문재인 11월 사망설이나 대한민국 12월 폭망설, 4월 총선 주사파 승리 후 개헌설처럼, 지진과 화산 폭발로 일본 열도가 바닷속으로 가라앉는다는 예언이 판을 쳤다. 전광훈의 첫 예언은 이미 틀렸고 두 번째 예언이 이루어질지는 지켜보면 된다. 불과 4년 전에는 홍혜선이 북한 침략설을 퍼트려 사람들을 외국으로 이주시키는 사기 행각을 폈다. 사회 불안을 이용하여 파라다이스 십승지지를 제시하는 종교 사기 예언이 지금도 계속되고 있다. 피지섬에 종말론적 '타작마당'(은혜로교회 GR 그룹)이라는 광신도 집단을 만들고 종교 폭력을 행사한 신 목사가 징역 7년을 선고받은 것이 불과 한 달 전이다.

한국처럼 국민이 스트레스가 심하고 부지런하고 잠을 적게 자고 일을 많이 하며 빨리빨리 변하는 사회에서 거짓 예언자들은 부적응자나 불치병 환자 등의 불안 심리와 요행을 바라는 마음과 한탕주의를 교묘히 이용한다. 그러나 그들의 사기 행각은 그리 오래가지 않는다.

과거에도 혹세무민하는 예언이 난무했다. 일제 강점기에는 일본이 망한다고 했고 해방 이후에는 남한이 망한다는 말로 사람들을 현혹했다. 1926년 한국 교계에 종말론과 예언이 많아진 것은 1924-1925년 반기독교 운동이 고조되었기 때문이기도 하다. 늘어난 반교회 세력에 대처하는 건강하지 못한 모습이 반교회 세력의 멸망과 성도의 신천지 구원을 예언하는 것이었다. 오늘날 파라다이스를 약속하는 이단과 일부 거짓 예언 운동도 그러하다.

2019년은 가짜 뉴스와 정치 선동과 왜곡된 종교적 열정이 만나 사회를 어지럽혔다. 믿고 싶은 것만 믿는 습관과 검토·재고하지 않는 말과 글은 사회와 교회의 폐와 뇌를 망가트리고 시야를 어지럽히는 미세 먼지와 같다. 검은 미세 먼지를 먹고 마시는 한국교회, 내년 건강이 더 걱정이다.

대형의 승리

통합에선 명성 승리,

합동에선 사랑의 승리.

승리가 하나님의 정의를 세우는가?

승리가 하나님의 영광을 드러내는가?

대형의 승리여, 무협지판 한국교회로구나.

장기 말뚝 목사와 장로들의 야합 교회로구나.

무엇을 회개한다는 내용 없는 회개에 말로만 사과,

그런 가짜 목사가 한국교회를 크게 섬기도록 협력한다니

장로 목사에 총회 임원하면 이상해지는 교회로구나.

오래 다니면 이상해지는 게 한국교회로구나.

교회 무너지는 소리가 와장창 난 한 해.

30년 전에는 그래도 순수했는데,

30년 말뚝들이 다 썩었네.

올해의 명언

"전적으로 믿으셔야 합니다" (스카이 캐슬)

"까불면 죽어" (전광훈)

초대형 "미세먼지" (오정현)

"마귀 세력" (김삼환)

세습으로 수치를 당하여 "신용을 회복하자" (김태영)

"아들아, 너는 다 계획이 있구나" (기생충)

복붙 "네오마르크시즘" (이정훈)

"맙소사, 80년도 더 된 일을 기억한다고?" (유니클로)

"우크라이나 스캔들은 가짜" (트럼프)

"PC 반출은 증거 보전" (유시민)

"지금 이 순간도 잠을 줄이며 논문 쓰는 대학원생들이 있다" (조국의 적은
   조국)

"인기는 연기처럼 사라진다" (박항서)

"공수처는 유례가 없기 때문에 더 토론해야 한다" (금태섭)

2020년

적록 색맹의 극우 한국교회

1974년 박정희의 유신 정치가 시퍼렇게 살아서 판을 칠 때, CCC 김준곤 목사는 복음화가 살길이라며 "민족의 가슴마다 피 묻은 그리스도를 심어 이 땅에 푸르고 푸른 그리스도의 계절이 오게 하자"고 말했다. 예수의 붉은 피를 청년들의 가슴에 심어, '붉은 민둥산'에 자라는 푸른 나무처럼 한국을 복음화하자는 것이다.

그러나 복음주의 교회들은 빨갱이 공산주의를 막는다는 독재 정권 하에서 자연을 파괴하는 경제 개발과 성장 이데올로기를 지지하며, 교회 성장주의로 나아갔다. 녹색 순을 가진 청년들은 공장의 검은 연기에 질식했고 회색 콘크리트 빌딩에 갇혔다. CCC 십자군 간사들은 남서울에 붉은 벽돌로 대형 교회들만 무수히 지었다.

20세기의 마지막 세대를 그렇게 보냈기에 교회는 지난 20년간 대가를 치르며 신음하고 있다. Red Jesus, 붉은 피를 흘린 예수는 어디에 있는가? Green Christ, 푸른 세상을 만드는 그리스도는 어디에 있는가? 겸손, 희생, 사랑, 평화의 녹색 가치는 어디로 가고 투쟁, 쟁취, 편 가르기의 붉은 목소리만 설교단에 가득하다.

데칼코마니

영화 "기생충"의 제목은 원래 그림 등에서 양쪽이 닮은 '데칼코마
니'(décalcomanie)가 될 뻔했다. 반지하 가족의 삶은 부자 가족의 삶을 반
영하고, 지하 가족의 반영이기도 하다. 우리는 그렇게 서로를 반영하고
투영하면서 살아간다. 동전의 양면이다. 불안하고 아슬아슬한 공존이다.
한국교회의 세 유형도 사실 데칼코마니가 아닌가! 개선의 여지는 없는
것일까?

허준(許浚, 1539-1615)의 『동의보감』에는 충부(蟲部)가 있어 식용 벌
레, 조개, 달팽이, 개구리 등 95종을 다루면서 사람 몸에 기생하는 회충
등의 기생충도 약간 다루었다. 300년 후 제물포에서 활동한 영국 성공회
의료 선교사 랜디스(Eli Barr Landis, 南得時, 1865-1898)는 "Notes from the
Korean Pharmacopoeia," *China Review* 22 (1896): 578 – 588에 『동의보
감』 탕액편(湯液篇) 어부(魚部)의 일부와 충부의 거의 전부를 번역하여 실
었다.

2017년의 기록에서 언급한 바와 같이, 이로부터 120년이 지난
2017년 11월 13일, 목숨을 걸고 휴전선을 넘어온 북한 병사의 몸에 기
생충이 가득한 것이 발견되어 북한인의 실상을 보여주었다. 그러나 그것
은 사실 전날 있었던 명성교회 세습 사태의 진상을 보여준 사건이었다.

교회 세습이야말로 한국 사회의 기생충이 하는 행위기 때문이다.

　봉준호 감독은 2019년 "기생충"을 만들어 한국 사회를 고발했다. 인생사는 계획대로 되지 않기에 2층에 사는 기생충, 반지하에 사는 기생충, 지하에 사는 기생충의 세 계급은 서로 기생하며 SOS를 치고 있다. 교회도 지상의 중대형 교회, 반지하의 겨우 생존 교회, 사라지는 가나안 지하 교회로 삼분화되고 있다. 교회는 계속 기생충들의 숙주 노릇을 하며 현상을 유지할 것인가, 아니면 구충제를 주는 구원의 의사가 될 것인가?

2월 21일

예수의 옷깃, 역사의 옷깃

한국교회가 치유받으려면 주님의 옷자락을 잡아야 한다. 쇠퇴가 지속되고 더 이상 희망이 보이지 않는 순간, 사면초가(at the end of the rope)의 상황에서 우리가 할 수 있는 일은 개인적으로 주님을 만나 두려움과 질병을 치유받는 일이다.

혈루병 여인이 만진 예수의 옷깃

예수님의 옷깃을 만진 여인은 12년간 앓아왔던 혈루병(haemorrhage, 질 출혈)이 나았다. 옷을 만진 즉시 피가 마르고 멈추었다. 예수님은 자신의 몸에서 능력(virtue)이 빠져나간 것을 바로 알고 누가 옷을 만졌는지 물었다.

정신 분석학자나 기독교 정신과 의사들은 이 사건을 분석할 때 대개 프로이트의 이론에 따라, 전환 히스테리에 걸린 여인이 몸에 기능 장애, 즉 신체화 장애(somatization disorder)를 앓게 되었으며 구체적으로는 생식 기관 이상 징후(sexual symptom)로서의 혈루병(월경 때 과다 출혈병)이 나타 난 것이라고 본다. 곧 정신적 문제(psychosomatic problem) 때문에 몸에 이 상이 왔다고 진단한다. 그러나 예수님은 여인을 향해서 말한다. "딸아, 네 믿음이 너를 온전케 했다."

이 사건을 진보적인 신학으로 해석해보면, 일단 육체의 질병인 출 혈은 예수님의 능력이 전이(transference)되어 나왔다. 프로이트는 "The dynamics of the transference"(1912)에서 치유 에너지 전이에 의한 치료 현상에 주목했다. 이 전이 현상은 특히 환자가 치료자의 능력을 신뢰할 때 일어나는데, 혈루병 여인은 예수님의 옷깃만 만져도 나으리라는 믿 음(trust)을 가지고 있었다. 에릭 에릭슨(Erik H. Erikson)은 "The Galilean sayings and the sense of 'I'"(1981)에서 이 사건을 "복음서에 나타난 가장 결정적인 치유 사건(the decisive therapeutic event)"이라고 하면서 전이 현상 으로 설명했다.

여인의 정신적 문제는 예수께서 '딸에게' 자애로운 아버지가 말하듯 이 따뜻하게 그를 인정하고 축복해줌으로써 해결되었다. 신뢰하는 딸- 자애로운 아버지의 관계 회복을 통해 여인은 몸과 마음이 온전히 나음을 입었다. 아마도 자라면서 아버지로부터 성적 학대 등을 받아 심적 상처를 입었고 그것이 혈루병으로 발전한 듯하다. 예수의 옷깃을 통해 흘러간 치유의 에너지는 바로 사랑의 에너지요 인정의 에너지였다. 그 축복의 긍정적 에너지가, 마치 수만 볼트의 초강력 전기 에너지가 실린 레이저 광선처럼 여인의 몸을 감전시켰다. 그리고 그 순간, 피가 말라버렸다.

한국교회가 잡아야 할 옷깃

"정치가가 할 일은 역사를 통해 행진하는 하나님의 발자국 소리를 듣고, 그가 지나갈 때 그의 옷자락을 잡으려고 애쓰는 것이다"(오토 폰 비스마르크). '정치가'를 목회자로 바꾸어도 좋겠다.

코로나19 바이러스 확산 사태로 신천지 교회들이 문을 닫고, 이어서 여러 교회가 잠정적으로 집회를 중단할 듯하다. 한국교회가 교회다움을 드러낼 수 있는 절호의 기회가 온 것이다. 모이기만 힘썼던 과거의 모습에서, 모이지 않고 흩어져도 교회일 수 있는지를 시험하는 시간이 다가온다. 반기독교 감정이 강화되고 교회에 대한 비난이 폭풍처럼 몰아칠 수 있다.

한 단계에서 다음 단계로 넘어가는 이런 역사적 전환기는 '하나님의 발자국 소리가 들리는 위기의 순간'이라고 할 수 있다. 한국 사회와 교회의 패러다임 전환을 요구하는 첫 사건인 세월호 사건은 구원파라는 기독교 이단이 깊이 연관되어 있었다. 이번 코로나 바이러스 확산에도 기독교 이단인 신천지가 큰 영향을 주었다. 이런 이단은 한국 개신교의 실상을 비춰주는 거울이요, 그들의 비의적·반사회적·미신적 모습은 개신교의 데칼코마니다. 12년간 혈루병을 앓은 여인처럼 한국교회는 병이 낫고 살기 위해서 용기 있게 예수님 뒤로 다가가 그분의 옷자락에 손을 대야 한다.

2월 23일 주일부터 3월 15일 주일까지 네번의 주일, 예배가 없는 한 달이라도 다 함께 골방에서 기도하며 회개하는 시간을 가져야겠다. 한국교회의 문제를 끌어안고, 낫고자 하는 간절한 마음으로 다가가 주님의 옷깃을 만지는 시간을 갖자. 맘몬에 절하고 헌금을 횡령하고 세습의 선악과를 따먹은 욕심의 죄를 회개하는 치유의 시간이 되기를 기도한다. 모이기를 힘썼던 교회에서 주님의 옷깃을 만지는 교회로 패러다임을 바꾸어보자.

코로나 바이러스와 함께 예수님이 지나가고 계신다. 신뢰하는 손길로 그분의 옷깃을 만짐으로써 교회를 살리자. 주여, 한국교회를 불쌍히 여겨주소서.

주일 예배를 중단한 경우 1

한국교회사에서 처음으로, 어쩔 수 없이 주일 예배를 중단하거나 설교 없이 기도회만으로 진행한 경우는 1919년 3·1 운동 때 발생했다. 3월 1일은 토요일이어서, 그때부터 평양, 선천, 의주, 원산 등 3월 1일 만세 시위를 주도한 도시의 기독교인들이 체포되기 시작했으며 경찰과 헌병대는 평양과 선천 등에서 주일 집회를 금지했다. 서울의 주일 집회도 금지되었다.

유일한 기독교 신문이었던 「기독신보」는 3·1 만세 운동의 상황을 보도할 수 없었다. 다만 다음 기사가 3월에 가장 먼저 나온 유일한 관련 기사였다.

> 금번 경성으로부터 각 지방 분요한 이때에 형편에 의하여 다소간 강대가 당분간 빈 곳이 있음은 물론이고 집회 금지 중에 처한 곳도 있을 줄로 생각하여지오니 청컨대 믿음에 굳게 서서 기도와 찬송으로 하나님을 노래하며 주일은 더욱 경건히 지켜야 하나님께서 우리에게 복을 내리실 줄 알고 이에 앙고하나이다. 기독신보부 부원 일동.[1]

1   慰告, 「기독신보」(1919. 3. 19).

편집부는 이런 식으로라도 시위에 관해 보도했다. 주일 성수를 강조한 것은 사실 총독부에 대한 요구와 항의였다. 강제로 교회 문을 닫은 조치를 풀고 구금된 목사와 장로와 조사들을 석방하라는 요구는 할 수 없으니, "주일은 더욱 경건히 지켜야 한다"고 주장했다. 동시에 목사, 장로가 감옥에 있어 설교가 없더라도 일반 신도들은 더욱 믿음을 굳게 하고 "기도와 찬송"으로 예배하자고 격려했다.

코로나19로 잠시 가정에서 예배를 드리는 상황에도 감사하자. 지금은 강단도 있고 설교도 있고 투옥된 자도 없다. 자유로이 예배할 수 있는 이때가 그래도 감사한 때다. 우리는 역사적 사례에서 배우고 이를 현실에 바르게 적용해야 한다. 한국교회는 여러 차례 어쩔 수 없이 예배를 중단한 경험이 있다. 민족과 사회의 공공선, 공의, 공익을 위해 희생한 것이었다.

내일 3월 1일 주일에 가정 예배를 드려도 감사하자. 101년 전 3·1절에 감옥에 간 성도들을 기억하자. 그들은 6개월에서 2년간 감옥에서 찬송하며 성경을 암송하고 기도하면서 교회당에서 드릴 공예배를 사모했다.

전광훈은 역사 왜곡을 중단하라

전광훈을 비롯한 우파 목회자의 일부는 이승만의 건국 이념이 다음 네
가지였다고 반복해서 말하고 있다. 이승만이 그 네 가지 기틀을 마련한
건국 대통령이라는 것이다.

> 1) 정치: 자유민주주의
> 2) 경제: 시장 경제(자본주의)
> 3) 군사: 한미 동맹
> 4) 종교: 기독교 입국론

해방 후 3년 군정을 거쳐 1948년 8월 15일 대한민국이 정부를 수립하
고 건국된 이후 이승만 정권의 초기 성격에 대해서는 책과 논문도 많고
다양한 견해가 있다. 나는 이 시기의 전문가가 아니므로 지식이 얕지만,
이승만 정권의 성격을 위의 네 가지로 보는 해석에는 많은 약점과 일부
장점이 공존한다. 정치가나 선동가의 입장에서는 일반인이 이해하기 쉽
게 두부 자르듯이 규정할 수도 있을 것이다. 그러나 '두꺼운 역사'를 지
향하여 다양한 지층을 시추하려는 최근 사학계 추세를 따르지 않더라도,
식민지 체제에서 곧바로 이런 민주주의·자본주의·기독교 국가로 전환

했다고 보는 것은 역사를 너무 단순하게 보는 것이다. 하나 하나 살펴보자.

정치: 자유민주주의

실제로는 미국의 자유민주주의에 1930-1940년대 나치 독일의 전체주의(일본의 국가주의 파쇼 체제와 유사)가 더해져 일당 독재로 귀결되었다. 이승만은 미국식 자유민주주의를 추진할 뜻이 있었으나, 냉전 분단 체제 속에서 공산주의와 대결하는 최전선 국가로서, 개인의 자유를 우선으로 하는 전적인 자유민주주의는 시기상조였다. 이승만 내각에 포진한 국무총리 이범석을 비롯하여 정치 지도자나 국회의원 중에는 나치 독일에서 교육을 받은 친나치 성향의 권위주의 정부 체제 옹호자가 많았다. 이들은 청년 동맹을 조직하고 그들을 훈련하여 정권 기반을 만들었다. 교육부 장관 안호상은 독일 민족 인종주의를 변형한 단군 민족주의와 소아를 극복한 국가적 대아 함양을 교육의 지표로 삼았다. 일제의 전체주의 교육이나 이승만의 일민주의 교육, 박정희 정권의 국민 교육 헌장식 국민 양성은 모두 국가주의의 형태였지, 개인의 자유를 우선으로 하는 자유민주주의와는 거리가 있었다.

　6·25 전쟁 후 이승만 정권은, 노쇠한 대통령 아래 정권을 부패시킨 내각과 정치 지도자들에 의해 점차 일당 독재로 향해갔다. 또한 친일 부역 세력 청산에 실패한 과오가 있었다. 북한도 친일 세력을 썼으나 남한

은 친일파가 친미파로 변신하면서 대거 살아남았다. 물론 이승만은 강력한 반일 정책을 유지하고 독도도 대한민국 영토로 확보했다. 또한 자신이 젊었을 때 그랬던 것처럼 학생들이 저항하여 4·19 의거를 일으키자 자진 사임했다. 정부가 민주주의로 가르친 학생 시민들이 시위하며 물러날 것을 요구하자, 이승만은 그들에게 민주주의의 미래가 있다고 믿고 물러났다.

경제: 시장 경제

왜곡된 자본주의는 일제 강점기부터 도입·시행되었다. 해방 후 이승만 정권 시절 남한 경제를 결정한 중요한 계기는 적산 불하(1945-1956), 원조 물자 배분, 농지 개혁(1949)이었다. 제헌 헌법을 보면 자본주의와 사회주의가 혼합되어 있다. 미군정 3년간 15% 정도의 적산이 불하되었고 동일 노선에서 진행되다가 6·25 전쟁 이후에 처리했는데, 소수의 미래 재벌들이 이익을 과점했다. 자유 시장 경제라기보다 정경 유착에 의하여 소수 자본가에게 특혜가 돌아간 경제였다. 불하 대상자와 관련 정치인, 담당 관료 등과의 사이에 상당한 결탁이 있었다. 농지 개혁 결과 많은 토지를 소유했던 기독교 재단들도 피해를 입었다. 소농들이 토지를 소유하면서 자본주의 기틀이 잡혔고, 6·25 전쟁이 발발하자 그 자녀들이 토지를 수호하기 위해 전쟁에 나가 북한의 침략을 저지했다.

이승만 정권의 경제는 정경 유착, 국가 주도의 경제 개발 등 박정희 시대의 경제와 유사한 점이 많았다. 전후 이승만 시대의 경제는 성장했다.

군사: 한미 동맹

이승만이 반공 포로를 석방하고 한미 군사 동맹을 맺은 것은 치적이다. 남한의 안보가 보장되었다. 통일을 위하여 바람직한 국제 관계 및 남북 관계에 관해서는 더 많은 논의를 할 수 있겠지만, 군사적으로 대한민국-미국-일본 대 북한-러시아-중국의 대결 구도는 변화하면서도 여전히 지속되고 있다. 다만 유럽의 NATO와 같은 다국간 상호 방위 체제가 아니라 한-미, 일-미, 대만-미국, 필리핀-미국 등의 양자 방위 조약으로, 소위 샌프란시스코 체제라는 냉전 체제가 유지됨으로써 동아시아는 영구 분쟁 지역으로 남았다.

종교: 기독교 입국론

개신교에 일제 적산 불하, 기독교 방송 허가, 군목과 형목 제도 마련 등의 특혜를 준 것은 사실이나, 불교 측도 사찰의 막대한 부동산을 받았기 때문에 특혜가 적지 않았다. 이승만 연설에 등장하는 기독교 입국론은 하나의 수사다. 이승만 시대에 실제로 기독교 국가가 건설된 것도, 기독교 정책이 우위에 선 것도 아니고, 여러 정책을 통해 기독교적 가치가 실현되지도 않았으며, 기독교인도 인구의 5% 이하에 그쳤다. 현재 중국 인구의 약 7%가 기독교인인데 중국을 기독교 국가로 보는 사람은 없으며, 대한민국 인구 20-25%가 개신교인이라고 자부하던 1984-1990년대에도 기독교 국가라고 주장한 사람은 없었다.

이승만 정권은 유교의 충효 사상을 적절히 이용하고 대종교의 단군 신앙을 국가 이념에 활용했다. 무엇보다 강력한 반공 사상을 국시로 삼았는데, 이것이 당시에는 기독교와 등치되었으나 지금은 '기독교 = 반공' 공식이 반드시 성립하는 것은 아니다. 반공 국가라고 해서 기독교 국가가 되는 것은 아니다.

4·19 세대는 이승만 정권을 비판하면서, 정권의 정치 지도자 다수가 기독교인이었으므로 기독교 정권이 무너졌다고 보았다. 그러나 이것은 반성적 차원에서 나온 수사적 표현이지 정치적·기독교사적 평가는 아니다. 지금의 국회의원 과반이 기독교인이라 해도 기독교 국회나 정권이라고 볼 사람이 없듯이, 당시의 권력 기관도 기독교 국회나 기독교 내각이라고 볼 수 없다.

감리회 장로 이승만, 장로회 장로 김영삼과 이명박, 침례회 전도사 황교안은 기독교를 이용해서 정권을 잡거나 잡으려고 했지, 기독교적 가치를 구현하는 정책을 시행한 것은 아니었다. 표가 되면 절에도 가고 교회에도 가는 게 정치인이다. 또한 전광훈은 목사라기보다 우파 기독교인을 이용하는 정치가다. 2007년 4월에는 "이명박 장로님을 찍지 않으면 생명책에서 지워버리겠다"고 하더니, 이제는 문재인, 민주당을 찍으면 생명책에서 지워버리겠다고 한다. 그가 무슨 권리로 예수님이 쓴 것을 지울 수 있겠는가? 그가 가진 생명책은 짝퉁에 불과하다.

3월 4일
주일 예배를 중단한 경우 2

1938년 9월 장로회 총회가 신사 참배를 결정하자 200여 개 교회가 문을 닫았다. 그 교회 교인들은 가정 예배나 개인 예배로 전환하지 않을 수 없었다. 반면 신사 참배에 찬성한 장로교회 목사와 교회는 동방에 있는 일본 천황을 향해 90도로 절하는 궁성 요배와 황국 신민 서사 암송, 일장기에 대한 90도 최경례, 기미가요 제창을 한 후에 예배를 드리는 훼절을 했다. 1941년에 개교한 평양 신학교도 채플 시간이 되자 1부에 국가 의례를 하고 2부에 예배를 드렸다. 감리교회나 천주교회는 신사 참배에 찬성했으므로 주일에 계속 예배당에서 예배를 드렸고, 문을 닫았던 장로교회에도 얼마 후 신사 참배에 찬성하는 목사들이 담임으로 파송되어 1부에는 국가 의례를, 2부에는 예배를 드렸다. 평양 장대현교회도 서문교회도 그런 식으로 일제화되었다.

신사 참배만 단독으로 이루어진 것이 아니다. 궁성 요배, 황국 신민 서사 암송, 일장기 경례, 신사 참배, 전쟁 지원, 신구약의 선별적 수용, 일부 찬송가 삭제에 이어, 1940년대에는 신사 침례까지 받는 목사도 생겼다. 궁성 요배를 하지 않으면 일본에서는 불경죄에 걸렸지만 조선에서는 반역죄로 처리되었다. 신사에 가서는 신국의 가미사마에게 "하루라도 속히 우리나라가 전쟁에서 이기기를, 군인들이 무사하게 봉공할 수 있기를 기원하고, 우리들은 굳게 총후[후방]를 지키겠다고 맹세합니다"라고 기도했다. 이처럼 주일 예배를 드리기는 해도 우상숭배와 함께하는 예배였기에 한국교회의 실제적인 주일 공예배는 1939-1945년에 사라졌다고 보아야 한다.

그런데 1945년 4월 말부터 일본의 패색이 짙어지자, 상당수 교회는 그나마 드리던 예배도 중단하게 되었다. 예를 들면 대동강 남쪽 선교정에 있던 기독교장로교단 동평양교회에서는 성전(聖戰) 완수의 날까지 예배를 중지한다고 결정했다. 예배당은 전쟁 물자를 생산하는 공장으로, 유치원은 공장 사무실로 바뀌었다. 결국 1945년 5-8월의 약 4개월 동안 상당수의 한국 개신교회는 문을 닫고 예배를 중지했으며 일부는 전쟁을 위한 공장과 사무실이 되었다. 신앙 양심을 버리고 '교회를 지키기 위해서' 신사에 절하던 목사들이, 결국 전쟁 말기에는 교회를 지키지도 예배를 드리지도 못했다.

3월 9일

바이러스에 걸린 한국 개신교

1918년 스페인 독감 기간에도 한국교회는 예배를 중지하지 않았다. 병상에서 교회 종소리를 들으며 기도하는 신자들이 많았다. 그러나 기독교 신문에서는 5개월 동안 별다른 위로의 말이나 독감 관련 기사를 내보내지 않았다. 스페인 독감(무오 독감)이 한반도를 휩쓸고 14만여 명이 죽어 나가던 10월부터 이듬해 2월까지 5개월 동안 한국교회의 유일한 신문인 「기독신보」는 한 교인이 신문사에 보낸 편지[2] 외에는 독감에 관해 아무것도 보도하지 않았다. 설사 총독부의 보도 지침이 있었더라도 성도들의 고통을 고려하여 유익한 기사를 실었어야 했는데 직무 유기를 했다. 12월에는 성탄절 기사가, 1월에는 신년 기사와 사경회 기사가 넘쳤다. 전 국민의 60%가 감염된 독감을 통해 배운 게 없었다.

그러나 민족의 고난, 백성의 아픔을 체험한 목회자와 청년들은 3·1 운동을 준비했다. 지금도 기독교 언론, 단체, 신학교, 교회 지도자들은 직무 유기의 죄를 범하지 말아야 한다. 소자 한 명을 실족하게 하면 연자 맷돌을 목에 매야 한다. 기자, 학자, 목사는 도끼를 매고 상소하는 심정으로, 연자 맷돌을 목에 매고 한강에 빠질 각오로, 한국교회를 위해 기도하며

---

2   "奇書: 病夜一感",「기독신보」(1919. 1. 1).

성도들을 위로하고 사회에 복음과 사랑을 전하는 일이 무엇일지 고민하며 매일 준비해야 한다.

교회는 목사의 것이 아니라 교인들의 것이다. 흩어져 있던 교인들이 온라인으로 연결되고 오프라인으로 만나서 사랑의 공동체를 만들고, 세상을 하나님이 원하시는 정의와 평화의 땅으로 만드는 것이 교회다. 그런 교회를 위해 신학자, 목회자, 교회 단체가 지혜를 모아 코로나 이후 시대에 맞는 교회의 모습을 제시해주었으면 좋겠다. 예배당 예배를 드리고 안 드리고의 논의를 넘어, 신천지에 20만 청년을 보낸 죄악을 회개해야 한다. 그래야 부활절에 감격의 예배를 드릴 수 있을 것이다.

3월 26일

신학과 신학 서적의 영미 종속

한국의 기독교 출판사는 대개 미국 기독교 출판사에 인세 7-8%를 주고 어떤 책의 번역·출판권을 산다. 그래도 매년 수백 권의 책이 한글로 출판되는 것은, 한국의 번역비와 인쇄비 등 인건비가 저렴하기 때문이다. 난립해 있는 기독교 출판사들은 좁은 시장에서 저가의 책으로 승부하며 생존 경쟁에 내몰리고 있다.

매년 유명 외국인 저자의 책이 쏟아져 나오는 이유는, 그런 유명인이 쓴 책이라야 팔리기 때문이다. C. S. 루이스, 톰 라이트, 팀 켈러 등 해외 유명 저자의 책이 유행을 탄다. 판권을 독점한 출판사는 대대적인 광고를 통해 수만 권을 팔고 큰돈을 번다. 교계나 신학계를 위해 책을 내기보다는 출판사의 영업 이익을 먼저 생각한다. 팔리는 책을 내야 하므로 신학은 뒷전이 되고 결국 출판사에서 나온 책이 잡동사니가 된다. 독자들은 그런 책을 읽어야 신앙이 좋다고 생각하는지, 면벌부라도 되는 줄 아는지, 그런 외국 저자의 책을 사들이곤 한다.

한국에서는 신학교 교수들이 논문을 써야 살아남기 때문에 저서를 잘 쓰지 않거나 주로 출판하기 쉬운 책을 쓴다. 인세도 많이 받아야 10%라 정가가 15,000원인 책을 1,000부 팔면 150만 원 받는다. 책 한 권에 몇 년을 바쳐도 논문 세 편보다 못하고, 대가도 논문 한 편 지원비보다 못하다. 그러니 누가 좋은 책을 쓰겠는가? 따라서 한국인 신학자의 저서는 별로 팔리지 않는다. 번역서 아니면 대형 교회 목사의 설교집, 유명인의 간증집이나 자서전, QT 수준의 묵상집이 그나마 조금 팔린다. 특히 대형 교회 목사가 매년 한두 권씩 내는 설교집은 대형 교회를 존속시키고 설교 표절을 낳으며, 작은 교회 목사를 대형 교회 논리에 종속시킨다.

악순환이다. 한국 신학생과 30-50대 지적인 신자들의 돈이 미국 출판사로 흘러 들어가고 한국교회의 신학은 미국이나 영국 신학교에 종속된다. 번역서를 읽다가 유학을 간 학생은 영미나 독일 교수들의 최신 저서를 읽고 한국에 돌아와서 다시 그들의 책을 번역하고 학생들에게 읽힌다. 문제는 그런 신학서가 한국 상황과 유리되어 있다는 점이다. 번역서만 읽으면 공중 부양 상태가 된다. 지적 엘리트주의, 영지주의에 빠진다. 온갖 어려운 말과 현학적인 용어를 사용하지만, 결국 한국교회 개혁의 ㄱ도 이루지 못한다. 외국 서적 번역이 필요 없다는 말이 아니다. 분별해서 읽고 편집자는 장기적인 계획을 가지고 소개해야 한다. 유행 좇기에 급급하면 남의 다리만 긁기 일쑤다.

미국 보수 신학은 한국 보수 신학을 숙주 삼아 기생하는 엔데믹(endemic) 기생충이 된 지 50년이 넘었다. 한미의 보수주의·칼뱅주의·근본주의 신학의 먹이 사슬은 환태평양 고리로 완고히 연결되어 있다. 지진대이고 활화산이 많기 때문에 한기총이 큰소리치고 신천지가 판을 치고 은혜의 강이 분사하고 총회장 성명서가 터진다. 그러나 우리의 문제를 다룬, 한국교회의 고뇌가 담긴 한국인 저자의 책은 별로 나오지 않는다.

한국에 신학 박사가 몇 명인가? 박사가 수백 명이면 한 해에 신학 학술서 50권은 나와야 유학비 본전이라도 건질 것 아닌가? 신약, 구약, 조직 신학, 교회사, 기독교 교육, 선교, 목회, 예배 등 분야별로 한국교회와 직결되는 현장 주제를 다룬 학술서가 한 해에 5권씩만 나와도 한국교회는 바뀔 것이다. 허접한 설교집 대신 현재 한국교회의 문제를 해결할 만한 신학 학술서에 목숨을 걸어야 한다.

신학교 교수들의 직무 유기가 한국교회를 망하게 한다. 신학교 교수들이 중대형 교회 목회자에게 휘둘리는 이유가 무엇인가? 신학교는 교수들이 학술서를 쓸 수 있게 하라. 아, 이 땅에서 가장 불쌍한 것이 한국 신학교 교수들이요 기독교 출판사 편집장인가 하노라.

3월 21일

팬데믹과 한국 기독교

제1차 세계 대전이 끝나고 국제화 바람과 함께 스페인 독감이 유행하면서 20세기 국제 질서가 바뀌었다. 100년이 지난 올해, 세계화 물결을 타고 유행하는 팬데믹 코로나19는 21세기 대전환을 예고하고 있다. 유럽과 미국에서는 코로나19 바이러스가 맹위를 떨치며 사망자가 급증하자, 유사한 사태를 먼저 경험한 중국과 한국의 사례를 주시하되 특히 한국을 모델로 삼아 지역을 봉쇄하는 등 사태 극복을 위해 노력하고 있다. 전염병으로 문명사의 전환기를 맞이한 오늘날 한국의 방역 모델이 세계에 통한다면, 과연 전염병에 대처하는 한국교회 모델도 세계 교회에 통할 수 있을까?

투명하고 민주적인 항바이러스 모델

지난 2주 동안 각국의 정치 지도자와 방역 책임자들은 코로나19와의 전쟁에서 중국과 한국 중 어느 쪽을 모델을 따를 것인가를 논의했다. 동아시아 3국 중 올림픽에 매달려 환자 수를 은폐한 것으로 의심되는 일본은 의료 후진국이라는 오명을 뒤집어쓰게 되었다. 사회주의 국가인 중국은 언론 통제, 환자 인권 무시, 도시의 강제 봉쇄를 통해 환자 수를 줄일 수 있었다.

　　반면 한국은 보편적 의료 보험과 발달한 기술력으로 신속한 검사와 투명한 정보 공개를 시행했다. 여기에 초중고 임시 휴교, 대학교 온라인 강의, 교회 온라인 예배, 상가 폐쇄 등 비약물적 대응을 병행하는 한편, 우수한 의료진과 시설을 통해 완치자를 늘려 의료 체계의 우수성을 증명했다. 무엇보다 시민 개개인이 방역의 주체로 위생 수칙을 지키고 물리적 거리 두기를 실천했다. 세월호 참사 이후 공유하게 된 재난에 대한 공동체 의식으로 사재기를 하지 않고 방역 자원 봉사로 나서는 등 건강한 시민 의식을 보여주었다. 이는 국민 생명 보전과 경제 활동 유지라는 두 마리 토끼를 동시에 잡는 모델이다. 의료적·행정적 준비(의료 보험, 의료 시설, 의료진, 방역 관료)와 기술력(IT 산업, 의학 기술)과 국민 의식의 삼박자가 들어맞아야 하므로 다른 나라에서 바로 채택하기는 어렵겠지만 최선의 모델이라고 본다.

　　미국을 비롯한 여러 국가는 당장 손쉬운 선택지로서 정부의 강력한 통제와 봉쇄에 의존하는 중국식 모델을 택했지만 한국 모델을 배우기 위해 적극적으로 나서고 있다. 만일 한국이 없었다면 세계는 국가주의 모델로 가면서 자유, 민주, 경제 안정의 측면에서 후퇴할 수밖에 없었을 것이다. 한국이 팬데믹 시대에 세계 민주주의의 첨병이 되었다.

위생 오리엔탈리즘의 종언

이로써 지난 150년간 주도권을 잡아 온 서구의 오리엔탈리즘(Western Orientalism)과 그것을 모방한 일본의 이중적 오리엔탈리즘, 즉 서구 오리엔탈리즘에 기초해 일본 제국주의 오리엔탈리즘의 시각으로 한국과 중국을 바라보는 동아주의의 시대는 종언을 고했다. 과거 한국을 소개한 그리피스의 『은자의 나라』와 로웰의 『조선, 고요한 아침의 나라』(Chosön the Land of Morning Calm, 1883)는 "떠오르는 태양의 나라" 일본과 비교하면서 한국을 우물 안의 은둔국, 잠자는 미개국으로 비하했다. 그들은 한국의 정치가 불안하고 관리는 타락했으며 경제는 가난 속에 정체되어 있고 사람들은 더럽고 게으르며 미신적이라고 묘사했다.

▲그림7_ 1898년 일본 화가가 그린 서울의 왜곡된 모습   ▲그림8_ 2020년 한국의 드라이브스루 선별 진료소[3]

---

3   이 저작물은 경주시청에서 2020년에 작성하여 공공누리 제1유형으로 개방한 '경주시, 코로나19 드라이브스루 선별진료소 운영'을 이용하였으며, 경주시청(https://

일본은 이런 시각을 모방하여 야만과 불결의 땅 한국을 일본이 식민화해 계몽하면 근대화할 수 있다고 주장했다. 한 일본 작가는 1898년 일본 도쿄의 긴자 거리와, 시궁창에서 돼지가 노는 서울의 불결한 이미지를 대조했다. 사실 서울은 이듬해 도쿄보다 먼저 전차를 개통시키는 등 근대 도시로 탈바꿈하고 있었는데 말이다. 그리고 이제 제국주의의 시대, 위생 오리엔탈리즘의 시대는 역전되었다. 나중 된 자가 먼저 된다. 일본이나 서구의 여러 나라는 위생 후진국이 되고 한국은 전염병 방역 체계를 선도하는 나라가 되었다.

한국 기독교의 모습

그렇다면 한국교회의 모습은 어떨까? 1984년 전후로 남반구의 기독교 인구가 북반구의 기독교 인구를 능가하기 시작하면서 '세계 기독교 시대'가 열렸다. 기독교의 무게 중심이 서구에서 비서구로 이동한 것이다. 그렇다면 탈서구 기독교(post-Western Christianity)의 한 무게 중심인 한국 기독교가 과연 팬데믹으로 고통받는 지구촌과 세계 기독교에 희망이 될 수 있을까?

　　물론 일부 교회는 현장 예배나 기도회를 지속하면서 바이러스 차단

<hr />

www.gyeongju.go.kr)에서 무료로 다운받을 수 있다. https://www.gyeongju.go.kr/news/page.do?mnu_uid=1335&parm_bod_uid=181221&step=258

쇠퇴하는 한국교회와 한 역사가의 일기

의 훼방꾼 이미지를 심기도 했다. 정부가 온라인 예배를 권고하자 "술집은 영업하는데 왜 교회만 문을 닫아야 하는가?"라며, 교회의 공공성을 무시하고 사설 영업소와 동일시하기도 했다. "우리는 자영업자랑 똑같아. 예배 몇 번 건너뛰면 문 닫아야 해"라고 말하는 자칭 자영업자 목사도 있다.

그러나 다수의 교회는 위생 수칙을 준수하고 온라인 예배를 드리면서 적극적인 디아코니아 사역에 나섰다. 1) 유명 대형 교회들이 앞장서 수양관을 경증 환자 입원 시설로 제공했다. 2) 많은 교회가 방역진과 의료진에게 성금을 전달하고 커피와 빵을 대접했다. 3) 대전의 한 교회는 대구의 중증 장애인들을 위해 속옷을 제공하고, 마스크를 제작해 외국인 노동자들을 지원했으며, 월세를 내지 못하는 교인들을 도왔다. 4) 평택의 한 교회는 마루 공방에서 수제 마스크 수천 개와 손 세정제 수백 개를 제작해 지원했다. 5) 상가 방역을 지원하고, 6) 외국 유학생들에게도 마스크를 전달했다. 또한 교회 간의 코이노니아(친교) 사역도 활발히 진행되고 있다. 분당의 어느 교회는 미자립 교회 700곳의 월세를 대납하기로 했으며, 많은 교회가 작은 교회의 온라인 예배 시설 및 방송을 지원하는 등 교회가 하나 된 모습을 보였다.

이제 재난이 밀려오고 세계적 전염병은 토착화하여 주기적으로 일어날 것이다. 교회는 전도와 예배만 영적인 일로 여길 게 아니라, 사회와 세상에 대한 치유·방역·자비 사역도 교회가 마땅히 할 일임을 깨달아야 한다. 나아가 바이러스와 싸우는 영성으로 교회 내의 성범죄, 성차별, 세습, 설교 표절과 전투하고, 사회 정의와 평화를 위해 부조리한 악과 싸우는 정의의 십자군도 양성해야 할 것이다.

한국교회의 방향은 오랫동안 교회 성장을 향해 있었다. 이제 팬데믹 시대에 새로운 선교적 교회 모델을 세계 기독교 앞에 내놓자. 건물을 짓는 해외 선교에서 벗어나 세상과 세계 교회를 살리는 영적 프로그램을 창출하는 한국교회가 되자.

3월 29일
실용적 접근과 좀비 교회

뉴욕 병원에 인공호흡기가 모자라는 상황이다. 의료진은 누구를 먼저 살릴 것인가라는 고통스러운 의료 윤리적 결정을 내려야 한다. 이때 의사들은 가망이 없는 사람을 제외하고, 호흡기의 도움을 받아 살 수 있는 사람을 택한다. 실용적인(utilitarian[4]) 판단이다. 사람의 생명은 다 귀하지만 제한된 인력과 설비로 인해 우리는 선택할 수밖에 없다. 그러므로 가장 실용적이고 효과적인 선택을 해야 한다. 결과주의의 일종인 공리주의

---

4   매력적이기보다 유용하거나 현실적인(useful or practical rather than attractive).

(utilitarianism)는 이기주의나 이타주의와 달리 만인을 평등하게 다룬다. 공리주의에는 결과를 중시하는 행동 공리주의(act utilitarianism)와 규칙을 중시하는 규칙 공리주의(rule utilitarianism) 등이 있다.

선교가 반드시 공리주의 원리를 따르지는 않지만, 선교 정책은 대개 실용적이다. 제한된 인력, 돈, 시간을 가지고 효과적인 선교를 하여 최대한 많은 사람에게 복음을 전하고 영혼을 구해야 한다. 이때 논점은 과연 어떻게 해야 가장 실용적인 결과를 얻는가다. 지식층과 중산층(위에서 아래로)을 우선으로 할 것인가? 민중과 부녀층(아래에서 위로)을 우선으로 할 것인가? 의료, 교육, 신문, 잡지, 책 등과 같은 문명 수단을 이용하는 기구적·간접적·문명적 선교를 할 것인가? 오직 그리스도만 전하고 교회 설립을 우선시하는 '3자 정책'의 선교를 할 것인가? 언더우드(Horace Grant Underwood)나 마페트(Samuel A. Moffett) 등 초기 내한 선교사들은 하루에도 수천 명씩 복음을 듣지 못하고 죽어가는 조선인을 생각하며 선교사로 헌신했고, 최대한 실용적인 판단을 하면서 선교에 임했다.

병원이나 교회는 생명을 다룬다. 전염병이 창궐하는 상황에서는 어쩔 수 없이 누구를 살릴지 선택해야 한다. 오늘날 교회가 과연 이런 생사의 갈림길에 있는 사람들을 어떻게 대하고 있는지 반성할 일이다. 예배당 안으로 들어오는 자나 현재 재택 예배를 드리고 있는 자나, 그 영혼에 산소 호흡기가 없으면 바로 죽을 수 있는 상황이라는 심각한 위기 의식이 있는지 궁금하다. 병원이나 교회에 이런 위기 의식이 사라지면 사업 이익을 생각하게 된다. 이익이 남으면 유람선을 타고 놀자는 분위기의 좀비 교회가 된다. 제도, 사업, 유람을 생각하는 좀비 교회라면 떠나는 게 좋다. 이런 위기 상황에서 복지부동(伏地不動)하는 교회, 주일 성수에만 집중하는 교회라면 이미 비실용적이다. 교회는 구명 보트를 띄워야 한다. 지금 누구에게 산소 호흡기를 갖다 대고 구조할 것인가?

3월 29일

신(新) 파자 풀이

한국교회가 변신하지 못하는 이유는 무엇인가? 그 비밀은 바로 마징가 Z에 있다. 한국교회 지도자들은 현재 60대다. 그들은 어릴 때 '변신'하는 로보트 마징가 Z를 알지 못했다. 우주 소년 아톰만 알아서 하늘로 힘차게 높이 나는 꿈만 꾸었다. 그래서 교회를 성장만 시키면 되는 줄 알았지, 지금처럼 변화무쌍한 세상에서 변신할 줄은 모른다.

반면 지금의 30-40대는 마징가 Z와 함께 자랐다. 그래서 줌(Zoom)의 Z만 보아도 반갑다. 마징가 Z의 Z와 Zoom의 Z를 합하면 ZZ다. 이것이 정감록에서 예언한 구원의 방도인 궁궁을을(弓弓乙乙)의 을을이다. 궁하고 궁한 때 마징가 Z를 보며 자란 지금의 30-40대가 Zoom으로 대변되는 사이버 공간을, 가장 '궁궁'한 십자가(亞)가 승리하는 십승지지 피난

처로 변신시키기를 바란다.

아톰밖에 모르는 내 세대는 글렀다.

종려 주일

예수는 예루살렘에 들어간다. 구약 예언이 성취될 것과 하나님의 신실하심을 믿고 들어간다. 예루살렘은 가짜 지도자의 도시, 죽은 종교의 도시, 두려움의 도시, 포퓰리즘의 도시를 상징한다. 우리가 사는 일상의 도시다. 청년 예수는 그 도시에 평화의 나귀를 타고 들어간다. 그는 군중의 호산나 소리에 동요하지 않고 정치 종교 지도자들의 음모에도 흔들리지 않는다.

성전 체제가 끝난 후 새로운 교회 공동체를 형성하기 위해서는 믿음으로 나아가야 한다. 종려 주일은 우리가 미래를 열기 위해 믿음으로 그 성문 안으로 들어가느냐, 아니면 두려움으로 집 안에 모여 변화를 막기 위한 음모를 꾸미느냐를 선택하는 주일이다.

일주일 안에 많은 일이 벌어질 것이다. 메시아를 환호하던 군중은 돈에 매수되어 그를 십자가에 못 박으라고 외칠 것이다. 제자 중 한 명은 은 스무 냥에 선생을 팔 것이다. 따르던 수제자가 그를 모른다고 세 번 배반

할 것이다. 십자가에 달린 두 혁명군 중 한 명은 예수와 함께 낙원에 갈 것이다. 최후의 선택이 기다리고 있다. "엘리 엘리 라마 사박다니." 기적은 없다. 하나님은 그 독생자를 버릴 것이다. 모든 배척과 배반의 한 주간이 폭풍처럼 몰려온다. 그래도 예수는 마지막 순간에 외친다. "다 이루었다." "내 영혼을 아버지께 부탁하나이다."

민음의 작은 한걸음이 결국 십자가의 외침까지 간다. 재택 예배와 원격 헌금과 줌 성경 공부 경험은 교회를 전혀 새로운 세계로 인도한다. 코로나19로 새 세상이 열리겠지만, 먼저 죽음의 도시 예루살렘 안으로 들어가야 한다. 더 이상 과거로 돌아갈 수는 없다. 세계 경제에 공황적 상황이 도래하여 수많은 청장년이 직장을 잃게 될 것이다. 수많은 예배당이 문을 닫을 것이다. 교회는 그 두려운 예루살렘 성 안으로 들어가야 하고 채찍에 맞아야 하고 골고다로 끌려가야 하고 십자가의 고통을 감내해야 하고 죽어서 동굴 안에 누워 있어야 한다. 그래야 부활의 아침을 맞이할 수 있다.

예루살렘에 들어가는 자는 이 모든 것을 예감하고 예상한다. 그럼에도 실망과 두려움이 아닌 믿음이 이긴다.

4월 7일

교회는 몸, 신학자는 등뼈

교회를 그리스도의 몸에 비유할 때 신학자는 입일까 얼굴일까 아니면 발가락 같은 존재일까? 우선 신학자는 등뼈의 한 마디와 같다. 백혈구를 생산한다. 신학과 신학 교육으로 교회의 항체인 잠재적 순교자를 훈련시킨다. 바이러스가 침투하는 비상 사태에 대비하여 장·단기적 피를 만들고, 교회가 바로 설 수 있도록 자세를 유지한다. 이러한 역할이 신학자의 몫이다. 따라서 지금 같은 비상 시국에 백혈구를 만들지 못하거나 교회의 자세를 바로잡지 못하고 복지부동하는 신학교 교수라면 사퇴하는 게 맞다.

신학자는 등뼈라서 보이지 않는다. 그가 입이나 눈이 되려 하면 몸은 무너진다. 신학자는 모습을 드러내지 않고, 현장과 성서를 연결하는 연구를 통해 신학 논문과 학술서를 출간하면 된다. 그 신학으로 신학생과 교회를 훈련하면 된다. 본업에 충실하면 된다. 그런데 등뼈는 숨어 있더라도 강해야 한다. 없는 것 같으나 있어야 한다. 굳은 것 같으나 피를 만들어야 한다.

예배의 중요성

사람은 의례로 산다. 그는 예배하는 존재다. 종교와 신앙의 핵심은 의례
이고 의례에서 상당수의 교리가 나온다. 제도 종교에서는 교리가 의례를
규정하고 통제한다. 하지만 의례는 변한다. 상황이 변함에 따라 환경이
달라지고 새 환경에서는 새 의례가 필요하기 때문이다. 유월절이 수난절
이 되고 동지가 성탄절이 되고 제사가 추도식이 된다. 의례는 종교적·문
화적 상황에 따라 토착화한다. 의례도 변하고 교리도 변한다. 의례의 역
사와 교리의 역사는 상호 긴장 관계에 있다.

　　최근 코로나 사태로 논의하는 예배란 무엇인가, 예배를 어떻게 드릴
것인가의 문제는 한가한 지적·신학적 유희가 아니다. 예배가 없는 신앙
은 없으므로, 그 예배(기도, 설교, 헌금, 성찬식, 세례식 등)를 어떻게 드릴 것인
지, 가상 공간에서도 가능한지, 페이팔 헌금이 가능하다면 사이버 성찬식
은 왜 안 되는지 등의 질문은 총회나 노회, 교회가 충분히 숙고하고 사전
에 안내문을 만들어놓았어야 할 중대 사안이다. 미처 만들지 못했다면 다
른 교단을 참고하여 며칠 안에 내놓아야 한다.

　　한편 '그리스도의 몸'인 교회는 보이는 측면도 있지만 본질적으로
보이지 않는 가상의 우주적 몸이다. 보이는 교회가 전부라면 우리는 한
국교회에 절망할 수밖에 없다. 그러나 그보다 더 크고 넓고 길고 높고 완

전한, 보이지 않는 교회가 있다. 예배를 통해 우리는 그 우주적인 그리스도의 몸에 동참한다. 전염병으로 예배당에 모이지 못하더라도 어떤 형태든 예배는 드려야 한다. 고난 주간도 보내야 하고 부활절도 지켜야 한다. 주일 예배를 연기할 수 없듯이 부활절도 연기하기보다 가정 예배에 대한 교단별 지침서가 나와야 한다. 세계에 흩어져 있는 가족들 간의 예배 안내서도 있으면 좋을 것이다.

사람들이 수없이 죽어가고 수억 명이 일자리를 잃는 상황인데, 예배 논쟁이 웬 말이냐는 말도 나온다. 일견 맞는 말이다. 그러나 전쟁터에서 채플린이 목에 두르는 스톨을 무슨 색으로 할 것인가, 바늘 위에 천사가 몇 명이나 설 수 있는가와 같은 신학적 유희와 달리, 가상 예배와 의식을 어떻게 할 것인가의 문제는 유대교, 기독교, 이슬람교 등의 종교를 믿는 의료진과 환자와 인류 대부분이 매일 혹은 매주 행하는 의례라는 실제적 일상에 관한 문제요, 생존만큼이나 중요한 문제다. 논쟁이 아니라 신학함이요 신앙함이다.

물이 없는 사막에서 죽어가는 사람에게 세례를 주어야 한다면, 물 대신 모래로 줄 수 있다는 말을 읽은 적이 있다. 그와 같이 비상 상황에서는 비상한 수단으로 의례를 행해야 하지 않을까? 비상이 일상이 된 21세기다. 우리는 사이버 공간에 매일 연결되어 산다. 가상 공간이 일상 공간이다. 줌 예배를 드리고 가상 성찬식을 드리는 일은 가능할 뿐 아니라 필요하다. 죽어가는 자들일수록 예배와 기도가 필요하다. 죽어가는 영혼은 무엇으로 힘을 얻고 살 수 있는가? 교리인가? 마스크인가? 교단은 신속하게 지침서를 마련해야 한다.

의례는 우리가 무엇을 섬기는가를 몸으로 드러내는 습관적 행위다. 우리는 매일 스마트폰으로 무엇을 섬기는가? 즉, 무엇으로 시간을 보내고 무엇을 읽고 무엇을 위해 돈을 지불하는가? 그 죄악 넘치는 공간에 일단 예배가 들어가게 한 후, 어떤 형태와 내용이 좋을지는 계속 업데이트되어야 한다. 줌 예배 1.0이 가을에는 2.0이 될 것이다.

우상(나, 자아, 내 교회만)을 섬길 것인가? 세상과 이웃을 사랑하시는 우주적 하나님을 섬길 것인가? 이 관점에서 접근하면 된다. 장소나 전통보다 영과 진리로 예배하면 된다.

4월 9일

코로나 이후의 세상

앞으로 다가올 상황이 1929년 대공황보다 더 심각할 것이라는 경고가 계속 나오고 있다. 미국은 지난 일주일간 실업자가 660만 명이나 늘어나 3주 동안 총 1,600만 명이 실직했다. 지방 신문 수백 개가 광고가 없어 곧 파산할 것이라고 한다. 200년 패러다임이 무너지고 있다.

대학교도 앞으로 몇 년간 긴축 운영이 불가피하다. 하루 적자만 수억 달러가 넘는다. 교수의 연구도 학생 선발도 앞으로 3년은 절반으로 줄어들 듯하다. 도서관과 고문서실이 닫힌 대학과 연구소는 거의 무용지물이어서 캠퍼스에 갈 이유도 없다. 논문을 쓰는 대학원생들이 큰일이다.

11년 주기 불경기에 닥친 팬데믹으로 1997년과 2008년 위기를 능가하는 대공황적 상황이 오고 있다. 개인과 조직은 씀씀이를 절반으로 줄이고 향후 3년 흉년을 대비해야 한다.

또한 이런 때에 개인이 할 수 있는 일을 찾아야 한다. 1) 패스트푸드나 가공 식품을 줄이고 슬로우푸드로 요리해서 천천히 먹자. 2) 가족들과 자주 대화하자. 3) 가까운 거리라도 산책하며 주변을 둘러보자. 4) 청결을 유지하자. 5) 독서와 연구를 게을리하지 말자.

4월 28일

해방 이후 격변의 역사 속 하나님

한국 기독교 역사 연구는 1980년대까지의 현대사 연구에 투자해야 한다. 1876년 이후 한국 근현대사는 흔히 개항기(1876-1910), 일제 식민지 시대(1910-1945), 해방과 건국기(1945-1960), 독재와 경제 개발 시대(1961-1987), 민주화 시대(1987-현재)로 구분한다. 현재 한국사 연구는 박정희 대통령 시대(1961-1979)는 물론 전두환 대통령 시대까지 본격적으로 이루어지고 있다. 박정희 대통령이 암살된 지 41년, 곧 두 세대가 지난 시점이고, 소위 '87년 체제'가 끝난 지도 33년이 되었기 때문이다. 반면 한국 기독교 역사는 아직 일제 강점기 연구도 제대로 안 된 상태이며, 이승만 대통령과 박정희 대통령 시대 연구는 초보 단계다. 현재 한국 기독교의 여러 문제에 대한 역사적 이해를 위해서는 빨리 해방 이전 시대의 연구에서 1960-1980년대 연구로 들어서야 한다.

한국 근현대사는 격변의 연속이다. 10년마다 주요 사건이 발생하고 35년마다 새로운 패러다임의 사회가 되더니, 최근에는 그 변화에 가속도가 붙어 10년에서 20년마다 대위기가 오고 체제가 변하고 있다. 그만큼 교회도 변해야 하건만, 역사적 과제를 정리하지 못한 채 새 시대를 맞았던 탓에 발달 지체와 변화 지체라는 중증에 걸려 있다.

다음은 한국 근현대사의 변동 주기를 주요 사건과 위기 중심으로 그려본 것이다. 해방 이전에도 위기가 많았으나 해방 이후에도 여러 차례 위기가 찾아왔다. 1910년의 일제 강점, 1929년의 대공황, 이후 계속된 몇 차례의 전쟁, 1950년 6·25 전쟁으로 정착된 냉전 체제, 그로 인한 1961년 5·16 쿠데타와 1972년 10월 유신 체제의 시행, 1980년 5·18 광주 민주화 운동의 비극, 1997년 IMF 경제 위기, 2008년 세계 경제 위기, 2020년 코로나19 위기가 그것이다.

그러나 우리 민족은 위기 때마다 이를 극복하는 저력을 보였다. 1919년 3·1 운동 이후 자주 독립을 추구했고, 자유 민주 진영의 도움으로 1945년 해방과 1948년 대한민국 정부 수립일을 맞이했다. 1960년 4월 혁명으로 되살린 민주주의 정신은 1980년 광주 민주화 운동, 1987년 민주화 항쟁, 2017년 촛불 항쟁으로 이어졌다.

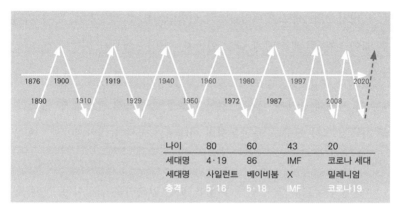

▲표21_ 20년/10년마다 대격변을 겪는 한국 사회와 교회 ⓒ옥성득

한국 사회의 정치적·경제적 대위기와 그것을 극복하려는 민주, 자유, 평등 정신은, 당시를 살았던 세대를 표현하는 상징적 이름이 되기도 한다. 감수성이 강한 20세에 위기를 겪은 세대, 즉 1960년 4·19 세대, 1980년 86 세대, 1997년 IMF 세대가 있고, 올해는 코로나19 사태를 겪은 코로나 세대가 형성되고 있다. 이들은 이제 만 80세, 60세, 43세, 20세로, 한국 사회의 대표적인 네 세대를 대변한다. 지금의 70-80대가 민주화로 출발하여 산업화를 이룬 세대라면, 50-60대는 산업화를 완성하고 민주

화를 심화시켰으며, 30-40대는 한국을 세계화하는 주역이었다. 새롭게 맞는 팬데믹 시대에는 10대와 20대가 어떻게 위대한 대한민국을 만들지 기대된다.

이런 사회와 세대의 역동적이고 창조적인 변동 속에서 한국교회는 각 세대가 어떤 새로운 패러다임의 신학(교회론, 선교론, 정치론 등)을 가지고 살았는지, 현재 어떻게 살고 있는지, 그리고 앞으로 어떻게 살 것인지를 깊이 있게 연구하고 토론해야 한다. 그러한 과제 중 하나가, 한국교회가 자체적 문제와 씨름한 역사 자료를 풍성하게 확보할 수 있는 한국 기독교 역사 연구다. 불확실성의 시대에는 역사가 내비게이션 역할을 한다.

현재 한국교회 역사 연구 현황을 보면 안타까운 실정이다. 첫째, 한국교회사를 연구하는 학자가 절대적으로 부족하고 신학교에도 전공 교수가 별로 없다. 둘째, 얼마 되지 않는 학자 중 주류는 60대 이상이다. 30대와 40대 학자가 별로 없다. 셋째, 일제 강점기를 연구하는 사람이 별로 없다. 넷째, 이승만·박정희·전두환 시대의 한국교회 역사에 대한 연구물이 별로 없다.

한국 기독교 역사를 공부하려면 한국사와 세계 교회사를 공부하고, 이어서 해당 시기의 1차 자료를 읽어야 한다. 해방 이전 시대를 연구하려면 한문과 일본어와 국한문이라는 세 가지 외국어를 해야 하므로 많은 준비가 필요하다. 해방 이후 시대를 연구할 때도 영어 자료와 국한문 자료를 읽어야 하므로 어학 실력이 기본적으로 필요하다. 무엇보다 해방 이후에 관해서는 다양한 1, 2차 자료가 넘치기 때문에 엄청난 양을 읽고 소화하는 능력이 필요하다. 사회과학과 인문학을 두루 섭렵하지 않으면 좋은 교회사학자가 되기 어렵다.

한국교회가 나아갈 방향을 알기 위해서는 이렇게 역사를 공부해야 하는데, 이 어려운 공부를 누가 할 수 있을까? 교회와 독지가는 한국 기독교 역사를 연구하는 여러 연구소를 지원하고 석박사 과정 장학금을 지원하고 한국교회사 자료집 시리즈 프로젝트에 기부하며 논문상과 저술상을 만들어 사학자들을 길러야 한다. 교회 건물 하나에 수백억을 투자해도 교인이 없으면 건물은 이단에 매각될 수 있다. 그 수백억을 한국교회사 연구에 투자한다면 한국교회의 활로가 보일 것이다. 향방 없이 달리기보다는 멈추어 서서 반성하고 생각하는 교회라야 살 수 있다.

박물관 자료를 수집하는 교회사 공부가 아니라 30년, 50년을 내다보며 교회의 나아갈 방향을 제시하는 공부가 되기 위해서는 해방 이전 70년(1876-1945)과 해방 이후 70년(1945-2015)의 역사를 신학화해야 한다. 격변하는 역사 속에서도 한반도와 세계를 인도하신 하나님께서 향후 30년의 역사 속에서도 인도하실 것이다. 역사 가운데 활동하시는 하나님을 만나며 교회를 살리는 한국교회 역사 연구에, 20-30대 신진 학도들이 도전하기를 간절히 바란다.

5월 2일

코로나는 지구가 내민 고지서

미국에는 코로나19를 "베이비붐 세대의 사신"(the boomer doomer)이라고
부르는 이들도 있다. 베이비붐 세대가 가장 큰 피해를 입고 있기 때문에
노인들은 신경쇠약에 걸릴 지경이다. 반면 전염병에 대한 한국의 전통적
인 태도는 "한 번씩 세금 걷으러 오는 돌림병 손님 잘 모시라"는 식이다.

미국이나 유럽에서는 요양원에 있는 노인들이 집단 감염으로 대량
사망하고 있다. 인종 간 차이도 있지만 세대 차이가 더 크다. 최근 치사율
이 내려가는 것은 청년들이 많이 걸리고 검사자가 늘었기 때문이다. 또한
여름이 되면서 북반구에 독감이나 폐렴 등을 동반한 코로나 환자가 줄었
기 때문이기도 하다.

한국에서는 전통적으로 돌림병이 한 번씩 오면, 세리에게 세금을 바
쳐야 하듯이 일정 피해는 어쩔 수 없다는 생각을 해왔다. 그래서 마마 손
님이나 콜레라 손님(큰 신령님)이 찾아오면 일정 수의 사망자 영혼을 어쩔
수 없이 바치고 잘 대접해서 달래어 떠나보내게 했다. 신령계에 많은 영
혼을 보내면 지상에 식구가 줄어 큰 가뭄이나 전쟁 후에 닥치는 기근을
넘길 수 있었다. 마마는 어린아이를 요구했고, 콜레라는 나이를 가리지
않았다. 전염병이 자연적 인구 조절 기능을 했다.

한국인의 사고로 보자면 사람들이 자연을 제멋대로 사용했기 때문

에 지구가 그 남용에 대한 벌과금/납세 고지서를 내밀고 있다. 특히 중국, 유럽, 미국 등 경제 개발과 관광으로 이익을 누린 나라들이 그 대가를 톡톡히 지불하고 있다. 죄의 값은 사망이다. 과로사는 혹사한 몸에 찾아오는 세금이다. 고독사는 가족 파괴에 대한 세금이다. 코로나19로 인한 대량 사망은 환경 파괴에 대한 세금이다.

절세가 생존의 길이다. 어떻게 하면 과부하 걸리지 않고 과도한 세금을 내지 않을지, 절세와 면세의 묘수를 알면 부자가 되고 오래 산다. 예수님이 우리 대신 세금을 내주셨기에 오늘도 감사드린다. 세금을 피할 길은 없다. 매년 찾아온다. 그러나 절세와 면세의 길은 있다.

6월 4일

나사로야, 나오라: 한국 개신교 지각 변동 임박

나는 급변론자는 아니다. 그러나 역사에는 전환점이 있고, 대위기가 닥치며, 대개혁의 시대가 온다. 그래서 복음서는 "회개하라, 천국이 가까웠느니라"라는 예수 그리스도의 말씀으로 시작한다.

지난 3-4년간 한국의 정치와 사회는 혁명에 가까울 정도로 급변했다. 반면 교회는 반동적인 방향으로 가면서 수구의 상징이 됐다. 대형교회 세습 추인과 태극기 집회 지지 등 극보수적인 성격을 드러냈다. 사회는 개혁되는데 개신교가 그 역방향으로 보수화되는 것이 말이 되는 일일까? 사람의 일인지라 그리 될 수도 있다. 역사에서는 종교 개혁과 정치 개혁, 혹은 종교 개혁과 사회 개혁이 함께 가기도 했지만 반대 방향으로 가기도 했다.

역사와 엇박자로 놀던 한국 개신교회에 코로나19 사태가 발생했다. 대형 건물이라는 하드웨어와 수많은 목회자가 무용해졌다. 기존의 설교가 먹히지 않는다. 마스크 한 장보다 효력이 없다. 반면 교인들은 예배 시간과 장소에 있어 주도권을 얻게 되었다. 채널 선택권처럼 예배 선택권을 가지게 되었다. 예배를 스킵 시청, 고속 시청할 수 있게 되면서, 이제 한 시간 예배를 10분에 끝낼 수도 있고 아예 시청을 거부할 수도 있게 되었다.

보지도 않는 예배 방송은 무의미하다. 영향력으로 먹고사는 세습 대형 교회들은 조회 수라는 면에서 개를 소재로 하는 1인 펫 유튜브의 1/10, 아니 1/1000 수준이 되었다. 단순 조회 수가 곧 영향력은 아니라고 주장한다면 팬데믹 상황에서 온라인/유튜브 방송하는 교회의 영향력은 무엇으로 가늠할 수 있을까? 팬데믹으로 고통받는 이들을 위해서 교회는 무엇을 하고 있는가? 온라인 교회(+오프라인 교회)로 전환하기 위해 어떤 콘텐츠를 개발하고 있는가?

현재 중대형 교회에서는 30% 이상의 교인 혹은 헌금이 사라졌다. 소형 교회는 원래 작았으니 버티는 곳도 많다. 정확히 알 수는 없으나 대부분의 대형 교회나 교단이 20년 전 교세로 돌아갔다. 교회 다니고 헌금 내느라 지친 교인 중에는 7월에 다시 예배당이 열려도 당분간 나가지 않다가 가을에 다시 팬데믹이 재발하면 내친김에 내년 봄까지 교회에 안 나갈 사람이 많다. 그러면 교인 절반이 사라진다. 한 번 더 커다란 팬데믹 물결이 닥치면 다시 절반으로 줄 것이다. 교인들은 '안식일'을 되찾았으나 교단들은 잃어버린 50년을 '대면'할 것이다.

이런 사회 위기, 교회 위기 앞에서 교회를 개혁하려 하지 않고 패러다임을 전환하지 않는다면 그것은 자멸의 길이다. 더 위기 의식을 가지고 새로운 신학(구원론, 교회론, 예배론, 목회론 등), 교인 구제책, 교회 생존책을 마련해야 한다. 지금 어떻게든 논의가 시작되었으니, 여성과 소수자 문제를 포함해서 교회 조직과 교단 조직의 개혁에까지 이르도록 힘을 모아야 한다. 당회, 노회, 총회/연회, 신학교의 조직 변화 없이 교회 변화는 불가능하다. 교회 내 개혁을 위한 전략, 전술, 조직, 운동 등이 동시에 폭발적으로 일어나야만 새로운 방향으로 갈 수 있다. 곧 1) 획기적 상상과 토론을 허용하여, 2) 새로운 형태의 교회를 만들고, 3) 교회 개혁을 위한 다양한 조직과 운동을 형성하며, 4) 교회 조직을 혁신한 시스템 변화까지 가야 한다.

그런데 현재 신학자나 목회자들의 논의 정도로는 별일이 일어날 것 같지 않고, 결국 도루묵(back to normal)이 될 수도 있어 보인다. 조직과 운동이 없기 때문이며 조직의 주축에 30대가 없기 때문이다. 과연 변동 요인인 전염병 바이러스만으로 한국교회가 개혁될까? 교회 안의 부패, 교만, 성장주의 바이러스는 무엇으로 치유할까? 자기 수정과 자기 성찰이라는 근대성의 긍정적 측면을 상실하고 기저 질환에 시달리면서 오히려 '마술화'로 가는 한국 개신교는 자가 면역과 자가 치유가 불가능한 상태인데, 어떻게 평생 누워 있던 병상에서 일어나며, 죽어 냄새나는 무덤에서 되살아나올까?

애벌레가 세상의 끝이라고 부르는 것을
그분은 나비라고 부른다(리처드 바크).

\# 6월 11일

팬데믹 이후 한국교회

아버지 자랑

임길택

새로 오신 선생님께서
아버지 자랑을 해보자 하셨다

우리들은

아버지 자랑이 무엇일까 하고

오늘에야 생각해보면서

그러나

탄 캐는 일이 자랑 같아 보이지는 않고

누가 먼저 나서나

몰래 친구들 눈치만 살폈다

그때

영호가 손을 들고 일어났다

술 잡수신 다음 날

일 안 가려 떼쓰시다

어머니께 혼나는 일입니다

교실 안은 갑자기

웃음소리로 넘쳐 흘렀다

탄광의 광부인 아버지에 대해 자랑할 것이 없다고 생각한 아이들이 주춤
거릴 때, 성격 좋은 영호가 어머니께 혼나는 아버지가 자랑스럽다고 말해

서 교실에 웃음꽃이 피게 했다. 늘 고생하며 술로 인생고를 달래는 아버지가 아침에 일하러 가기 싫다고 떼를 쓰다가 개구쟁이처럼 어머니에게 혼이 나는 모습, 권위가 없는 아버지의 모습, 꾸역꾸역 막장으로 가는 황소 같은 모습, 그것이 영호는 자랑스러웠다.

50년 전 내가 어릴 때는 목회자들이 사회적으로 대접을 받지 못했다. 시골 전도사나 목사는 면사무소 주사나 이발사 정도의 대우를 받았다. 오히려 시골에서 이발소나 목욕탕을 가지고 있으면 꽤나 괜찮았다. 탄광촌 아이들처럼 나도 작은 사택에서 가난하게 사는 목사님을 그리 대단치 않게 생각했다. 장로님들은 면장 출신 두 분, 약국 하는 분, 큰 어장을 가진 분 등 마을 유지들이었다.

군목 출신의 김 목사님이 부임했다. 도시에서 오셨다는 점, 나이가 제법 들었다는 점, 늘 미소 띤 얼굴로 자애롭게 바라봐주신다는 점이 좋았다. 국민학생이었던 나는 그분을 존경했고 스승처럼 어려워했다. 고난주간이었는지 언제였는지 정확히 기억은 나지 않지만, 어느 주일날 김 목사님은 주일 학교 설교 시간에 세숫대야에 물을 준비해 세족식 설교를 하시다가, 나를 불러내시더니 내 발을 씻어주시고 설교를 이어나갔다. 나는 몸 둘 바를 몰랐다.

그때 이후 주변에서 목사를 하라는 말을 들을 때마다, 나는 김 목사님을 떠올리며 목사는 되기 어렵겠다고 생각했다. 그러다가 한국 기독교 역사를 공부하게 되면서 신학교를 갔고, 결국 1993년 봄에 목사 안수를 받았다. 하지만 목사로서 목회를 한 적은 없다.

내가 안수를 받을 때는 목사가 꽤 인기 있는 직업이 되어 있었다. 대형 교회 부목사 자리만 해도 잘 나가던 시절이었다. 나는 교회를 비즈니스로 보고 경영하는 재주는 배우고 싶지 않았다. 그리고 30년의 세월이 흘렀다. 메이저리그인 대형 교회 목사들이 '사'자 직업 가진 전문가를 거느리는 시절이 왔다. 젊은 부목사들이 의사, 변호사, 상무들과 호텔에서 매일 모닝 커피를 마시며 노는 호시절이 왔다. 시에 등장하는 그런 아버지, 그런 목사 아버지를 자랑스럽게 이야기하는 동심의 세계는 사라졌다.

물론 지금도 작은 교회 전도사와 목사는 괴로운 하루를 보내고 술 대신 눈물을 삼키다가 아침에 무거운 발걸음으로 반지하 집을 나설 것이다. 마이너리그 후보군인 그들은 무릎을 꿇은 채 습하고 조용한 반지하 예배당에서 운다. 천사들이 그들의 눈물을 담고 있으며 하나님이 그들의 기도를 듣고 계신다.

나는 그런 막장의 광부 같은 작은 교회 목사님을 자랑하는 역사가가 되고 싶다. 그런 목사를 혼내는 어머니 교회가 그립다. 팬데믹 이후 한국 교회는 어떻게 될까? 청탁 원고를 쓰다가 원고는 안 쓰고 괜히 이 시만 읽고 있다. 피에르 부르디외나 제임스 스미스보다, 나는 50년 전 시골 김 목사님이 그립다. 탄을 캐서 추운 겨울 몸을 따뜻하게 해주는, 광부 같은 시커먼 목사님은 언제 다시 만날 수 있을까? 과연 한국교회는 어디로 가고 있을까?

필경연전(筆耕硯田)

"붓으로 밭을 갈고 벼루로 논을 일군다." 글로 살아가는 삶을 농사에 비유한 말이다. 고운 최치원은 「계원필경」(桂苑筆耕)을 썼다. 모래를 헤쳐 금을 찾는 마음으로 『계원집』(桂苑集)을 이루었고, 난리를 만나 융막(戎幕)에 기식하며 생계를 유지하였기 때문에 '필경'(筆耕)을 제목으로 삼았다고 한다. 추사 김정희는 연농(硯農)이라는 말을 자주 썼다. 벼루로 농사를 짓는다는 말로서, 벼루로 농부처럼 어렵게 땀 흘리며 가난하게 살아가지만 거짓 없이 산다는 말이다. 『상록수』의 작가 심훈의 고택 이름은 필경사(筆耕舍)다. "붓으로 [원고지에] 농사를 짓는 집"이라는 뜻이다. 붓으로 한국인의 마음을 논밭 일구듯 표현하겠다는 뜻도 담겨 있다. 목사나 교수나 작가에게는 필경과 연농의 정신이 필요하다. 농부처럼 사람들의 마음 밭을 잘 경작해서 심은 대로 거둘 일이다. 여름 땀이 가을 결실로 돌아올 것을 믿으며 오늘도 글을 쓴다.

코로나 우울증

한국교회 목회자, 신자, 신학자의 다수는 지난 몇 년간 자신도 모르게 우울했고, 상당수는 우울증에 걸렸는지도 모르겠다. 교회는 쇠퇴하고 교회의 타락이 사상 최악으로 치달았으며, 개혁의 목소리를 내도 교회의 완고한 기득권 세력은 한 치도 움직이지 않고 뭐 뀐 놈이 성 낸다고 도리어 사탄의 세력 운운하며 달려들었기 때문이다. 교회에 희망이 사라진 듯하였으므로 침울한 가운데 우울증에 걸린 이도 많을 것이고, 여기에 코로나까지 닥치면서 더 심화된 이도 있을 것이다.

나는 우울증의 '우' 자도 모르고 사는 낙관파요 누우면 바로 자고 깨면 공부하는 단순한 사람인데도, 지난 몇 년간 한국교회를 보면서 의기소침해졌다. 보수는 보수대로 흘러간 노래나 틀어 청년들을 떠나보냈고, 자유는 자유대로 자기만 옳다며 교만의 콧대를 높였다. 세습한 교회들은 불법의 성을 쌓았다.

상식이 통하고 신용 있는 교회가 될 수는 없는 것일까? 개혁은 안 되는 일일까? 바닥까지 쳐야만 다시 올라올 희망이 생기는 것일까? 아니면 한국 주식 시장처럼 출렁이기는 하지만 박스권 안에 머물러 있는 것일까? 규제를 비웃는 강남 아파트군처럼, 강남 대형 교회들은 백약이 무효한 불치의 조직일까? 작고 우량한 교회들은 언제 자랄 수 있을까?

코로나 사태와 함께 웅장한 건물들이 일시에 텅텅 비어갔다. 숫자와 규모를 자랑하던 예배당이 침묵에 잠겼다. 불이 쏟아지고 하늘의 찬양이 울려 퍼지던 화려한 처소들이 적막에 빠졌다. "모든 일은 하나님이 하셨습니다."

갈멜산에서 하늘의 불로 제물을 태우고 바알과 아세라 선지자 450명을 처단한 엘리야는, 그 화려한 경험을 뒤로하고 이세벨을 피해 브엘세바로 도망치지 않을 수 없었다. 그는 로뎀 나무 아래서 울었다. 우울했다. 죽고 싶었다. 바로 그때, 여리고로 가는 길에 강도 만나 죽을 위기에 처한 자에게 다가간 사마리아인처럼 천사가 그를 어루만졌다. 엘리야는 머리맡에 놓인 구운 떡과 물을 먹고 깊은 잠을 잔 후 원기를 회복했다. 그리고 강한 바람이나 지진의 불 속이 아니라 세미한 음성으로 다가오시는 하나님을 만났다.

"다음 세대를 준비하라." 지금은 주께서 세미한 음성으로 임재하시는 거룩한 시간이다. 천사가 주는 음식을 먹고 깊이 자고 기운을 회복하자. 그리고 2020-2040년대를 이끌어갈 엘리사 세대에게 기름을 바르자. 일단 먹고, 자고, 일어나 조용한 '로뎀 나무 아래의 시간'을 갖자.

교회의 실패 이유

대화가 적고 연설만 많다.

친구가 적고 강사만 많다.

이해는 적고 관행만 많다.

메시지가 없고 신학 논문만 많다.

감동은 적고 틀에 박힌 찬양과 예배만 있다.

성도의 필요 충족은 적고 목사의 필요만 만족된다.

재미 있는 강연, 감동 드라마, 노래, 유능 강사는 유튜브에 넘친다.

교회에 내 고민을 들어주고 나눌 친구가 있는가?

교회는 친구, 가족, 형제자매의 모임이다.

친구를 위해서 목숨을 바치는 큰 사랑의 공동체다.

걷지 못하는 친구를 위해서는 집 지붕까지 뜯는다.

친구들을 위해서 교회 벽, 조직, 헌법까지 뜯을 때다.

그때 비로소 한국교회는 죄를 용서받고 걸어갈 수 있을 것이다.

코로나 시대에 간호하는 교회

로마서 16장에 등장하는 여집사 뵈뵈는 첫 '방문 간호사'였다. 흑사병이 유행할 때 초기 교회는 여집사들이 간호 활동으로 환자들을 돌봄에 따라 사랑의 공동체로 각인되어 성장했다. 중세 시대에는 수도원의 수녀들이 병자를 돌보며 간호사 역할을 했다. 그런데 루터를 비롯한 개신교의 종교 개혁자들이 수녀원을 폐쇄하고 수녀들을 가정으로 돌려보내 주부가 되게 했다. 그 결과 독일 등 개신교 지역에서는 숙련된 간호 수녀들이 사라지면서 간호 체계에 상당한 차질이 생기고 전염병이나 질병에 제대로 대처하는 병원이 부족해졌다. 칼뱅이 활동한 제네바에서는 괴질이 돌자 경험 없는 주부들이 간호하면서 병이 더 유행했고, 상당수 여성이 전염병을 퍼뜨리는 마녀로 몰려 화형당하기도 했다.

첫 근대적 간호사양성학교는 1836년 독일 카이제르스베르트(Kaiserswerth)에서 프리드너 목사 부부가 설립한 여집사간호단학교였다. 이 간호사양성소는 실용 간호학 강의와 조직적인 간호 훈련을 시작했으며, 1850-1852년 플로렌스 나이팅게일이 이곳에서 정규 교육을 받았다.

영국에서는 영국 성공회와 연관하여 간호가 발전된 측면도 강했으며, 수녀들이 해외 의료 선교에 참여했다. 영국에서는 고참 간호사를 'sister'라고 불렀는데 이는 수녀가 많았기 때문이었다. 한국에 내한한 첫

정식 간호사는 1891년에 영국 성공회 소속 성베드로 수녀회의 수녀인 히스코트(Gertrude Heathcote)였다. 1904년까지 한국에서 최고의 간호는 정동의 성마태병원과 성베드로병원, 인천의 누가병원에서 근무하던 성공회 소속 수녀 간호사들이 제공했다.

한국에서 근대 간호는 개신교 선교와 함께 시작되었고, 간호사 양성도 감리회와 장로회의 선교 병원을 통해 시작되었다. 1885년 서울에 첫 근대 병원인 제중원이 개설되었을 때, 의사 알렌은 훈련된 간호사가 없자 조선 관청에서 '약방 기생'으로 불렸던 관기 중에서 간호를 맡았던 기생들을 고용하였으나 별 도움이 되지 않자 해고했다. 1886년 제중원의 첫 '여의사'로 내한한 엘러즈(Annie Ellers)는 보스턴 시립 병원 간호사양성학교를 졸업했지만 의대에 진학했다가 한국에 와서 의사로 불렸다. 엘러즈는 간호사였으나 민 왕비의 시의를 맡는 등 의사로 활동했다. 그가 벙커(Dalziel Bunker)와 결혼하고 병원을 떠나자, 1895년 4월 제중원 첫 간호사로 노르웨이 출신 야콥슨(Anna Jacobson)이 내한하여 헌신적으로 환자를 돌보다가 1897년 1월에 질병으로 사망했다. 그의 후임으로 1897년 10월에 제중원 두 번째 간호사로 내한한 쉴즈(Esther Shields)는 1906년 6월 세브란스병원 간호원양성학교를 설립하고 1935년에 은퇴할 때까지 봉사했다.

미국 북감리회의 해외 여성 선교회는 한국 선교를 위해 1887년 첫 여의사 하워드(Meta Howard)를 파송했다. 그는 1888년 한국의 첫 여성

병원인 '보구여관'을 설립했다. 그에 이어서 셔우드(Rosetta Sherwood), 커틀러(Mary Cutler), 해리스(Lillian Harris) 등의 여의사가 내한했다. 이 병원의 첫 간호사는 1903년에 내한한 캐나다 출신의 에드먼즈(Margaret Edmunds)였다. 그는 1903년 12월 보구여관 안에 한국의 첫 간호원양성학교를 설립하고 1906년 1월에 김마르다와 이그레이스에게 간호사 모자를 씌워주었다. 마침내 1908년 11월 5일 제1회 졸업식에서 김마르다와 이그레이스를 한국인 최초의 졸업 간호사로 배출했다.

간호 선교사들은 1908년 3월 20일 '대한 졸업 간호원회'를 조직했고, 보구여관 간호원양성학교와 세브란스병원 간호원양성학교의 간호사들은 1910년 6월 10일 '간호원회'를 조직했다. 그리고 이들이 발전하여 1923년 조선간호부회가 조직되었다. 간호사들은 1907년 군대 해산 때 부상을 입은 대한제국 병사들을 나이팅게일 외과 간호학으로 돌보았다. 1919년에도 3·1 운동으로 다친 수많은 부상자를 간호했으며, 일부 간호사들은 그 비참한 모습을 보고 시위에 참여하여 형무소에서 몇 달씩 보내며 기도하고 찬송하기도 했다. 간호사 중에는 애국부인회 등에 가입하여 독립운동을 하거나 중국과 만주의 독립운동가를 몰래 돕는 이들이 많았다.

1905년 통감부가 설치되고 1906년 서울의 대한의원이 일본인 의사와 간호사들에 의해 운영되면서 일본 간호사와 일본 간호학이 한국에 진출했다. 총독부의원과 지방의 자혜의원에 근무한 간호사는 거의 일본인이었다. 의사도 일본인이고 환자도 일본인과 일본인 관리가 우선이었다. 1920년대 초반까지 도립자혜병원에서는 한국인 간호사를 찾기 어려웠다. 1905년 이후 콜레라와 천연두를 비롯한 전염병이 유행할 때는 경찰이 한국인의 이동을 통제하고 방역과 격리를 담당했다. 한국인은 식민지의 피지배자요 병자로서 시찰 대상이었으며, 그들의 신체는 평시에는 생산의 도구요 전시에는 총알받이로 사용되었다.

한국인들은 병에 걸리면 정부 병원 대신 한국인 의생(한의사)이나 개인 병원을 찾았고 중병이면 대개 서울의 세브란스병원이나 동대문부인병원, 혹은 주요 도시의 선교 병원을 이용할 수 있었다. 선교 병원은 세브란스병원을 제외하고는 일제의 병원들에 비해 시설이 열악했다. 그곳에는 한국어를 하는 한국인 간호사들이 있었다. 한국인 기독교인 간호사들은 일제 36년간 한국인을 돌보고 위로하며 식민지 백성의 설움과 아픔을 함께 나누었다. 그러나 저임금으로 고강도 노동에 시달렸기 때문에, 1920년대에는 많은 파업을 일으키며 병원 측과 협상하는 시기를 거치게 된다.

최근 코로나19 유행으로 간호사들의 헌신적 수고가 언론에 자주 소개되었다. 그들을 '백의의 천사'로만 이미지화하면 곤란하다. 그들은 '영웅'이 아닌 전문 직업인이자 우리와 같은 '사람'이다. 그들에게 정당한 임금과 보수, 차별 없는 근무 조건, 복지 혜택 등이 보장될 때, 환자들은 더 나은 간호를 받을 수 있다. 코로나 사태로 일선 의료진, 특히 간호사들이 지나친 노동을 하며 혹사당함에 따라 이직률이 높은 실정이다.

최근 대한간호협회는 소록도에서 40년간 한센병 환자를 돌본 오스트리아인 간호사 슈퇴거(Marianne Stöger)와 피사렉(Margaritha Pissarek)을 노벨상 후보로 추천했다. 맨손으로 '아픈 자를 돌본' 그들에게는 노벨상이 아니라도 하늘의 면류관이 기다리고 있다. 초기에 영국, 미국, 노르웨이, 캐나다 등 여러 나라 외국 간호사들에 의해 발전한 한국 간호는, 해방 이후에도 북미와 유럽 여러 나라 간호사의 봉사로 도움을 받았다.

이제 K-간호는 한국인만이 아니라 세계인의 고통을 줄이며 생명을 구하고 있다. 기독교인은 그리스도의 사랑의 사도로서 인류는 물론 지구 생태계를 치유하고 간호하는 일을 맡은 집사요 청지기들이다. 초기 개신교가 한국인의 건강과 위생을 위해 헌신했듯이, 팬데믹 시대의 교회는 면역력이 강한 교인과 건강한 공동체를 만들어 겨레와 세계인을 구호하는 K-Church-nursing 모델을 만들어나갈 때다. 코로나 이후 교회는 주일만의 교회가 아니요 매일의 교회이며, 예배당만의 교회가 아니요 일터와 병상에서의 디아코니아 교회다. 맘몬을 섬기는 의료 제국을 위한 간호가 아니라, '위대한 의사'이신 예수 그리스도와 동역하며 하나님 나라의 선한 사역을 감당하는 간호사들을 양성할 때다.

블루 오션 : 한국 기독교 역사 공부

성경 해석보다 한국 기독교사 해석이 더 어려운 데에는 몇 가지 이유가 있는데, 이것이 곧 한국 기독교사를 공부해야 하는 이유가 된다.

첫째로 성경은 텍스트가 정해져 있으나, 한국 기독교사 자료는 무궁하다. 둘째로 성경은 지난 수백 년간 내로라하는 수만 명의 학자들이 달라붙어 온갖 분석과 해석을 했기 때문에 이미 다양한 해석이 나와 있고 그중에 어떤 해석이 좋은지 취사선택하면 된다. 내가 공헌할 수 있는 분야가 별로 없다. 그래서 성서학 박사 논문을 보면 무슨 소리를 하는 것인지, 왜 그런 사소한 주장을 위해 3-4년을 바쳐 논문으로 썼는지 이해하기 어려운 경우도 많다. 그러나 한국 교회사 쪽은 연구자가 적어서, 거의 모든 석박사 논문이 새로운 주제를 연구하거나 새로운 주장을 할 기회가 있다.

셋째로 한국 교회사 논문을 제대로 쓰려면 한문이나 일본어, 한국어, 영어를 해야 한다. 이것을 다 잘하는 사람은 전 세계에 소수다. 글로벌 경쟁에서 밀리지 않는다. 일단 한국인은 한국어는 하니까. 넷째로 성서 언어는 한국인은 물론 외국인도 새로 배워야 하므로, 한국인이 별로 불리하지 않다. 신학 석사 과정을 하면서 배운 히브리어와 그리스어에서 조금 더 나가면 유학 가서 해볼 만하다. 그래서 넓은 길이다. 그러나 신학생이 한문이나 일본어를 배우고 한국사까지 하기에는 역부족이라고 느끼는 사람이 많다. (사실 일본어만 잘해도 된다.)

마지막으로 일반대 한국사와 신학교 교회사를 통합하는 방향으로 가야 한다. 또한 거시사·미시사, 민족사·지역사 등의 트랙으로 구성해야 한다. 학제 간 연구는 필수적이다.

또한 한국사는 얼마나 사관끼리 논쟁이 치열한가! 그러니 얼마나 푸르른가! 레드 오션 성서 신학 대신 블루 오션 한국 기독교사에서 놀자. 미세 먼지 없는 UCLA 한국 기독교학 박사 과정에 오면 전액 장학금으로 놀 수 있다. 5년을 '밤드리(밤 늦게까지) 놀다 보면' 논문이 나올 것이다. 성서 신학, 조직 신학 유학을 갈 생각이었다면, 한국학으로서의 한국 기독교사 전공도 고려해보라. 진로를 모색하기에도 좋을 것이다.

1월 5일
내가 어째서?

나는 매주 예배당에 가서 예배를 드린다.
나는 매일 성경을 읽고 매주 성경 공부를 한다.
나는 하나님이 경배와 찬양을 받아야 한다고 믿는다.
나는 성경을 믿고 매일 기도하며 가난한 자를 돕는다.

나는 부자도 아니다. 보통 사람, 직장인, 노동자 계층이다.

나는 일하기 싫은 자는 먹지도 말아야 한다고 생각한다.

나는 매일 큐티를 하고 말씀대로 살려고 애쓴다.

나는 이단을 미워하며 교회의 세속화에 반대하고

그 전통과 진리를 수호하려고 노력한다.

그런데

왜 예수는 세리와 창녀와 노시는가?

왜 교회는 동성애자와 부동산업자를 받아들이는가?

나는 하나님을 두려워하는 경건주의에 속한 평신도다.

나는 천사를 믿고 부활을 믿는 영성주의자다.

나는 파리사이오스(Φαρισαῖος), 외세를 반대하는 민족주의자다.

나는 정권과 손잡는 기득권층 종교 세력가도 미워한다.

나는 성전 대신 회당과 일상에서 신앙을 지키려고 애쓴다.

내게 무슨 문제가 있는가?

그때 주께서 말씀하셨다.

"의사가 필요한 사람이 누구냐?

건강한 사람이냐, 병든 사람이냐?

내가 여기 있는 것은

영적으로 건강한 사람을 초청하려는 것이 아니라,

죄로 병든 사람을 초청하려는 것이다"(막 2:17).

코로나19 이후 한국교회 조직 개혁안

코로나19 사태 이후 세계와 교회는 이전의 일상으로 돌아갈 수 없다. 세계화, 도시, 회사, 성장, 소비, 오락, 사교의 교회 패러다임이 대위기에 처했다. 다시 과거로 돌아갈 수는 없기에 새로운 패러다임이 요구된다. 미래를 점치는 주술사를 따라가는 수동성 대신, 미래는 우리가 만들고 변화시킬 수 있다는 예언자적 상상력이 필요하다. 말 잔치로 끝나는 대신 교단별로 조용히 구체적이고 과감한 조직 혁신에 들어갈 때 새로운 패러다임의 교회가 가능할 것이다.

연약한 지체에 대한 지원책 마련

향후 교회의 최우선 정책 과제는 미자립 교회 지원과 그 교회 목회자에 대한 최저 임금 보장이다. 이번에 이탈리아에서 코로나19로 중환자 병동이 모자랄 때, 가망 없는 노인은 버리고 청년을 살리는 선택을 했다. 비인도적 처사라고 생각할 수도 있지만 후세대를 위해 양보하는 노인들의 결단도 있었다. 이를 효율성 우선주의라고 비판만 하기에는, 노인들의 희생이 숭고했다. 위기에 처한 한국교회에서 희생할 층은 청년 목회자들이 아니라 50-65세 장년층 목사요 중대형 교회 목회자들이다.

지난 4개월간 가장 고통을 느끼고 생존 위기에 몰린 집단은 미자립 교회 목회자들과 연금이 부족한 은퇴 목사들이다. 사회에는 보험 제도와 실업 수당 제도가 있는데, 작은 교회 목회자들은 다수가 비과세 대상이고 4대 보험이나 실업 수당도 없다. 노회와 총회는 다른 사업은 중단하더라도 미자립 교회 목회자의 최저 임금 수준 봉급과 4대 보험을 보장하는 제도를 마련해야 한다. 이 방향이 정해지면 방법론은 연구할 수 있을 것이다. 중대형 교회 또한 해외 선교비를 줄여서라도 국내 미자립 교회 생존과 자립에 투자할 때다. 1년 주보비만 아껴도 한 교회를 살릴 수 있다.

초대형 교회의 규모 제한

지난 40년간 한국에는 역사상 처음으로 한 교회에 10,000명이 넘는 초대형 교회가 생겨났다. 초대형 교회는 성경적 근거도 약하고 현실적으로도 건강하지 못하다. 한국에서는 도시화 및 경제 성장과 더불어 재벌 기업과 초대형 교회가 등장했다. 그후 3,000명 이상의 대형 교회 교인이 전체 교인의 80%를 차지하고 100명 이하의 소형 교회가 교회의 80%를 차지하는 20:80의 양극화 시대가 됐다. 교단이 교회 간의 무한 경쟁을 허용하면서 초대형 교회가 타락하고 세습을 시행하는 불법의 시대가 되었다. 브랜드 파워를 가진 교회가 프랜차이즈 상권과 중독된 소비자 그룹을 포기하는 것은 힘든 일이다. 브랜드의 힘으로 굴러가던 시절이 있었기 때문에 교회 기득권 그룹은 창업주를 조상신 모시듯 하고 그 네임 밸류를 유지시킬 후손에게 세습한다. 그들에게 구원은 브랜드의 존속이다.

1990년대까지는 초대형 교회가 영웅이었으나 이제는 악한이 되었다. 새 시대는 새 교회 모델을 요청한다. 20세기 후반 모델인, 정치 권력과 자본이 풍부한 거대 기업형 교회로는 안 된다. 사회적 자본과 신용도가 풍부한 중소 교회 모델을 만들어야 한다. 이를 위해서는 교회 헌법 개정을 통해 한 교회의 규모를 제한 하되, 1차 헌법 개정에서 등록 교인 5,000명, 2차 개정에서 3,000명으로 시차를 두어 제한해야 한다. 또한 분리한 자교회도 프랜차이즈가 되어 젠트리피케이션 현상을 일으키지 않고 각자 독립하도록 과격한 법을 만들어야 한다. 브랜드 파워를 가진 명품을 소비하는 물성이 아니라, 공동체 파워를 가진 고유 영성을 명품화하는 교회를 키워야 한다.

코로나19로 인한 비대면 사회에서 사람이 많이 모이는 곳은 위험하다. 대형 교회나 대형 집회도 안전하지 않다. 뉴노멀 사회에서 이상적인 교회 규모는 100-500명이지만 일부 교회는 3,000명까지 허용할 수 있을 것이다. 대형 교회들이 교권을 쥐고 있으므로 헌법 개정이 쉽지 않겠지만, 이미 교회는 쇠락기이고 규모 확장은 불가능하다. 모이지 않는 교회를 보면서 공멸에 대한 위기 의식을 가지고 교회 규모 혁신안을 상상하고 실현해야 한다.

노회와 총회의 총대 비율 개선

현재 포스트 코로나 교회를 논의하는 포럼, 세미나, 간담회의 주체는 대개 50-60대 남성 교수와 목사, 총회 임원들이다. 이들이 절반 이상을 차지하고, 교회의 미래인 20-40대나 여성, 평신도의 참여는 거의 없다. 장로교회만 보면, 하나의 원인은 당회에서 여성이 소외되어 있고 노회나 총회의 여성 총대가 소수기 때문이다. 2019년 총회 여성 총대는 예장 합동 교단 0%, 예장 통합 교단 2.1%로 오십보백보였다. 여성과 젊은 세대에 해당하는 장로와 목사와 총대 수를 획기적으로 늘려서 5년 안에 당회, 노회, 총회에서 여성과 30-40대가 30%를 차지하도록 하지 않으면 한국 장로교회에는 희망이 없다. 주일 성수와 헌금 의무만 강조하고 참정권을 박탈하는 것은 비민주적이다.

1910-1920년대 한국교회는 30대 장로와 목사가 대부분이었다. 그들이 1920년대의 위기를 이기고 1930년대에 교회를 부흥시켰으며 1940년대 신사 참배에 항거했다. 현재 총대는 평균 62세다. 예수님이 오셔도 총대가 될 수 없는 상황이다. 총회 총대에 30대는 0%, 40대는 1.4%에 불과하다. 루터가 "95개 조"를 쓸 때 나이 34세요, 칼뱅이 『기독교 강요』 초판을 쓸 때 29세였다. 그들이 오늘날의 한국에 있었다면 개신

교나 장로교회는 나올 수 없었을 것이다. 현재 헌법상 목사는 30세 이상, 장로는 합동 35세, 통합 40세 이상으로 규정되어 있다. 악법이다. 모두 30세로 바꾸어야 하고, 총대도 30대 비율을 올해부터 매년 5%씩 늘려야 한다. 30-40대 총대가 없는 것은 불법적인 나이 차별이다. 이런 비민주적·반시대적 노인 정치로는 청년들을 교회로 오게 할 수 없다.

7월 8일

말이라는 것

어떤 말을 자주 쓰는 사람은 그 말에 지배받는 사람일 수 있다.

설교 30분에 '사탄'을 열 번 이상 쓰는 자는 사탄의 종이고,

'복종'을 스무 번 말하는 자는 평소 주께 불순종하는 자요,

'아간의 죄'를 말하는 자는 횡령한 자일 수 있다.

예배 제한을 종교 자유 탄압이라고 하는 자는

교회에서 습관적으로 자유를 억압하던 자,

타인을 위해 자기 이익을 희생하기에 인색한 자일 수 있다.

평등권 보호 조항을 종교 자유 억압이라고 하는 자는

평소에 교회에서 여러 가지 차별을 행하던 자,

노회와 총회에서 성차별, 나이 차별, 지역 차별을 하는 자일 수 있다.

이들은 평소 무엇을 먹을까, 무엇을 마실까 생각하는 자들이요
누구를 찌를까, 누구를 죽일까 음모하는 자들이다.
문 단속에 열심인 이유는 금송아지를 숨겨놓았기 때문이다.

이슬이 새에게 가면 노래가 되지만 뱀에게 가면 독으로 나온다.
한 입으로 주를 부르면서 다른 입으로 저주할 수 없다.
설교에서 지옥이나 하늘의 징벌을 자주 말하는 자라면
그것이 그대로 그들에게 돌아갈 가능성이 매우 높다.
교회에서 사탄 놀이, 저주 놀이 하는 목사들은
하나님 나라의 종이 아니라 자기 제국의 대장이다.
우리는 하나님이 주신 분량까지 생각하고 말하고 일할 따름이다.
"자족하는 마음이 있으면 경건은 큰 이익이 되느니라"(딤전 6:6).

7월 9일
기독교 출판사가 번역서를 많이 내는 이유

아마도 기독교 출판사들은 표22에서 A 부분이 많다고 보고, 번역서를 통해 한국교회가 많은 것을 배우고 적용할 수 있다고 생각하는 듯하다. 반면 겹치는 부분이 적다면 번역할 필요가 없을 것이다. 그렇다면 과연 A

부분이 많을까? 신학 분야마다 다르겠지만, 지난 30년간 복음주의 '지성' 운동이 번역서로 '작업'을 꾸준히 해왔기 때문에 대체로 마치 A가 많은 것처럼 보인다. 그런데 그런 책들은 A가 무엇인지 말해주는가? 아니다. 출판사에서 그런 게 있다고 가정할 뿐이다. B의 저자는 전혀 한국을 생각하고 쓰지 않았다. 번역서가 A를 말해주지도 않는다. 독자가 찾아야 하고 해석해야 한다.

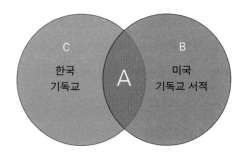

▲표22_ 번역서의 의미 ©옥성득

그러나 미국 중산층 백인 복음주의 신학을 이식하는 작업, 곧 B가 30년간 계속 심겼기 때문에, B를 보고도 A로 착각하는 면이 있다. 물질 문명은 겹치는 부분이 많은 것도 사실이지만, 정치사회적·교회적 상황과 현실은 A가 적고 C가 많다. 따라서 A로 한국 현실에 참여할 수 있는 것처럼 말하지만 실제로는 그저 B를 C에 적용하게 만드는 것에 지나지 않는다. 그래서 공중 부양하는 한국 복음주의 교회와 교인이 양산되었다.

그러므로 C를 아는 똑똑한 청년 저자 한 명을 찾으라. A를 아는 똑똑한 청춘 저자 한 명을 찾으라. 1927년 7월에 발간된 김교신의 「성서조선」, 그 창간사를 다시 읽는다. '성서조선' 대신 '한국 기독교 출판사'를 넣고 읽어보자.

> '성서조선'아, 너는 우선 이스라엘 집집으로 가라. 소위 기성 신자의 손을 거치지 말라. 그리스도보다 사람(外人)을 예배하고, 성서보다 예배당을 중요시하는 사람의 집에서는 그 발의 먼지를 털지어다. '성서조선'아, 너는 소위 기독교 신자보다는 조선의 혼을 가진 조선 사람에게 가라. 시골로 가라, 산골로 가라, 거기에서 나무꾼 한 사람을 위로함을 너의 사명으로 삼으라.

번역을 하더라도 겹치는 부분이 많은 아시아 신학책들을 번역하면 좋겠다. 서구, 영미, 미국 신학서들이 너무 많이 소개되고 있다. 자기 신학이 없으면 죽은 신학이다.

코로나 이후 교회의 활로: 공공재 늘리기

기존의 교회 성장주의, 개교회주의는 한계에 도달했다. 1970-1990년
대와 같은 성장의 시대, 좋았던 시절은 다시 돌아오지 않는다. 종교인이
줄고 기독교인도 줄어 사회에서 기독교인이 소수자가 될 날도 멀지 않
았다. 양극화 사회, 코로나 사회에서 일반 시민이 살아갈 수 있도록 공기,
물, 공공 와이파이와 같이 '기본 소득'도 공공재로 하자는 안이 제시되고
있는데, 이것은 공산주의나 전체주의와 다르다. 교회도 생존하고 활력을
회복하려면 공공재를 늘려야 한다.

온라인 공유재 확충

1) 예배와 설교: 주일, 새벽, 수요, 금요, 절기 예배 및 설교

2) 성경 공부: 다양한 연령별, 직업별 성경 공부

3) 강의와 세미나: 각종 주제별 강의와 세미나

4) 한국 기독교사 자료: 신문, 잡지의 디지털화로 공유

5) 영화와 다큐멘터리

6) 음악: 무료로 이용할 수 있는 플랫폼과 종합 유튜브

공간 공유

1) 시차를 두고 예배당 사용

2) 기도원 등을 개방하고 저렴하게 공유

3) 강의, 세미나, 성경 공부 등을 위한 공간 공유

기본 소득 보장

교단별로 작은 교회 목회자의 생존을 보장하는 기본 소득 보장안을 마련하기 위해 노력해야 한다. 노회가 앞장서라. 이것이 가능하려면 개인이나 그룹의 헌신도 필요하지만 무엇보다 교단과 교회들 간의 협력이 필요하고, 이를 위해서는 협력을 이끌어내는 지도력이 필수적이다.

자기 교회의 생존과 확장에만 매달리면 교회 생태계 파괴로 어느 한 교회도 건강할 수 없다. 전체를 살리면서 자기도 사는 공생을 추구할 때다. 한국교회와 세계 교회의 협력도 중요하다. 한국교회에만 시선이 고정되거나 미국 교회만 바라보는 의존적 신학에서 벗어나, 세계 교회와 호흡하고 세계 교회를 돕는 모습도 필요하다.

일상의 신학자 예레미야

저를 눈물의 예언자로만 기억하지 마시고, 일상의 예언자로 기억해주세요. 예레미야 29:5-7입니다. 망명 중에도 "너희는 집을 짓고 거기에 살며 텃밭을 만들고 그 열매를 먹으라. 아내를 맞이하여 자녀를 낳으며 너희 아들이 아내를 맞이하며 너희 딸이 남편을 맞아 그들로 자녀를 낳게 하여 너희가 거기에서 번성하고 줄어들지 아니하게 하라. 너희는 내가 사로잡혀 가게 한 그 성읍의 평안을 구하고, 그를 위하여 여호와께 기도하라. 이는 그 성읍이 평안함으로 너희도 평안할 것임이라."

1) 집을 지으세요.
2) 텃밭을 가꾸세요.
3) 자녀를 키우세요.
4) 사는 도시의 평안을 비세요.

난세에 이보다 더 중요한 것은 없습니다. 오늘의 소박한 하루가 영원의 승부처입니다. 지금 있는 곳에서 꽃을 피우세요(Bloom where you are planted).

우물 안 개구리

"유럽도 초토화했고, 미국도 지금 엉망이 되어가기 시작하고, 마지막 남은 보루가 대한민국 교회다. 우리는 러시아보다 땅이 작고 중국보다 인구가 적고 일본보다 경제가 약하지만, 그들보다 나은 게 딱 하나 있다. 그게 바로 한국교회다. 그러니까 이것(차별 금지법)은 악한 마귀가 교회를 무너뜨리려고 타락한 수법을 쓰는 것…."[5]

"한국교회만 남았다." "한국교회가 최후의 보루다." 이런 식의 선민 의식, 우월 의식은 1950년부터 이용되었다. (해방 이전에는 그래도 겸손했다.) 한국교회가 반공의 최전선이다. 한국교회가 무너지면 세계 교회가 무너진다. 한국교회가 세계 선교의 중심이다. 이슬람 선교의 중심이다. 반동성애 세력의 최후의 보루다. 늘 이슈만 나오면 이런 식으로, 복음주의적인 한국교회만 남았다고 외쳤다. 그러나 그런 자국 중심주의, 자교회 중심주의가 심하면 나운몽의 용문산이 되고, 더 나가면 문선명의 통일교도 된다. 세계가 나를 중심으로 돌아가면 이단이 된다. 조금 덜하면 제왕적 담임 목사와 세습과 불법을 낳는다.

과연 유럽 교회가 죽었고 미국 교회가 엉망인가? 내가 20년 이상 다

---

5   오정현 목사, 사랑의 교회 주일 설교(2020. 7. 5).

니고 아는 미국 교회는 한국교회보다 열 배는 더 건강하고, 내가 보고 들은 유럽 교회는 한국교회보다 열 배 더 진지하고 선교적이다. 미국 시골 교회 목사의 설교가 한국 대형 교회 목사들 설교보다 열 배 더 낫다. 남미 교회, 아프리카 교회들은 또 얼마나 복음적이며 토착적인가! 오정현 목사는 지난 30년간 세계 교회 역사를 한 페이지라도 공부했는가?

유럽과 미국 교회를 폄하하는 것부터가 거짓말이요 급성장한 졸부의 교만이다. 예장 합동 사랑의교회처럼 목사가 표절하고 성장을 위주로 하는 교회, 불법 건축을 하는 교회, 거짓말("예수를 믿으라고 설교해도 위법이 될 것이다")을 반복하는 교회, 하나님의 이름을 망령되이 일컬어 "모든 일은 하나님이 하셨습니다"라고 정당화하는 교만한 교회를 본 적이 없다. 나는 지난 5년간 일부 한국교회처럼 '초토화'되고 '엉망'이고 급격히 쇠퇴하는 다른 나라의 교회를 본 적이 없다.

한국교회 쇠퇴의 한 원인이 누구이며 어느 교회인가? 오정현 목사가 회개하고 사임하면 한국교회가 살 것이다. 표절해도 그냥 두고 불법을 행해도 그냥 두는 것이 과잉 차별이다. 사랑의교회 교인들은 깨어서 지도자의 불법을 보아야 한다.

예장 합동 다 합해도 전 세계 기독교인의 0.001%도 안 되는데, 왜 세계에서 너희들만 남았다고 자만하는가? 작은 우물 안에서 나올 때가 되었다. 마지막 남은 우물이 예장 합동이요 사랑의교회다. 그 안에서 '가만히' 있으면 죽는다. 그래서 뛰쳐나온 청년 가나안 개구리들이 많다.

한국 대형 교회는 강하지도 않고 순수하지도 않다. 그 어느 나라 교회보다 한국 대형 교회의 타락이 극심하다. 한국에서 교회만 잘되면 다른 것도 잘될 것이다. 사랑의교회가 곧 한국교회는 아니지만, 사랑의교회가 바로 서면 한국교회가 바로 서는 길이 시작된다. 겸손히 주를 섬길 때다.

7월 19일

새 술은 새 부대에

새 포도주를 낡은 가죽 부대에 담는 사람은 없다. 그렇게 하면 가죽 부대가 터져서 포도주는 쏟아지고 가죽 부대는 못 쓰게 된다. 새 포도주는 새 가죽 부대에 담아야 둘 다 보존된다(마 9:17). 새 가죽 부대를 만들려면 염소나 양을 죽여야 한다.

팬데믹으로 새 시대가 왔다고 한다. 헌 교회 패러다임에 새 시대를 위한 그리스도를 담을 수 없다. 그러면 기존 교회 제도와 체제와 의례가 터져서 새 포도주는 쏟아지고 교회도 못 쓰게 된다. 오래된 가죽 안의 오래된 포도주는 그대로 보관하고 새 부대를 만들어야 한다.

교회에 새 포도주가 있는가? 교회는 새 가죽 부대를 만들고 있는가? 새 부대를 위해 희생될 양은 누구인가? 참 목자는 양을 위해 자기 목숨을 버린다.

서(恕): 코로나 시대 한국교회의 생존 양식

코로나 이후 시대는 없다. 코로나와 더불어 사는 시대가 이어질 것이다.
가을이 되면 2차 팬데믹 물결이 몰려오리라는 예상도 있다. 백신이나 치
료제가 일반인에게 보급되려면 최소한 6개월이나 내년 봄까지는 기다려
야 한다. 한국은 방역 성공으로 감염자가 상대적으로 적기 때문에, 오히
려 면역 항체를 가진 사람이 적어서 여전히 확산 위험이 높은 편이다.

코로나와 함께 살아가는 이런 시대에 한국 개신교에 필요한 윤리는
무엇일까? 바로 논어에 나오는 서(恕)의 태도가 아닐까 한다. 논어의 본
문을 보자.

> 자공이 공자께 "한마디 말로 종신토록 행할 만한 게 있습니까?"라고 여
> 쭈었다. 공자께서는 "서(恕)로다. 자기가 하고 싶지 않은 것을 남에게 베
> 풀지 않아야 한다"라고 대답하셨다(子貢 問曰 有一言而可以終身行之者乎
> 子曰 其恕乎 己所不欲勿施於人)[6]

"내가 원하지 않는 바를 남에게 베풀지 않는 것"(己所不欲勿施於人)이야

---

6   『論語』衛靈公篇 十五

말로 평생 실천할 덕목이요, 이를 한 글자로 줄이면 '서'가 된다. 서(恕)는 마음(心)을 같이(如) 하는 것으로 역지사지(易地思之)하는 배려의 마음이다. 서의 태도라야 공감과 소통이 가능해진다.

과거에 개신교인들은 "기소불욕 물시어인"(己所不欲勿施於人)을 마태복음 7:12의 "남이 너희에게 해주기를 바라는 그대로 너희도 남에게 해주어라"라는 '황금률'과 비교하며 유교를 과소평가하곤 했다. 즉, 기독교는 적극적인 사랑의 종교요, 유교는 소극적인 체면의 종교라고 평하며 기독교의 우월성을 논했다. 하지만 그것은 오해다.

두 문장은 다른 말이 아니라 동전의 양면처럼 같은 말이다. 구약 외경인 토빗기 4:15은 "네가 싫어하는 일은 아무에게도 하지 마라"라고 한다. 탈무드에서 랍비 힐렐은 율법의 요지를 묻는 이방인에게 "당신이 당하기 싫은 일을 당신 이웃에게 하지 마시오. 이것이 율법 전체의 정신이며 다른 모든 것은 그 설명입니다. 가서 그것을 배우시오"라고 대답했다. 이런 유대교 전통을 보더라도, 복음서 황금률을 뒤집으면 그 뒷면에 서가 기록되어 있음을 알 수 있다.

서(관용, 용서)는 상대방을 배려하는 헤아림의 마음이요 공감하는 태도로서 '예'(禮)의 핵심이다. 더불어 사는 인간 사회에서 가장 기초가 되는 윤리가 바로 예다. 무례하지 않음, 바로 이것이 팬데믹 시대의 윤리다. 내가 잘 모르는 다른 사람이 무엇을 원하는지는 알 수 없지만, 나를 헤아려서 내가 원하지 않는 것(댓글 욕, 뒷담화, 신상 캐기, 가짜 뉴스 생산, 바이러스 전파, 성희롱 등)을 남에게 하지 않는 것이 팬데믹 시대에 착한 사람이 되는 비결이다.

사랑의 이름으로 내가 원하는 것을 타인에게 부과하려는 태도가 문제가 될 때가 많다. 내가 어떤 것을 받고 싶다고 해도 타인은 그것을 원하지 않을 수 있다. 아무리 나에게 복음이 좋아도 다른 사람은 원하지 않을 수 있다는 배려의 정신이 필요한 때다. 내 감정, 내 주장, 내 메시지를 강요하지 말자. 배려의 정신이 없을 때, 기독교는 무례한 종교가 된다. 화려한 행사, 이벤트, 대형 모임이 없어도 좋다. 가만히 옆에 있어도 편한 교회, 내 고통을 이해해주는 교회, 그리로 가면 아무 피해가 없으리라는 믿음을 주는 안전하고 건강한 교회가 되는 게 더 중요한 시점이다.

코로나 사태로 '민폐를 끼치지 않는 교회'가 더욱 중요해졌다. 서의 교회다. 팬데믹 시대에는 착한 일을 많이 하기보다 나쁜 일을 적게 하는 태도가 중요하다. 무언가를 해주려는 자세보다는 어떻게 하면 남에게 피해를 주지 않을까를 우선 고려하는 자세가 필요하다. 고난과 슬픔의 시대에 나의 고통으로 상대방의 고통을 헤아리는 마음, 같은 마음이 되는 것, 더 이상 다른 사람에게 아픔을 주지 않으려고 부단히 자신을 쳐서 절제하는 것, 그것이 서다.

그동안 한국 개신교는 유위(有爲)의 종교였다. 무언가를 해야 했고 보여줘야 했다. 그러므로 아무 일도 하지 않는 무위(無爲)의 종교가 되려면 강력한 성령의 도우심이 필요하다. 성령의 열매인 절제가 있을 때 꼭 필요한 일을 할 수 있다. 그동안 한국 개신교는 과유불급으로 지나치게 행동적이고 과시적이었다. 무언가를 하지 않으면 불안했다. 그러니 가만히 있는 훈련을 하려면 절제의 영을 받아야 한다. 무위(non-doing) 속에서 기도와 성찰로 신자와 교회 됨(being)을 회복하고, 한국 사회에서 어떤 존재가 될지(becoming)를 묵상할 때다.

지금 한국교회는 관성 때문에 모이기를 힘쓰려 한다. 그 열심은 십분 이해한다. 그러나 낯선 보균자가 교회에 와서 바이러스를 퍼트려 환자가 늘어나면 그가 싫지 않겠는가? 마찬가지로 교회에 확진자가 발생하여 그를 통해 사회에 환자가 확산되는 폐를 미친다면, 누가 교회를 책임 있는 공동체라 하겠는가? 이미 예배만 해도 일주일에 여러 번 드리고 있었고, 이제 소그룹 모임도 가능하다고 한다. 필자가 있는 미국 캘리포니아에서는 넉 달째 전혀 예배당에 가지 못하고 온라인으로 예배를 드리고 있지만 크게 불평하는 교회도 없고 신자들도 안전을 우선의 가치로 여긴다.

사실 한국교회는 교회에 가야만 신앙을 유지할 수 있는 허약 체질의 성도를 만든 것을 회개해야 한다. 석가 탄신일에 한두 차례 절에 가도 일상을 불자로 사는 사람이 많은 불교나, 가정 교육과 가정 제사로 효와 인과 서(恕)의 가치 및 정신을 유지한 유교로부터 배울 일이다.

한국 사회는 더 이상 개신교의 작위적 예배, 말뿐인 설교, 시끄러운 찬양을 원하지 않는다. 팬데믹 시대는 무위 속에 일하시는 하나님을 만나고 그분을 만나도록 할 때다. 고독과 침묵 속에서도 운행되는 우주의 신비를 깨달아 스스로 신비가 될 때다. 무위이화(無爲而化), 아무것도 하지 않는 것 같으나 변화되고, 죽은 자 같으나 살았고, 무식한 자 같으나 유식하고, 아무것도 가지지 않은 것 같으나 다 가진 자로 사는 신비로 들어가는, 하나님의 마음과 같아지는 서(恕)의 삶의 양식을 배울 때다.

누가 보지 않을 때도 하나님을 만나고 찬양하는 들판의 꽃과 같이 자연스러운 교회, 한적한 오솔길에 놓여 있는 작은 벤치같이 편안히 쉴 수 있는 교회, 새벽녘 조용한 해변에 부는 바람같이 상쾌한 교회를 그린다. 그런 무위와 침묵 속에 안식하고 평안하되, 생명을 충만케 하는 성령의 교회를 만들자.

7월 30일

기복 종교

한국교회가 현세 기복적인 것, 맘몬을 섬기고 돈을 섬기고 물신을 섬기는 것은 샤머니즘의 영향 때문이 아니다. 목사와 교인 때문이다. 무교를 탓할 것이 없다. 한국 개신교인이 다른 종교인보다 더 기복적이다.

사실 기복 신앙은 모든 종교, 모든 시대에 보편적으로 존재한다. 예를 들어 브라만교도 매우 기복적이다. 그런데 한국교회는 타락한 불교, 타락한 유교, 타락한 무교의 영향에 그보다 심한 자체적 이기심과 약삭빠른 욕심이 더해져 현세 기복적인 성향이 강하다. 타락한 종교로서 겉모양만 남았기 때문에 기복 신앙이 95%다.

한국 '종교'는 기독교를 포함해서 다 기복적이다. 기독교가 희생과 정의와 자유, 안전과 평화의 하나님 나라 건설을 위한 도구가 되려면, 늘 자신을 쳐서 십자가에 복종시켜야 한다. 그 일을 못 하기 때문에 늘 무교 탓, 불교 탓, 유교 탓을 한다. 그러면서 목사들은 돈을 섬긴다. 말이라도 못하면 욕을 덜 먹을 것이다.

타종교 탓 그만하자. 다 기독교 탓이다. 타락한 한국 기독교 때문에 한국 사회가 돈에 미치고 권력에 미쳐 있다. 다 내 탓이다. 후대 사가는 한국 사회가 지나치게 기복적인 이유를 여의도와 강남의 대형 교회, 서울 개신교, 대도시 기독교 때문이라고 평가할 것이다.

코로나 사태가 와도 회개하는 대형 교회 하나 없다. 9월 총회가 다가와도 회개하는 교단 하나가 없다. 지금 십자가는 장식이요 부적에 불과하다.

게으른 자는

1. 일을 시작하지 않는다.

   책임을 지려 하지 않고 남이 시키는 일만 한다.

   거창한 일을 떠벌리지만 실제로 이루는 일은 없다.

2. 일을 마치지 않는다.

   잠시 열심을 내어 일을 하지만 어려움이 오면 쉽게 포기한다.

   이런저런 일에 손을 대어 일을 벌여 놓지만 마무리가 없다.

   장기적 관점이 없고 투자가의 눈이 없기 때문에 중도에 그만둔다.

3. 어려운 일을 대면하지 않는다.

   "게으른 자는 말하기를 사자가 밖에 있은즉

   내가 나가면 거리에서 찢기겠다 하느니라"(잠 22:13).

4. 늘 불안하고 쉼이 없다.

   큰 성취를 바라지만 노력하지 않기 때문에 실패를 두려워한다.

   근본적으로 하나님을 믿지 않기 때문에 안식하지 못한다.

5. 어려움 앞에서 걱정만 한다.

   밀려오는 두려움과 갈등과 어려움 앞에서도 기도하지 않는다.

   그래서 어려운 일이 더 많이 일어난다.

6. 민폐만 끼친다.

게으르기 때문에 남에게 도움이 되지 않고,

오히려 함께 일하는 자들에게 폐가 된다.

7. 스스로를 속인다.

자신의 진상을 모르고 남만 비판한다.

우물 안 꼰대가 되면서 진리의 성을 지킨다고 착각한다.

8. 지도자가 될 수 없다.

아무런 영향력이 없다.

남이 시키는 일만 하는 노예가 된다.

9. 기쁨이 없다.

아퀴나스에 따르면 게으름(acedia)이란 "영적 선에 대한 비애"다.

영적인 일에 무관심해지면 결국 비참한 인생에 대한 슬픔뿐이다.

만사에 애정이 없어 감정이 메마르고, 삶은 지루하고,

인생은 사막이 된다.

인생의 텃밭을 열심히 가꾸고 삶의 정원을 땀 흘려 관리하며 노동의 과수원을 밤낮으로 돌보는 자는, 꽃향기를 맡고 나비의 춤을 보며 시원한 나무 그늘에서 새의 노래를 듣고 식탁에서 성취의 열매를 나누며 맛볼 수 있을 것이다.

지도자가 되지 말라

지난 30년간 한국교회에서 가장 유행한 말은 '리더십'일 것이다. 그만큼 인간의 노력과 비전으로 무언가를 성취할 수 있다고 믿은 것이다. 그러나 그 한 세대의 성취가 물거품이 되고 있다. 교회는 회사가 아니고 목회는 경영이 아니고 목사는 업자가 아니며 신학은 교단학이 아니다. 한국교회가 문자대로 따르고자 하는 성서에는 아쉽게도 리더십이란 단어가 없다. 신약은 리더나 리더십을 부정적으로 본다. 킹제임스 성경 신약에는 지도자라는 말이 두 번 나온다.

> "눈먼 사람이 눈먼 사람을 인도하면, 둘 다 구덩이에 빠질 것이다"(마 15:14).

> "또 너희는 지도자라는 호칭을 듣지 말아라. 너희의 지도자는 그리스도 한 분뿐이시다"(마 23:10).

신약성경은 인도자, 지도자라는 말 대신 제자(follower, disciple)라는 말을 쓴다. 누가복음 4:29에서는 마을 지도자들이 예수님을 이끌어 절벽에서 떨어뜨려 죽이려고 한다. 복음서 끝으로 가면 가룟 유다가 로마 군병을 이끌고 가서 예수님과 입 맞추고 그를 넘겨준다. 성서는 인간 지도자를 불신하고 가치 있게 여기지 않는다.

신학교 교수와 총장과 학장들이 무더기로, 교단과 교회 목사들이 무더기로 지도자를 자처하며 차별 옹호 성명서를 발표한다. 기독교 윤리도 성서의 가르침도 정교 분리도 법과 윤리의 차이도 법조문 내용도 외국의 실제 사례도 무시하고, 소경이 소경을 인도하듯이 차별을 옹호한다.

아직도 깃발을 들고 나서는 자가 있는가? 뒤로 물러나라. 아직도 마이크를 든 자가 있는가? 골방으로 가라. 선생이 되려 하지 말라. 어린아이 한 명을 실족하게 하면 연자 맷돌을 매고 바다에 빠지는 것이 낫다.

8월 13일

스트링펠로우의 책 첫 줄을 읽고 충격을 받다

급진적 그리스도인으로서 뉴욕시 할렘가의 모범적 변호사요 성공회 신자인 스트링펠로우(Frank William Stringfellow, 1928-1985)는 많은 글을 썼다. 칼 바르트는 그를 뉴욕시에서 가장 "양심적이고 생각이 깊은"(conscientious and thoughtful) 사람이라고 불렀다. 여기서 '양심적'이라는 말은 성서의 가르침대로 산다는 의미다. 그를 "무례하고 너무 거침없고 융통성 없지만 옳은"(rude, ruthless, rigid, yet right) 사람으로 보는 이들도 있었다. 그는 '뉴욕의 본회퍼'로서 철두철미하게 그리스도인으로 살았다. 그의 소책자 시리즈 첫 책 *A Private and Public Faith*(1962)의 첫 글은 "The Folly of Religion"(종교의 우매함)인데, 그 첫 문단이 충격적이다. 이로부터 60년 후 한국 상황과 흡사하다. "누가 철학과 헛된 속임수로 너희를 사로잡을까 주의하라. 이것은 사람의 전통과 세상의 초등학문을 따름이요 그리스도를 따름이 아니니라"(골 2:8)라는 말씀에 이어 다음 문장들이 나온다.

> 기독교 신앙을 위해 오랫동안 미국에서 일어난 일 가운데 가장 행복한 일은 종교의 불황이다. 미국 교회를 위해, 현재 가장 건강한 사실은 종교의 쇠퇴이다. (소위 종교적 부흥은 끝났다.)

스트링펠로우는 본회퍼처럼 복음과 종교를 구분하고, 부흥하는 미국 시민 종교(기독교)의 종언을 말했다. 유명무실한 종교는 우상이고 교인들은 종교 중독에 빠졌다. 그들은 하나님 대신 제도 종교를 섬긴다. 종교적 방종이 넘치는 그곳에 하나님은 계시지 않는다. 그는 미국적 가치, 이념, 문화의 노예가 된 기독교는 쇠퇴하고 망해야 한다고 보았다. 일반인의 삶과 유리된 사적 신앙 대신 복음의 본질로 돌아가서 하나님을 두려워하며 사는 공적 신앙의 중요성을 강조했다. 교회는 세상에서 그리스도의 증인이 되어야 한다. 교회는 도덕적 정당성이나 이념에 대한 확신으로 뭉친 부족적 단체가 아니다.

　나는 몇 년 전부터 한국교회의 급격한 쇠퇴가 기정사실이라고 보았지만, 그것이 한국과 한국 기독교에게 가장 좋고 건강한 일이라는 주장에 대해서는 약간 유보적이었다. 그러나 올해 일어나는 일들을 목격하고 이 글을 다시 보니 공감이 간다. 한국교회가 망해야 한국교회가 산다. 한국 기독교에 필요한 것은 이념(보수나 진보)이나 문화(웰빙)에 포로가 된 사적이고 부족적인 신앙이 아니라, 소수나 개인이라도 신앙을 유지하는 경건한 무리를 형성하는 것이다. 이런 생각은 이미 3년 전부터 했고 글로 발표하기도 했다. 그런데 그것이 '가장 행복한' 일이라니!

8월 16일
통심불금(痛心不禁) : 대부분이 잘못하고 있었다

그동안 개신교는 대부분이 다 잘하고 있다고 자랑했다. 그러나 지난 몇 년간의 성범죄, 표절, 세습을 회개하는 교회가 거의 없고, 전광훈의 집회에 대해 비판하는 교회도 별로 없다. 오히려 그의 비성경적이고 몰상식한 발언을 허용하고 심지어 겉으로 혹은 내심 지지하는 장로, 목사들이 많았다. 교단장들도 전광훈을 비판하지 않고 교회 탄압 운운하며 정부 비판에만 입을 모았다. 그 잘못을 이제 어찌할 것인가?

백보 양보해서 교회의 '일부' 세력이 코로나 확산의 주범이라고 치자. 그러나 둑이 무너질 때는 한 곳에 구멍만 나도 무너진다. 이미 교회의 한쪽에 큰 구멍이 났는데도 나머지가 수수방관했다. 이럴 때 나서라고 노회장 자리 주고, 교단 총회장, 서기 자리 주고, 큰 교회를 맡긴 것 아닌가? 교회는 주의 몸이다. 한쪽이 고장났으면 공들여서 고치려 해야 한다. 그동안 대부분은 남의 일인양 구경하고 있었다. 그물망처럼 얽힌 상호 관계 속에 있는 세상에서 나만 분리된 개체인 것처럼, 내 교단, 내 교회만 안전하면 된다는 듯 개교회·개교단 주의에 매여 있었다.

이제 둑은 터졌다. 교회 안으로 홍수물이 쏟아져들어오고 있다. 교인들을 안전한 곳으로 대피시키고, 장비를 동원해서 둑을 막아야 한다. 50년 농사를 망쳤다. 대국민 사과문을 발표하여 둑을 막은 후, 지금의 60대는 사표를 쓰고 교단 임원직에서 물러나라. 가을 총회, 노회는 모두 50대에게 양보하라. 그것이 교회를 50년 후퇴시킨 죄에 대한 최소한의 회개가 될 것이다. 한국 개신교는 4주 정도 모든 예배당 모임을 중지하고 온라인 예배를 드리면서 회개하는 시간을 가지면 좋을 것이다.

칼뱅과 전염병 확산자 화형

칼뱅(Jean Calvin, 1509-1564)의 제네바 시대였다면 코로나19 확산범은 화형에 처했을 것이다. 칼뱅의 제네바 시대 문서들을 읽어보라. 1545년 당시 "시체 제거비를 벌기 위해" "악의적으로 시체에서 나온 액을 문 손잡이 등에 발라" 전염병을 확산시킨 죄로 여성 몇 명이 화형당했는지 확인해보라. 아마 총신, 합신, 대신, 백석, 장신, 고신 등에서는 가르치지 않겠지만 34명이 화형에 처해졌다. 그나마 다른 도시보다 마녀사냥은 적었다.

"전염병 시기에는 예배를 중단할 수 있다"고 상식적으로 말한 영국 성공회 청교도 목사 백스터(Richard Baxter)마저 칼뱅주의자가 아니기 때문에 배척한다면, 바이러스 확산의 주범인 목사나 장로들을 칼뱅에 따라 대우하기 바란다. 그 정도도 못하면서 칼뱅주의자라고 하지 말라. 허호익 은퇴 목사를 출교할 것이 아니라 전광훈 집회에 참석하여 코로나를 확산한 자를 출교하라. 집회에 참석하고도 신천지와 같은 계략으로 다른 집회에 참석했다고 거짓말하는 목사들도 9계명을 어긴 죄로 9개월 정직으로 치리하라.

이중 잣대는 가증한 것이다. 자신의 정치적 입맛에 맞으면 이단적 메시지를 전해도 칼뱅주의자, 안 맞으면 아무리 상식적인 말을 해도 비칼뱅주의자. 이런 것을 전문 용어로 내로남불이라 한다.

과거 전염병 시대의 유명 신학자는 무엇이라고 말했는지가 유행인데, 상당 부분 시대착오적이다. 16-17세기 칼뱅의 제네바 시대나 청교도 신학자 백스터 시대에는 기독교가 한 도시나 국가의 공식 종교였다. 따라서 신학과 정치가 함께 갔다. 반면 지금 한국은 기독교가 소수 종교다. 더 겸손하게 상식과 과학을 따르고, 상상을 초월하는 희생적 모범을 보여야만 복음의 향기가 드러난다. 서울은 제네바가 아니고 인천은 로스앤젤레스가 아니다.

또한 박테리아나 바이러스의 존재도 모르던 시대의 신학자 글은 현재의 팬데믹 상황에 맞지 않는 부분도 많다. 성서도 문화적인 부분을 재해석하는데 일개 신학자의 글은 더욱 제대로 새겨들어야지, 무조건 문자적으로 받아들여 금과옥조로 모실 필요는 없다. 칼뱅도 사람이요 백스터도 그 시대의 사람이었다. 컴퓨터도 줌도 모르던 분들이었다.

진정한 칼뱅주의자는 500년 전 칼뱅을 극복한다. 우물 안에서 칼뱅 뼈만 만지는 개구리도 되지 말고, 천지가 넓다고 함부로 들판에 나가 아무거나 먹다가 식중독에 걸리거나 뱀에게 먹히지도 말라. 신학생, 전도사, 목사는 30대까지 올챙이 시절이니 겸손히 공부하라. 공부하지 않는 칼뱅주의자는 칼뱅주의자가 아니다. 2020년 한국 상황에 적합한 신학을 하는 자가 진정한 칼뱅주의자다. 활에 니스칠하는 데 시간을 보내지 말고, 표적을 정통으로 때리기 위한 기초 체력과 근육과 정신력을 길러라.

그래야 정통을 잇고 정통으로 맞출 수 있다.

신발을 벗을 때: 비대면 예배가 진정한 예배가 되는 때

라디오, 카세트, TV, 초대형 집회 영상, 위성, 온라인, 케이블, 유튜브 등 비대면으로 예배와 설교 방송을 그렇게 많이 해놓고 이제 와서 비대면 예배는 예배가 아니라고 하면, 지난 70년간 그런 일을 한 교회와 목사들은 무엇이 되는가? 지금 어쩔 수 없이 비대면 예배를 드리는 성도들은 무엇이 되는가?

비상시에는 예배당 예배를 중단하는 것이 상식인데, 앞으로 더 큰 비상시국이 오면 예배에 목숨을 건다고 외친 분들은 어떻게 예배당에 갈 것인가? 1919년 3월 1일 토요일에 만세 시위에 참석하고 체포된 교인들은 3월 2일 주일 예배를 유치장에서 드렸고 그 후로 3개월에서 2년간 예배당 예배를 드리지 못했다. 1941-1945년 상당수 예배당이 문을 닫았을 때, 1944-1945년 교회가 전쟁 물자 사무실로 전용될 때, 한국 교인들은 과연 어디서 예배를 드렸던가? 1950년 7-9월 전시에 서울 시민은 예배당에서 예배를 드렸던가? 한 번도 예배를 중단하지 않았다고 강변하는 자들은 교회사를 다시 공부하라.

예배에 목숨 걸 일이 아니라 신앙에 목숨을 걸어야 한다. 신사 참배 반대자들은 예배당 예배는 포기하고 신앙을 붙잡았다. 일요일에 예배당에 모여서 예배를 드리지 않으면 예수님의 제자가 아닌가? 중환자가 되어 병원에 입원해도 교회당에 가야 하는가? 때를 분별하는 지혜와 상황에 따라 대처하는 유연성은 생존에 필수적이다. 지난 100년 동안 유례가 없던 팬데믹이 유행하는 시점에서, 자신의 유한한 경험과 35년 전 신학교에서 배운 신학으로 현 상황을 논하지 말라.

예수님도 안식일에 길 가다가 밀을 잘라 먹고 병자를 고쳤다. 안식일은 사람을 위해서 있는 것이고 생명이 우선이다. 아프면 주일에도 병원에 입원해야 하고, 전염병으로 격리가 필요하면 교회당에 나가면 안 된다. 대면 예배로 코로나에 걸리고 주변에 전염까지 시킨 후 병원에 입원하여 세금 낭비하며 고통 중에 예배도 제대로 드리지 못한다면, 그것이 과연 선하고 지혜로운 일인가? 오히려 7계명을 어기는 큰 죄가 될 수 있다.

교회가 싸울 적은 코로나 바이러스요, 보호할 대상은 나와 가족과 이웃 주민들의 생명이다. 우리는 비대면 예배로 코로나 바이러스와 싸우고 하나님을 경배하고 이웃에 해악을 미치지 않으려 하는 것이다. 이것이야말로 천지인(天地人)과 바른 관계를 맺는 진정한 기독교 윤리요 예배가 아닌가?

몇 달이 될지 혹은 1년이 넘을지 알 수 없지만, 비대면 예배로 예배 처소는 교회당을 벗어나 사방팔방, 온라인 그물이 미치는 곳이면 어디에

나 이르게 되었다. 와이파이가 터지는 곳이면 어디든 예배 처소가 된다. 하나님의 놀라운 섭리다. 온 천지여 할렐루야를 외쳐라. 교회당에 갇혀 있던 하나님이 코로나로 인해 아파트와 카페와 일터에서, 식탁에서, 책상에서, 병상 위에서, 배달하는 운전대에서, 온 천하에서 찬양을 받으시게 되었다. 내가 있는 지금 이곳이 거룩한 예배 처소다. 신발을 벗자.

침묵, 기도, 배려, 성찰, 예의, 친절, 자비, 그리고 물질과 활동의 절제…. 이것이 팬데믹 시대의 생존 양식이며 이는 격리 속 예배를 통해 심화된다. 지금은 겨울잠을 자듯이 에너지를 축적할 때다. 교회에서는 신발을 신고 예배를 드리지만 온라인 가정 예배는 신발을 벗고 드린다. 내 삶의 현장이 더 거룩한 곳이다.

다만 교인들 중 독거하는 노인들이 걱정이다. 교회가 대면을 하려면 이처럼 홀로 계시는 어른들을 찾아가면 좋겠다. 마스크는 쓰되 그들이 계신 방에 신발을 벗고 들어가서 대면하면 좋겠다.

8월 30일

5퍼센트도 많다

한국 개신교는 5년 안에 인구의 5%가 되지 않을까?
그때 가면 정신을 차릴 듯하다.

대형 교회들이 거의 사라지고

교회의 절반이 없어지면 자체 정화가 일어날 것이다.

교회에 나가도 폼이 안 나고 욕만 먹기에

신학교도 70%는 줄어들 것이다.

이단에 가입해도 이익이 없기에

사이비 이단은 80%가 없어질 것이다.

사실 인구의 5%도 많다.

6·25 전쟁 후 다시 시작할 때 3%도 안 되었다.

그래도 다시 시작할 수 있었다.

졸지에 성장하면 졸지에 망한다.

모래성을 허무는 파도가 몰려오고 있다.

3% 정도에서 다시 시작하면 좋은 교회들이 나올 듯하다.

다시 시작할 때 제대로 할 수 있도록

지금부터 5년간 준비하자.

버틸 자신 없는 목사들은 절반 이상 직업을 전환해야 한다.

교회 밖 일터에서 좋은 신자로 살 수 있도록 준비해야 한다.

온라인 오프라인 구분이 없어지고

교회 안팎 구분도 사라진다.

목사 자격증을 가지고 평신도로 살면 된다.

평신도가 목회자처럼 살아야 하는 때가 온다.

전 목사의 평신도화, 전 신자의 선교사화가 진행될 때
새로운 교회가 생존할 수 있을 것이다.

올해 초까지는 한국교회가 급쇠퇴하는 것에 절망했지만, 코로나로 초고속 쇠퇴하는 것을 보면서 이것이 오히려 한국교회에 복이라고 생각하게 되었다. 바닥으로 빠르게 떨어질수록 깨어짐이 심할 것이다. 찬란한 말들이 다 사라진 한국교회의 폐허 위에서 남은 자들이 교회를 재건하게 되면, 그것이 복이다.

8월 30일
진정한 데모

영문 성경에 데모(demonstration)라는 말이 한 번 나온다. "내 말과 내 전도함이 설득력 있는 지혜의 말로 하지 아니하고 다만 성령의 나타나심(demonstration, ἀποδείξει)과 능력으로 하여"(고전 2:4). 교회가 '데모'할 것은 성령의 능력과 열매다. 한국이 부패로 망하고 전쟁이 일어나고 전염병이 돌 때, 초기 교회가 붙잡은 말씀이 바로 고린도전서 2:4였다. 그때 교회는 바로 서고 사회의 희망이 되었다.

지금 교회가 데모하려면 성령의 능력을 데모하자. 주먹을 거두고 빈손으로 물러날 때다. 손해를 볼 때다. 두 벌 옷은 한 벌 옷으로, 두 켤레 신발은 한 켤레로 줄일 때다. 겸손, 겸비, 가난, 희생, 침묵으로 손해를 볼 때, 나의 힘이 아니라 성령의 힘에 의지할 때, 성령의 능력이 나타난다.

교회는 돌을 빵으로 바꾸는 물력의 집단이 아니다. 성전에서 뛰어내리는 악한 영력의 집단도 아니다. 사탄에게 절하면서 세속 정권을 잡는 자들도 아니다. 하나님을 시험하지 말자. 사람들 앞에서 까불지 말자. 교회는 십자가로 향하는 길, 그 좁은 길을 가는 자들의 모임이다. 가난한 자, 병든 자, 굶주린 자, 갇힌 자를 찾아갈 때, 성령의 능력이 '데모'될 것이다. 그곳에 하나님 나라가 임할 것이다.

8월 30일
문맹, 질병, 가난의 악순환을 끊자

한국 기독교는 지난 100년 이상을 이 3대 악과 싸워왔다. 가난, 질병, 문맹(poverty, illness, and illiteracy). 이 세 가지는 같이 간다. 복음으로 구원받은 기독교인들은 직업 교육을 통한 자립 지원과 의료 사업을 통한 치유와 교육 사업을 통한 지성인 양성으로, 인간에게 고통을 주는 사회악을 제거해왔다. 영혼의 약, 육체의 약, 정신의 약을 주어 이 땅에 하나님 나라가 임하도록 하는 일에 헌신했다.

그러나 오늘날의 한국교회는 디지털 문맹이 되어 가짜 뉴스에 현혹되고, 코로나 바이러스의 숙주가 되며, 자영업 가게들을 문 닫게 함으로써 오히려 3대 악을 조장하고 있다. 예배에 목숨 건다는 말에 현혹된 교회가 가난, 질병, 무지의 늪에 빠지고 이웃도 함께 빠지게 하는 형국이다.

예배와 선교가 무엇인가? 바로 가난을 없애고 병자의 고통을 경감하고 무지와 어리석음을 깨우쳐주는 것과 다르지 않다. 이웃 사랑과 하나님 예배는 분리되지 않는다. 경천애인(敬天愛人)은 함께 간다. 경천의 결과는 애인, 곧 먹을 것을 주고 질병을 고쳐주고 가르치는 것이다. 성경을 요약하면 하나님 예배, 이웃 사랑이다.

주일 예배당 예배만이 예배라는 좁은 생각은 이미 20세기 초에 극복되었다. 100년 전부터 정리되어 마침내 확립된 총체적 구원의 복음, 삶을 풍성하게 하는 온전한 신앙, 생태계까지 품는 생명 신학으로 넘어온 지도 한 세대가 지났다. 그런데 왜 다시 편협한 근본주의 구원론과 예배론으로 되돌아가려 하는가?

한국교회가 예배만 잘하고 치유와 교육에 굼뜨면 어찌하겠는가? 예수님의 사역은 복음을 전하고 병자를 고치고 가르치는 것이었다. 교회가 먹이고 고치고 가르치는 일은 못할망정, 병들게 하고 무지에 빠지게 해서야 되겠는가? 그 결과 복음도 전하지 못하고 교회당 문을 닫고 스스로 비참해지고 가난해져서야 되겠는가?

교회가 사회의 일원으로서 디지털 시민성을 실천하고, 질적으로 달라진 이 코로나 시대에 생명을 중히 여기는 팬데믹 시민성을 교육해도 모자랄 판인데, 가짜 뉴스에 속아 악순환의 수레바퀴나 돌리고 있으니 참으로 딱한 일이다.

8월 31일
성 지향이 아니라 정치 지향이 한국교회를 망친다

한국 기독교는 일제 강점기부터 온건한 민족주의 우익의 위치에서 항일 민족 독립운동, 사회 개량 계몽 운동을 했다. 일부는 만주와 시베리아에서 공산주의로 전향했고 일부는 사회주의 기독교의 길을 갔지만, 주류는 우익이었다. 그들이 상해 임시 정부의 주역이었고 1948년 건국의 큰 힘이었으며 1960년 4·19 이후 나라를 재건했다. 4·19 이후 「사상계」를 중심으로 중도를 포용하면서 정통 우익(친미, 반공, 반독재 자유민주주의, 계획 경제를 인정하는 자본주의)의 자리를 지켰다. 1965년 이후 김재준의 기장을 중심으로 중도 노선의 창도 열었다.

그런데 노무현 시절부터 극우 세력이 교계 정치 운동을 구국 기도회로, 친미 반공 시위로 이끌어가면서 점차 교계를 극우의 포로로 만들었다. 박정희, 전두환 시절에 침묵하거나 굴종하던 보수 교회들이 세습 부패 극우 세력에 의해 오도되면서, 점차 교회는 '좌우 프레임'에 빠져 건전한 우익과 중도의 자리를 버리고 극우의 자리로 옮겨갔다. 물론 중도 진보 세력이 정권을 잡으면서 도덕적 우위만 믿고 무능과 내로남불의 부패에 빠진 것도 어느 정도 작용했겠지만, 무엇보다 교회가 대형화되고 그 창고에 부가 쌓인 탓이 가장 클 것이다.

마침내 전광훈을 중심으로 50대 후반 이상의 목사와 장로들이 진보라지만 오히려 중도 우익에 가까운 민주당과 현 정권을 주사파 정권으로 몰면서 교회는 극우의 정치 운동에 휘말렸다. 이러한 흐름이 코로나 방역은 종교 자유를 침해하는 핍박으로, 차별 금지법은 동성애 찬성법으로 보며 정권 타도 운동을 전개하는 것으로까지 발전되었다. 서울의 대형 교회 장로와 은퇴 장로들이 정권 타도를 위한 장로회를 조직하기도 했다.

복음주의 개신교는 건전한 보수 우익의 자리만 지켜도 충분하다. 교회가 극우 정치 운동에 휘말리면 자멸한다. 지금 싸울 적은 코로나 바이러스요 가짜 뉴스다.

동학은 반정부 항일 전쟁으로 1차 몰락했고, 그중 일부는 시천교를 창건하고 친일 단체인 일진회에 참여했다가 몰락했다. 천도교는 1920년대에 200만을 넘었으나 정치 지향과 이념 편향과 지성인 지도자 배출 실패로, 해방 이후 남한에서 2만 명으로 줄었다. 종교의 외피를 쓴 정치 운동은 위험하고 생명이 짧다.

교회가 열광적 종말론과 정치 이념의 포로가 되면 잠시 폭발적 광기에 휩싸여 횃불을 올리지만 그 불은 오래가지 못하고 자신을 태운다.

1850년대 중국 '태평천국의 난'도 종교의 외피를 쓴 반왕조 정치 운동이었다. 한국교회는 동학-천도교와 태평천국의 난에서 역사의 교훈을 배워야 한다.

1960년대 「사상계」 집필진의 대부분을 차지하고 대한민국을 세웠던 건전한 기독교 우익의 지성 운동이 다시 살아나서, 반지성주의, 비상식, 반과학, 정권욕, 음욕, 물욕 덩어리인 극우의 바빌로니아 포로기에 들어간 교회를 불러내고, 느헤미야처럼 도시와 교회를 재건하는 새 역사가 일어나기를 바란다.[7]

9월 1일

교단 총회: 전광훈보다 노인 정치를 퇴출하라

교단 총회의 달이다. 코로나로 집회가 어렵지만 더 큰 난제는 교회 개혁을 위한 결정이다. 전광훈 이단 처리보다 더욱 중요하고 시급한 일은 교단 정치와 조직의 개혁이다. 내가 7월 6일에 쓴 "코로나19 이후 한국교회 조직 개혁안"은 총대들에게 '고양이 목에 방울을 거는' 방안의 하나지만, 지금은 목에 방울 두 개를 걸어도 모자랄 시국이다. 올해는 시간과

---

7   김건우, 『대한민국의 설계자들』(2017)을 참고하라.

공간이 부족한 가운데 조직 개혁을 의논하고 5년간의 로드맵을 정해야 한다. 그중 가장 중요한 시안이 노인 정치(gerontocracy)의 철폐다.

5년 안에 노회와 총회의 60대 비율을 현재의 60%에서 30%로 줄이고, 50대 30%, 40대 30%, 30대 10%로 만들어 체질을 개선해야 한다. 동시에 여성 장로와 여성 목사 비율을 3년 안에 5%로 늘려야 한다. 총대에 65-70세가 너무 많은 것이 바람직하지 않으니 그 연령층이 15%가 넘지 않도록 정하면 된다. 목사와 장로의 은퇴 연령은 당연히 70세로 고정해야 한다. 세습은 은퇴 목사의 정년을 80세 이상으로 연장하는 불법 행위요 교회의 자살 행위다.

이런 정도의 조직 개혁이 없는 한 한국교회의 활로는 없다. 복음서에 등장하는 인물들은 30대고 서신서는 30-50대가 주인공이다. 시대가 변하여 노령층이 증가했지만 노인 정치로는 한국교회가 새로워질 수 없다. 60대는 높은 자리에 앉지 말고 밑에서 청년층을 밀어줘야 하며 40대들이 나설 수 있게 후원자가 되어줘야 한다.

청년과 여성이라는 두 개의 방울을 걸지 않으면, 제2의 60대 사이비 전광훈, 제3의 60대 꼰대 전광훈이 나타나 한국교회를 잡아먹을 것이다. 모든 교계 조직에서 60대는 현 한국교회의 실패를 책임지고, 65세 이상부터 먼저 뒤로 물러나기 바란다. 그리고 5-10년 동안 교회의 초급행 쇠퇴를 지켜보면서 침묵하고 기도하며 회개하기 바란다.

9월 1일

한국교회는 예배에 목숨 걸지 않았다

한국교회는 과연 주일 예배에 목숨을 걸었던가? 일제 강점기나 6·25 전쟁 중에도 빠트리지 않고 생명을 걸고 주일 예배를 드렸을까? 아니다. 특별한 위기 상황이 오면 예배당 집회를 중단했다. 일제 때 두 번, 6·25 전쟁 때 한 번, 일정 기간 예배를 드리지 못했다. 다시 말하지만 예배보다 중요한 게 생명이고 신앙이다. 한국 교인들은 민족의 독립을 위해 감옥에 가는 희생을 마다하지 않았고, 신앙의 정체성을 지키기 위해 가짜 예배를 포기하고 가정 예배를 드렸으며, 전쟁 중에는 피치 못하게 예배를 중단했다.

3·1 운동 직후

1919년 3·1 운동 직후, 독립 선언서 서명자 33인에 속한 기독교인 중 해외로 도피한 김병조 목사 1인을 제외하고 길선주 목사를 비롯한 15인은 1년 반에서 2년간 감옥에서 예배를 드렸다. 주일에 예배당 예배를 드리지 못하고 갇힌 곳에서 성경을 읽고 기도했다.

일제 말

신사 참배 반대자들은 교회당을 빼앗기고 가정 예배를 드렸다. 형식적인 예배보다 신앙 정체성이 더 중요했다. 주기철 목사 등 옥중 성도는 당연히 예배당 예배를 드리지 못했다. 신사 참배 찬성자들도 1944-1945년에는 교회당을 전쟁 사무실로 헌납하여 예배당 예배를 제대로 드리지 못했다.

6·25 전쟁 중

1950년 6월 28일에 서울이 점령된 후 9월 28일에 수복될 때까지 3개월간 교인들은 서울에서 예배를 드리지 못하고 숨어 지냈다. 피난을 간 사람들도 7-9월에는 예배당 예배를 제대로 드리지 못했다. 전쟁 중에도 예배를 드렸다는 것은 1951년 1·4 후퇴 이후 서울로 돌아와 소강 상태가 된 1951년 봄부터나 가능했던 이야기다. 물론 북한에서는 그때부터 이미 예배가 불가능했다. 1950년 11-12월 평양이 회복된 후 잠시 예배를 드렸으나 그 이전과 이후에는 공예배를 드리지 못했다. 예배가 아니라 신앙에 목숨을 걸어야 한다.

9월 3일

지금 본회퍼가 살아 있다면?

본회퍼는 1940년 히틀러에게 이렇게 말했다. "어떤 미친 운전자가 사람들이 많이 다니는 인도에서 차를 몰고 질주한다면 내 임무는 희생자들의 장례나 치르고 유족을 위로하는 일만이라고 생각하지 않는다. 그 자동차에 올라타서 그 미친 운전자에게서 핸들을 빼앗아야 할 것이다." 지금 본회퍼가 살아 있다면 전광훈을 끌어내릴 것이다.

9월 4일

셀피냐 거울이냐: 역사를 공부하는 이유

역사를 공부하는 이유의 하나는 현실과 나를 낯설게 만드는 것이다. 지금은 편하게 느껴지는 나와 우리의 모습을 불편하게 하는 것이다. 확증 편향을 심화하는 페이스북과 유튜브의 광증에 찬물을 끼얹는 낯선 거울을 손에 쥐는 일, 그것이 역사가의 일이요 역사서를 읽는 이유다.

역사서에서 나의 현재를 정당화해주는 일만 찾는 자는 낙제다. 나와 다른 의견, 나와 다른 삶, 내가 상상할 수 없던 인물과 삶을 만나 현재의 나를 격파하는 일, 그것이 역사 공부의 이유다. 복음서를 읽는 이유와 다르지 않다.

오래된 거울에 비춰진 내 모습에서 참 자아를 찾는 일, 그것이 역사를 공부하는 이유다. 비추어봄, 되돌아봄, 들여다봄 없이 셀피(selfie)만 찍는 삶은 뻔뻔하게 죽은 삶이다.

9월 10일

예장 통합, 현실을 목도하고 세습 금지 헌법을 준수하라

1942-1945년 태평양 전쟁이 격화되면서 신사 참배에 찬성하는 교회들은 자진하여 교회를 폐쇄하기 시작했다. 1942년 한 해만 교회당의 30%를 없앴다. 교인도 비슷한 비율로 줄었다.

당시 교회는 예배당 예배에 목숨 걸지 않고 목숨을 위해 예배당을 폐쇄했다. 나아가 조선장로회는 1942년에 전투기(애국기) 한 대를 일제에 헌납했다. '조선장로호'였다. 1944년 조선에서 비행기 400대 헌납 운동이 전개되자, 다시 헌금을 모아 '조선장로호 제2기'를 육군에 헌납했다. 교세가 적은 감리교회는 한 대만 헌납했다.

예장 통합 장로교회가 세습에 무릎을 꿇은 결과, 지난 3년간 통합 측 교회에만 가나안 교인이 20만 명 이상 늘었다. 명성교회 3만 성도를 지켜주려던 교계 지도자들과 총회 총대들의 오판으로 교인 30만을 잃었다.

교회 세습 금지의 둑이 한 번 무너지자 제2, 제3의 세습으로 교회 질서가 무너지고 있다.

이렇게 2년만 더 가면 50만을 잃을 것이다. 한때 교인 300만을 바라봤지만 200만이 되었고, 곧 150만이 될 것이다. 1938년 9월 총회에서 신사 참배가 가결된 이후, 1942년부터 예배당을 포기하고 교회 종 수천 개를 전쟁용으로 헌납한 것도 모자라 헌금을 모아서 비행기 두 대, 기관단총 수백 대를 헌납했던 과오가 반복되고 있다.

명성교회 세습을 허용한 죄 때문에 타격을 입은 교회에 코로나19 사태가 닥치자, 교세는 걷잡을 수 없이 줄어들고 있다. 이번 총회에서 세습을 회개하지 않고 그냥 넘어가면, 제2의 신사 참배에 이어 제2의 조선장로호 헌납 사태가 일어날 것이다. 교회는 생명을 죽이는 일에 기여하는 타락한 종교 단체가 될 것이다.

곧 열리는 총회에서 총대들은 각성하고 하나님과 한국 사회 앞에서 두려워하는 마음으로 헌법을 수호하고, 회개하는 심정으로 세습을 철폐·금지하는 결정을 내려야 한다. 그것이 이번 코로나 사태를 통해 하나님의 음성을 듣는 예장 통합의 자세가 될 것이요 교단을 살리고 개혁하는 첫걸음이 될 것이다.

벌거벗은 세습 교회

3년 전 명성교회가 세습하면서 한국 장로교회와 개신교회는 세상의 웃음거리가 되었다. 그렇게 벌거벗은 채로 3년을 살다가 코로나 사태까지 맞이했다. 그런데도 여전히 그 수치와 범죄와 멸망을 깨닫지 못하고, 이번 총회마저 유야무야 넘어가려는 세력이 많다.

한 정신병자가 벌거벗고 지내기에 의사가 물었다.

"왜 벗고 다녀요?"

그가 답했다.

"아담의 자손이니까?"

어디서 에덴동산은 배웠나 보다. 이에 의사가 말했다.

"선악과를 따먹은 후엔 하나님이 아담에게 가죽옷을 해 입혔으니, 아담의 후손이면 옷을 입으세요."

한국 장로교회가 선악과인 교회 세습을 먹었다. 에덴의 동쪽이나 강남의 동쪽에 뭔가 대단한 게 있는 것이 아니다. 그곳에는 오직 땀과 수고와 거짓과 폭력과 죽음뿐이다. 아담과 하와는 그래도 벌거벗은 것이 부끄러워 숨었으나, 작금의 세습과를 먹은 자들은 수치도 부끄러움도 없이 벌거숭이로 다닌다. 도리어 "벗은 게 어때서!"라고 외친다. 벌거벗은 것도 패션이라고 우긴다.

이제 그만 벗고 다니시라. 정신 차리고 돼지 쥐엄 열매 먹는 곳을 떠나 아버지 집으로 돌아와서 옷을 입고 밥상에 앉아 밥을 먹기 바란다.

네가 말하기를 '나는 부자라. 부요하여 부족한 것이 없다' 하나 네 곤고한 것과 가련한 것과 가난한 것과 눈먼 것과 벌거벗은 것을 알지 못하는도다(계 3:17).

9월 16일
작은 일 하나: 교회 세습과 신사 참배

향불 하나 꽂고 목례 한 번 하는 것이 신사 참배다. 별것 아닌 것처럼 보인다. 무슨 그런 일에 목숨을 걸고 반대했을까? 총회 때 전자 투표 클릭 한 번 하는 게 교회 세습 찬성이다. 무슨 그런 별것 아닌 행위가 교회의 머리 되신 예수님을 배반하고 헌법을 어긴 게 될까?

하지만 신사 참배에 반대하고 신사에 가지 않으면 경찰서로 불려가서 "천황이 높은가, 예수가 높은가?"에 답해야 했다. 누구에게 충성할 것인가를 결정해야 했다. 향불 하나 피우지 않는 게 바로 그리스도에 대한 충성의 표시였고, 그 결과는 감옥에서 순교에까지 이를 수 있었다.

또한 총회 때 반대 발언 한 번 하고, 세습 반대 성명서에 서명 한

번 하는 것으로, "눈앞의 원로 목사가 높은가, 멀리 계신 그리스도가 높은가?"라는 주변의 압력을 견뎌야 한다. 그리스도께 충성한 결과로 지원금이 끊기고 목회지를 잃기도 한다.

때로는 별것 아닌 것 같은 가룟 유다의 입맞춤 하나가 스승을 십자가에 넘기는 배반이 된다. 때로는 무심코 한 악수 한 번이 코로나19를 감염시키는 매개가 된다. 때로는 관례로 그냥 찍어준 도장 하나가 가정과 교회를 패망으로 몰아가기도 한다.

주께서 말씀하신다. "소자 한 명을 낙심케 하면 연자 맷돌을 매고 바다에 빠지는 게 더 낫다." 교회를 혼란과 쇠락으로 몰고 간 교회 세습이 어찌 그보다 더 작다 하겠는가.

9월 18일

최대 교단의 탄생

올해 9월 총회를 기점으로 장로교회 전체보다 더 큰 교단이 나왔다. 이 최대 규모의 개신교 교단은 바로 '가나안 교회'다. 당회도, 건물도, 총회장도, 세습도 없는 '가난'한 교단이다. 흩어진 주의 백성이 약속의 땅에 뿌려진 씨앗처럼 자란다. 새에게 먹히지 않고 가시에 질식되지 않고 잘 자라길 빈다. 대형 교단이 되면 비판을 많이 받게 되므로 조심해야 한다.

가나안은 사실 우상의 땅이요 적과 음모가 넘치는 땅이다.

9월 22일

10만 교인의 탈영

병사 한 명이 일주일 미복귀했다고 난리다. 이번 주에 예장 합동 교단은 그리스도의 군사인 교인 10만 명이 한 해 동안 탈영·미복귀했다고 보고하면서도 책임지고 사퇴하는 자가 한 명도 없다. 예장 통합은 10만 명의 병사들이 사라졌는데도 5만 명만 탈영했다고 거짓 보고를 하고, 총회 석상에서는 꽃다발을 주고받으며 공로패를 남발했다. 도대체 지난 1년간 한 일이 무엇이라고 공로패를 받는가? 두 부대에만 10만 명이면 10개 사단, 20만 명이면 20개 사단(100명 교회 2,000개)의 '그리스도의 군사'가 한 해 만에 사라진 셈이다. 이런 상황에 관해 아무런 말이 없다면 그런 자가 그리스도께 충성하는 군대의 지휘관이요 목사라 할 수 있을까? 최소한 한 달은 무릎 꿇고 두 손 들고 있어야 하지 않을까? 온라인 총회 준비하던 전산 홍보팀 직원 이상원 씨만 유탄에 전사했다.

한국교회가 완전히 당나라 군대가 되었다.
40일 금식을 선포하고 설교 중단하고

얼차려를 해야 하지 않을까?

정신 차려, 목사들, 총회 임원들!

지금 제정신인가!

동작 봐라!

10월 9일

행림교회 없나요?

'행림'(杏林)은 살구나무숲을 이뤄 빈민 구제에 나섰던 유명한 오(吳) 나라 의사 동봉(董奉, 220-280)의 삶에서 유래한 말로, '진정한 의사'를 칭한다. 동봉은 병을 고치고도 돈이나 물건을 받지 않았다. 대신 병이 위중한 환자에게는 살구나무 다섯 그루, 가벼운 환자에게는 살구나무 한 그루를 심게 했다. 몇 년이 지나지 않아 살구나무는 10만 그루 이상이 되어 울창한 숲을 이루고 열매를 맺었다. 그는 살구를 사려는 사람들에게 곡식을 받고 나눠줬는데, 곡식을 조금 가져가서 살구를 많이 가져오려 하면 호랑이가 나와 그 사람을 쫓아냈다고 한다. 살구를 훔치는 사람은 호랑이가 쫓아와 그 사람을 죽였다고 하며, 물려 죽은 사람의 집에서 살구를 돌려주면 죽은 사람이 다시 살아났다고 한다. 이 때문에 살구를 사려는 사람은 곡식과 살구의 양을 알맞게 재서 속이는 자가 없게 되었으며,

나이를 먹어서도 언제나 서른 살 정도로 보이게 피부에 윤기가 흘렀다고
한다.

이 살구나무숲 이야기에서 의원의 미칭인 행림이라는 말이 유래
했다. 치료비로 심게 한 나무가 이룬 숲. 구원은 은혜로 받고 세상을 향한
봉사는 감사로 하는 이들, 그들이 이룬 작은 숲이 교회다. 만인의 몸과 마
음까지 치유하는 '살구나무숲 행림교회'를 꿈꿀 때다.

10월 11일

급변하는 디지털 환경

미국 대학교에 등록한 학생이나 교수는 내가 편역한 『대한성서공회사
자료집』 1권(로스 서신과 루미스 서신)과 2권(켄뮤어 서신) 외에도 여러 책을
디지털 자료로 읽을 수 있게 되었다. 현재 내가 만든 책 중에 UCLA 도
서관에서 PDF 파일로 제공하는 책은 『언더우드 자료집』(*Underwood Papers*)
1-4권, 『대한성서공회사 자료집』(*Historical Sources of KBS*) 1-2권, 『한반도 대부
흥』, 『한국 기독교 형성사』(*The Making of Korean Christianity*) 등이다.

팬데믹으로 대학 도서관들이 문을 닫자 수업이나 연구에 필수적인
책들이 PDF 파일로 온라인에 올라온다. 내 책도 일단 여덟권이 디지털
화되었다. 내가 요청한 것은 마지막 한 권뿐인데, 누가 나머지를 요청했

는지는 알 수 없다. 아직 한국에서는 볼 수 없다.

줌 강의를 하면서 학생들은 교과서나 책을 사지 않아도 되게 되었다. 팬데믹 덕분에 많은 책이 온라인으로 올라와 학생이나 교수나 이제는 화면을 보면서 공부하게 된 상황이다. 시각 자료, 온라인 자료, 디지털 자료가 대세다. 강의도 마찬가지다. 학생도 교수도 집에서 공부한다. 집 공간이 중요해졌다.

세상이 변하니 대학도 변한다. 대학의 변화를 보면 교회의 변화를 짐작할 수 있다. 대학과 교회는 생존할 수 있을까? 아마 지금 보는 대학교와 교회의 절반은 사라질 것이다. 물리적으로 사라진 만큼 온라인 공간에 강의와 예배가 늘어날 것이다. 따라서 30-50대는 온라인에 자신의 자리를 만들거나 온라인을 활용해야 한다. 그러나 중구난방, 베끼기가 쉬워지므로 생존 경쟁이 치열해질 수밖에 없다.

그렇다고 해도 텍스트를 만들고 창출하는 학자가 없으면 공부는 없다. 1차 작업은 텍스트 만들기다. 또한 수많은 자료가 디지털화되면 결국 재미있게 잘 가르치는 강의자가 필요하다. 그는 온라인으로 한꺼번에 수천 명도 가르칠 수 있다. 이때 대학은 물론이거니와 교회도, 본문 공부와 강의만으로는 되지 않는다. 교회의 고민이 거기에 있다. 연구자와 동역자가 필요하다.

이 산에서 저 산으로

"이 산에서, 크고 누구나 오를 수 있으며 개인적인 새로운 산으로"(From this mountain to a new Holy Mountain) 전환되는 시대다.

> 만일 너희에게 믿음이 있다면 '이 산'을 옮겨 저 바다에 빠지게 할 수 있다(막 11:23).

이 말씀을 하실 때 예수님과 제자들은 산 위에 있었다. 바로 예루살렘 성전이 위치한, 높이 솟아 있는 언덕인 성전산(모리아산/감람산/시온산)이 었다. 이 말씀 후에 마가복음에서는 예수님의 수난 이야기가 전개된다. 문제는 믿음, 신뢰, 충성이다. 열매 없는 무화과나무로 비유되는, 성전에 서만 하나님을 믿고 섬기던 유대교의 시대가 가고, 어느 곳에서나 하나님 을 믿고 사는 그리스도교의 새 시대가 온다는 말씀이다. 이후 예루살렘 성전 체제는, 우리 몸에 하나님을 모시는 성령 체제인 기독교로 전환되 었다.

오늘날의 한국 개신교와 대형 교회들은 산처럼 우뚝 솟아 안식일 신 전 체제를 구축하고 있다. 그러나 주께서 말씀하신다. 너희가 돈과 권력 과 건물과 제도 종교 대신 하나님을 믿는다면, 이 산이 사해에 빠지는 날이 올 것이다. 공평의 시대가 올 것이다.

한국 기독교인들이 하나님을 바르게 믿는다면, 대형 교회 체제가 새로운 교회 체제로 바뀔 것이다. 그러나 구체제는 그 산을 수호하려 할 것이고, 신체제를 만들려는 자는 희생이 불가피할 것이다. 지금은 마치 산고의 진통을 겪듯 많은 이들이 고난을 당하고 있다. 시대의 전환기에는 많은 희생자가 나온다. 하지만 결국 대형 신전은 돌 위에 돌 하나 남지 않고 사라질 것이다.

예수님은 지금도 공적으로, 개인적으로 선포하고 질문하신다. "하나님의 나라가 가까이 왔으니 회개하고 복음을 믿으라"(막 1장). "안식일은 사람을 위하여 있는 것이지 안식일을 위해 존재하는 것이 아니다. 인자는 안식일의 주인이다"(막 2장). "너는 나를 누구라고 생각하느냐?"(막 8장) "하나님을 믿으라"(막 11장). 그리고 다시 물으신다. "너는 나를 사랑하느냐?"(요 21장)

누가 이 크고 높은 산을 옮길 수 있을까? 그 길은 골고다 길이지만 겨자씨만 한 믿음이 있는 한 사람 한 사람이 새 성산(聖山)에 올라 명경(明鏡)을 보며 산상수훈을 들을 때, 서로 용서하고 하나님의 용서를 받아 하나가 되는 새 공동체가 될 것이다.

인생의 좌우명

1978년에 나는 서문교회 대학부에 들어갔다. 그곳의 모토는 다음 세 가지였다.

> 1) 하나님 앞에서 — 단독자
> 2) 교회 앞에서 — 동역자
> 3) 세상 앞에서 — 개혁자

신학교 시절에 나는 여기에 하나를 추가했다.

> 4) 자연 앞에서 — 보존자

40년이 지나 2)를 수정할 때가 되었다.

> 2) 교회 앞에서 — 개혁자

단독자는 자유와 은혜(*sola fide*)
동역자는 순종과 겸손(*sola scriptura*)

개혁자는 용기와 희생(*pro rege*)

보존자는 노동과 여가(*homo faber et homo ludens*).

8계명 : 한국교회가 사는 길

한국교회는 쉽고도 어려운 일 하나만 해도 산다. 십계명 중 제8계명만을 앞으로 3년 만이라도 지키면 된다. 즉, 표절하지 않고 불법 복제물만 사용하지 않아도 부흥할 수 있다.

1. 신학교 교수가 논문이나 책 쓸 때 표절하지 않기. 표절하지 않는 신학교 교수들은 천국에 갈 것이다.

2. 신학생과 교수가 책이나 컴퓨터 소프트웨어 불법 복제판, PDF 해적판 사용 안 하기. 불법 복제한 책을 가지고 있다고 해서 저절로 실력이 늘지도 않는다. 신학교에서는 표절 교육을 철저히 시키라. 교수, 총장, 이사장은 임기 중에 이 문제만 해결해도 천국에 갈 것이다.

3. 교회와 목사, 전도사의 컴퓨터에서 모든 불법 복제물을 제거하고 목사들이 설교에서 표절하지 않기. 표절로 점철된 설교집은 그만 출판하라. 표절 설교한 목사들을 엄중하게 치리하라. 표절하지 않는 목사들은 천국에서 황금 면류관을 쓸 것이다.

이런 바늘도둑, 소도둑이 모여 교회 절도, 세습 절도를 한다. 이 도둑 놈들의 소굴 신학교야, 교회야, 교수야, 목사야, 전도사들아. 너희가 회개 하지 않으면 지옥 불구덩이에서 너희들이 사용한 불법 복제물과 표절 논문과 설교문과 책들이 타는 곳에 코를 박고 영원히 살면서 이를 갊이 심하리라.

12월 5일

유위와 무위

창세기 1-2장에서는 창조과학을 뽑아낼 것이 아니라 창조와 안식의 신학을 찾아내야 한다. 유위의 6일 노동과 무위의 안식일을 조화하는 삶의 원리를 찾아야 한다. 팬데믹으로 무위의 노자가 옳았다는 논리만 세우는 것도 단견이다. 동아시아는 공자의 유위와 노자의 무위가 조화를 이루어 온 사회다.

한국교회는 성장의 60년 이후 쇠퇴의 10년을 보냈다. 그 10년간 반성, 묵상, 안식하는 패러다임으로 전환했더라면 이후 10년은 다시 유위와 성장으로 갈 수 있었을 것이다. 그런데 지난 10년간 한국교회는 성장 패러다임을 반복하고 기득권을 고수하기 위해 세습하고 표절했다. 그 결과 향후 10년도 쇠퇴를 반복할 수밖에 없다.

안식의 기간에 깊은 돌무덤 안에서 죽은 자처럼 무위의 시간을 보내는 자는 살 것이다. 죄의 삯은 사망이다. 교회 생태계가 파괴된 상황에서 팬데믹이 닥치자, 교회는 사망의 길로 곤두박질쳤다. 지금은 안식할 때다. 사망의 깊은 골짜기를 지날 때다. 그 골짜기에 새 술을 담을 새 가죽 부대를 만들 희생양이 있다.

12월 12일

나를 화장해도 내 혀는 불타지 않을 것이다

동아시아 최고의 번역가 구마라십(鳩摩羅什, 344-413)은 4세기 말 장안에서 300여 권의 산스크리트어 불경을 한문으로 번역했다. 원전 역경으로 중국의 격의불교를 새롭게 했다. "색즉시공 공즉시색"(色卽是空 空卽是色)이 바로 그의 번역문이다. 그는 자신이 산스크리트어 본문을 읽고 한문으로 번역해서 불러준 후, 제자들이 함께 세 번 읽어보아 뜻이 술술 통하면 적어나가는 방법을 택했다.

그의 유언에는 역경가로서의 자신감과 고뇌가 절절히 배어 있다. "내가 번역하여 전한 경전은 모두 충실하다. 여러분과 함께 번역한 경전이 후세까지 널리 사람들의 손에서 손으로 전해져 읽히길 바랄 뿐이다. 지금 여러분에게 진심으로 고하노니 만일 나의 번역에 오류가 없다면 내

시신을 화장한 뒤에도 혀가 타지 않을 것이다." 다비식(불교적 화장 의식)을 하니 장작이 다하고 형체가 없어진 후에도 오직 그의 혀만은 그대로 남아 있었다고 한다.

"내 혀가 타지 않을 것이다." 이번 주에 그 정도의 정신과 준비로 설교하는 목사들이 있을까? 표절만 안 해도 다행이라고 해야 할까? 강단 설교에 의존해서도 안 되지만, 먼저 설교가 살아야 한국교회가 산다.

12월 24일

천지인 신학

하늘에는 영광!

　　땅에는 평화!

　　　　인간에게는 기쁨!

예수는 이 세 가지를 위해 강림했다.
교회가 할 일도 이 세 가지뿐이다.
그밖에는 다 보조 도구요 가리키는 손가락이다.
손가락 그만 빨자.

올해의 단어

1. 호모 마스쿠스(homo maskus): 팬데믹에 입을 가린 인간.

2. 호모 모벤스(homo movens): 정보화 가상 공간에서 이동하는 인간.

3. 호모 에콜로지쿠스(homo ecologicus): 생태적 인간으로 돌아갈 수 있을까?

4. 호모 자펜스(homo zappens): 관심을 자주 옮기는 인간, 떠도는 인간(homo viator).

5. 호모 데우스(homo Deus): 유발 하라리는 틀렸다. 그런 시대는 결코 오지 않는다.

6. 호모 데멘스(homo demens): 광기의 인간이 넘치는 정치·종교계는 아시타비(我是他非)의 지옥이다.

7. 호모 쿠페라티부스(homo cooperativus): 협동적 인간이라야 각자도생(各自圖生)의 시대를 이긴다.

8. 호모 포비아(homophobia): 레드 포비아에 이어 새로운 포비아를 DNA에 새긴 한국교회.

9. 호모 루덴스(homo ludens): 놀이하는 인간이 없는 교단 총회, 상상력 빈곤이다.

10. 호모 사이버네티쿠스(homo cyberneticus): 가상 공간 인간, 온라인 교회.

11. 호모 서치쿠스(homo searchcus): 검색하는 인간, 전도사와 이중직 목사.

12. 호모 네안데르탈렌시스(homo neanderthalensis): 작은 교회 신세.

13. 호모 노마드(homo nomad): 유목하는 인간, 가나안 성도 200만.

2021년

2021년 한국교회 전망

비관적 전망: 엎친 데 덮친 격

전반적으로 한국 개신교는 다양한 성인병을 기저 질환으로 보유하고 있었는데 2차 팬데믹까지 덮치면서 2020년보다 더 힘든 2021년이 될 것이다. 여름까지 지속될 코로나로 인해 1년 이상 주일 예배에 안 나간 습관이 굳어져 주일 성수가 붕괴되고 교인 수 25% 감소가 고착되면서 헌금도 20% 이상 줄어 중환자실에서 호흡기로 연명하는 교회가 증가한다.

정권 말기라 혼란이 더해져 교회 분열도 심해진다. 서울과 부산 시장 선거로 대결이 심화되고 정권 레임덕이 가속화되면서 극우 정치 목사들이 날뛰고 가짜 뉴스는 더 기승을 부릴 것이다. 이상 경제라 넘치는 돈에 집값과 전세가는 더 오르고 전반적인 물가도 오르는 한편 자영업자들은 파산할 것이다. 이상 기후라 미세 먼지, 홍수, 산불, 각종 전염병이 자주 발생한다. 가난한 자는 더 가난해진다.

목사들은 지치고 우울하여 현상 유지도 힘들다. 한국교회의 70% 이상이 70인 이하의 작은 교회인데, 이 중 다수가 봄 보릿고개를 넘지 못하고 단칸 전세 예배당 문을 닫을 것이다. 목사의 전직 취업 교육이 필요하다. 세습 교회들은 일시적으로 집안이 안정되었음에도 생명력을 상실한 노인 세대가 권력을 잡고 있기에 묘지 장례식 예배로 명맥을 유지하고, 대형 교회들은 대폭 줄어든 교인과 초록 동색의 계층화로 인해 세상과 다를 것이 없어 부끄러움을 당한다. 교단들은 교세 하락과 임원진의 무능, 무상상력으로 인해 전전긍긍할 것이다. 개신교 실제 출석 교인은 400만 정도 될 듯 하다. 좌불안석이다. 그래도 아직 최악은 아니다.

낙관적: 하늘이 무너져도 솟아날 구멍이 있다

바른 방향으로 변하는 교회는 산다. 일부 교회는 한 해 쉬면서 교회의 본질을 발견하고 그것에 초점을 맞추면서, 교인 수는 줄어도 불필요한 사역을 버리고 더 복음적이 될 수도 있다. 남은 자 교인들은 그 어느 때보다 변화에 열려 있다. 사회와 대학과 교회에서 10년 걸릴 변화가 팬데믹으로 한 해 안에 이루어졌다. 지도층이 성령의 인도하심을 받아 창조적 변화를 이끌면 산다.

헌 부대에 담긴 헌 술은 그대로 두라. 죽은 자는 죽은 자들로 장사하게 하라. 새 술을 담을 새 부대를 만들기 위해 나를 죽이자. 한 영혼에 집중하자. 작은 교회가 더 인기다. 동아줄 같은 랜선을 붙잡고 가나안 성도 공동체, 온라인 교회, 줌 기독교 모임이 우후죽순처럼 일어나고 있다. 인간의 교만이 무너지고 무능과 고독 속에 하나님을 찾고 있다. 그들에게 다가가 그들을 환대하고 삶의 가치를 주는 메시지를 전하는 교회는 건강할 것이다.

이처럼 일부 교회는 더 교회답게 되는 한 해가 될 것이다. 범에게 물

려가도 정신만 차리면 굴 안에서 보물을 얻어 나올 수 있다. 본질에 충실
하자. 감정 공유, 일상 공유, 가치 공유의 공동체를 만들자. 겸손히 주의
도우심을 빌자. 추운 겨울밤이지만 범보다 무서운 곶감을 만들자.

1월 2일

인생은 항해, 노 젓기의 세 유형

1. 물 들어올 때 노 젓는다(populists).
2. 노 저으면 물 들어온다(prescient visionaries).
3. 물 안 들어와도 노 젓는다(prophets).

4. 노 필요 없다, 배를 잘 짓자(노아).
5. 노 저어라, 나는 디비 잔다(요나).
6. 노 저어라, 죽지 않는다(바울).

다 고생이나 개고생과 산 고생은 다르다

땅끝과 대위임령, 사도와 제자

대위임령(Great Commission)은 19세기 중반까지 대개 1세기 사도/제자에게 주어진 것으로 이해되었다. 루터나 칼뱅도 그것을 1세기 사도들에게 준 명령으로 이해했다. 사도에게는 선교의 명령이, 종교개혁 당시의 교구 목사에게는 교구 목회의 책임이 주어진 것이라고 이해했다. 루터, 칼뱅 하면 꼼짝 못 하는 한국 개신교가 왜 이 문제에서는 그들의 말을 무시하고, 선교 동원가나 심지어 음모꾼의 말까지 듣는지 모르겠다. 선교는 군사 작전하듯 스포츠 경기하듯 하는 것이 아니다.

19세기 후반에 허드슨 테일러(James Hudson Taylor)를 비롯한 선교사들은 마태복음 28:19-20에 '대위임령'이라는 이름을 붙였다. 또한 학생자원운동(Student Volunteer Movement for Foreign Missions)은 그들 세대 안에 세계를 복음화하자고 강조했다. 성서의 뜻은 시대에 따라 새롭게 드러나므로, 이들의 새로운 해석은 서구 제국주의 시대의 백인 기독교인에게 많은 공감을 얻었다.

그러나 대위임령 구절을 마태복음 24:14의 세상 끝과 바로 연결하는 것이 올바른 주석적 방법인가? 이 둘을 연결한 후 사도행전 1:8의 "땅끝"에 가져다 붙이면, 이 세 구절을 통해 많은 복음주의자에게 선교에 대한 터널 비전의 색안경을 끼울 수 있게 된다. 예루살렘 → 유대 지역 →

사마리아 지역 → 땅끝까지 선교하는 대위임령을 수행함으로써 종말을 앞당길 수 있다는 것이다.

여기에 요한계시록 20장을 연결하며 종말의 천년왕국이 임할 것으로 보면 세대주의적인 선교 지상주의, 선교 환원주의 사고가 탄생한다. 나아가서 역사를 사탄과의 전쟁으로 보고, 역사가 선악 이분법에 따라 일정한 시나리오를 따라간다고 믿는 19세기 말에서 20세기 초의 시온주의, 20세기 말에서 21세기 초의 백 투 예루살렘 운동(Back to Jerusalem Movement)으로 발전한다.

그러나 이미 많은 학자가 지적했듯이 마태복음 28장은 마태복음 1장의 아브라함과 다윗의 자손 예수 그리스도의 계보 전체의 맥락에서, 즉 구약 및 창세기 족보들과 연결해서 이해해야 한다. 대위임령 가운데서도 예수님을 예배하고 제자에게 세례를 주고 예수님의 행적을 가르쳐 지키게 하는 것이 중요하다. 개인적 개종만이 목적도 아니고, 모든 개별 종족의 개종을 말하는 것도 아니다. 여기서 족속은 비유대인을 지칭한다.

한편 한국교회의 제자화 훈련으로 제자가 만들어지는 것은 아니다. 또한 그리스도의 제자는 한 지역이나 공동체에 구원자/승리자/정복자로서 가는 것이 아니라 섬기는 자로 간다. 가난한 자, 헐벗은 자, 굶주린 자, 옥에 갇힌 자에게 가서 먹이고 입히고 자유를 주는 종으로 간다. 사회 전반의 총체적 하나님 나라 건설을 위해 섬기는 자로 간다. 개종자가 곧 제자는 아니며, 웰빙 보수 반정부 태극기 부대가 예수님의 가르침을 지키는 것도 아니다.

요새 '신사도'라는 말이 유행하며 기존 교회를 무시하는데 성서에 신사도라는 말은 없다. 개인에게 영력을 주어 신자유주의 세계에서 경쟁에 이기고 몸값을 높이고 고지를 점령하고 향유하게 하는 것은 성령의 사역이 아니다. 사도란 부르심을 받고 보냄을 받은 자다. 사도란 부르심을 받고 보냄을 받은 자다.

마지막으로 이슬람 국가들도, 지금의 예루살렘도, 땅끝이 아니다. 모두가 땅끝이요 내가 땅끝이다.

1월 8일

기독교인은 범죄율이 낮은가?

통계청의 "범죄자 종교(1990-2010년)"에 따라 범죄율과 관련된 몇 가지 질문에 답해보겠다.

Q. 한국에서 종교인은 비종교인에 비해 범죄율이 낮은가?

A. 2010년까지는 종교인 범죄율이 낮지만 지금은 비종교인과 차이가 적다. 2000년까지는 기독교가 더 도덕적인 인간 혹은 비범죄자를 배출했다면 이후에는 이에 실패하고 있다.

Q. 개신교인은 중범죄를 더 많이 짓는가?

A. 특히 사기와 성범죄에서 불교인, 천주교인에 비해 개신교의 범죄율이 높다. 천주교인도 성범죄가 많다.

Q. 천주교인은 종교인 중 적게 범죄하는가?

A. 천주교인은 전체 수가 과장되어 있어 비율적으로 약간 낮을 뿐이다. 흔히 행위 구원론 때문이라고 해석하기도 하지만[1] 꼭 그렇게 보기는 어렵다. 천주교에서도 믿음으로 구원받는다고 말하고, 불교에서도 행위로 구원받는다고 말한다.

Q. 왜 개신교인의 범죄율이 높다는 일반적 이미지가 있는가?

A. 목사나 장로들의 범죄율이 높아서 그런 인상이 생겼다. 또한 판사중에 기독교인이 많아 정상 참작을 기대하고 종교란에 개신교로 적는 자들도 있었다고 한다.

1   이대웅, "사회공헌 많은 개신교, '범죄율' 아쉬워", 「크리스천투데이」(2008. 3. 20).

1월 12일

교회 멸망의 원인

박은식은 조선(대한제국)이 망할 때 그 원인을 유학자들의 "태일(怠逸)과 문약(文弱)과 허위(虛僞)"로 보았다. 세 가지 병이다. 그는 마르틴 루터가 천주교를 개신하여 유럽을 구했듯이, 유교를 개신하여 조선을 구하려고 했다.

오늘날의 한국 신학자들은 한국 상황에 맞는 신학을 하기에 나태하여 안일하게 서양 신학이나 소개하며, 교회 타락에 대해 분노하지 않고 개혁에 대한 의지는 박약하고 논문만 쓰는 문약으로 비굴하다. 신학교와 교회는 망해가면서도 교수나 박사 타이틀만 붙잡고 교인의 고난과 아픔을 무시하는 허위의식에 빠져있으니, 교회 쇠망의 연자 맷돌이 그들의 목에 걸려 있다고 하겠다.

오늘날의 목사들은 안일하여 말씀과 시대를 연구하지 않고, 문약하여 '교회 성장', '대면 예배' 패러다임을 붙들고 있으면서도 표절 바이러스, 세습 바이러스, 가짜 뉴스 바이러스에는 찍소리 못한다. 온라인으로 내려받은 설교문으로 교인의 비위나 맞추고 허탄한 종말론과 음모론 동영상이나 보며 작당하고 성명서를 남발하고 감투나 쓰려는 허위에 빠져 있으니, 타는 유황 못이 멀지 않다.

박은식은 "근로(勤勞)하고 무강(武強)하고 진실(眞實)한 신국민(新國

民)"이 나라를 되찾을 수 있다고 주장했다. 이제 열심히 일하고, 개혁을 이룰 수 있는 힘을 기르고, 거짓과 싸우며 진리를 수호하는 신(新)성도가 새 교회를 세울 수 있다. 상상력, 돌파력, 비판력, 투쟁력, 개혁력, 창조력, 조직력, 운동력 등 현실 타개력이 필요한 시점이다. 루터는 그런 힘을 수도원에서 기도하며 성서를 연구하는 중에 찾았고 멜란히톤은 교회사 연구에서 찾았으며 교회 당국과 투쟁하는 과정에서 연단해나갔다.

한국에서 탈근본주의, 탈문자주의, 탈제도교회주의, 탈백인신학, 탈원로목사, 탈트럼피즘, 탈극우주의, 탈논문성과주의, 탈교회성장론, 탈남성주의, 탈먹고사니즘…을 하지 않으면 나태와 문약과 허위에 빠진다. 탈애굽하여 광야로 가라!

1월 30일

하나님의 학교

1913년 대구의 월터 어드맨(Walter C. Erdman, 어도만) 목사 왈,
요셉은 애굽의 옥(獄) 학교에서 13년을 공부했고,
모세는 궁중 학교 후 미디안 광야 양(羊) 학교에서 40년을 공부했고,
요나는 어(魚) 학교에서 3일, 식물 학교에 며칠 속성과를 다녔고,
엘리야는 광야(廣野) 학교에서 40일을 공부했으며,

바울은 학위 후에 맹인 학교 3일, 광야 학교 3년을 더 다녔다.

그리고 이전 공부를 다 똥으로 여겼다.

사람마다 다양한 인생 공부 후에 하나님이 그들을 사용했다.[2]

공부는 끝이 없다.

줌 예배, 줌 학교 1년도 견디지 못하면,

곰이 어찌 사람이 되랴?

1월 30일

에이비슨은 지공주의자

1910-1920년대 세브란스병원의 에이비슨 원장은 헨리 조지(Henry George)를 지지한 지공(地公)주의자였다. 영어로는 Georgist(조지주의자) 혹은 Single Taxer(토지 단일세제주의자)라고도 한다. 1921년 토론토 헨리조지협회 본부를 방문해 연설을 하였고, 그 기사가 헨리조지협회의 *Single Tax Review* 1-2월호에 실렸다.

헨리 조지의 토지 단일세(지공주의) 주장을 담은 『진보와 빈곤』

2　「예수교회보」(1913. 6. 24).

(*Progress and Poverty*, 현대지성 역간)은 1890년대 일본에 소개되었다. 한국에는 1900년대에 소개된 것으로 추정된다. 안창호, 이승만이 지공주의의 영향을 받았다. 한국에서 1960년대부터 지공주의를 소개한 대천덕 신부 (Reuben Archer Torrey III, 1918-2002)나 그 원조인 헨리 조지를 공산주의자로 몰아가는 극우파들이 있다. 그렇게 말하려면 세브란스병원의 첫 원장과 여러 의사도 빨갱이라고 말할 수 있어야 한다. 에이비슨과 그의 동료였던 의사 허스트, 연세대 총장 백낙준도 지공주의자였다.

얼마 전에 나는 프리메이슨에 대한 음모론을 비판하면서 이승만이 워싱턴 유학 시절 프리메이슨 템플에서 열린 기독교 대회에 한국 대표로 참여했다는 이야기, 의사 스크랜턴과 여러 선교사와 연세대 총장 백낙준 박사가 한국 프리메이슨 롯지의 회원이었다는 이야기를 했다.

한국의 유튜버나 우파 기독교인들은 역사를 다시 공부하고, 1차 사료를 다시 챙겨 보기 바란다. 에이비슨부터 안창호, 이승만, 백낙준도 빨갱이로 몰겠는가? 公자만 보면 共産주의의 공을 연상하는 머리를 세탁하기 바란다. 허접한 유튜브 자료 한두 개 보고 함부로 빨갱이 종북 좌파 운운하는 거짓말은 십계명을 범하는 엄중한 죄다. 회개하고 돌이키기를 빈다.

두려운 일 : 이런 교회가 죽으면 기독교가 살까?

시대가 어려우면 사람들은 종교와 교회를 찾았다.

지금은 시대가 더욱 어렵지만 교회를 찾지 않는다.

교회가 위로, 안식, 희망을 주지 못하기 때문이다.

그런데도 교회에서 회개 운동이 일어나지 않는다.

교회가 기저 질환에 바이러스 감염까지 되어 위태롭다.

시대가 어려운데 교회를 찾지 않는 현실도 안타깝지만,

교회가 팬데믹 이후만을 기대하는 것이 더욱 안타깝다.

사회가 교회를 읽는 지금의 독법이 계속된다면

한국교회와 한국 기독교에 코로나 이후는 없다.

교회는 물론 기독교 자체에 대한 기대가 전혀 없는 상황이다.

목사는 교회를, 신학자는 기독교를 관심하겠지만,

사회는 교회는 물론 기독교에도 마음을 접었다.

과거 한국 역사에서 이러한 시대는 일제 말이 아니었을까?

세습과 맘몬의 신사(神社)에 절하자 밀어닥친 팬데믹 파도,

그 거대한 해일에 한국교회가 침몰하고 있다.

어떻게 하면 전멸(全滅)을 면하고 생존할 수 있을까?

생존하더라도 과연 어떤 기독교로 존재하게 될까?

1962년, 남한 인구의 3.5%에 불과하던 때로 돌아간다면
바닷물 염도 3.5%를 유지하는 소금 같은 교회가 될 수 있을까?

코로나 사태: 한 달란트의 기회

한 달란트 금을 땅에 묻은 종이 있었다.
살아보지 않은 삶(unlived life)이라서,
생전 처음 맞이하는 삶이라서 두려웠다.
그는 낯선 기회의 보화를 땅에 묻었다.
미지의 기회에 자신을 투자하기가 두려워,
두려움의 골방 속에 묻고 시간만 보냈다.
지금도 도처에는 땅 파는 소리가 들린다.
평범한 오늘 하루가 한 달란트(약 33kg) 금이다.

'ANTI-COVID-19 유엔 카드' 부적

작은 텃밭이라도 가꾸어본 사람이라면 잡초가 나는 것을 으레 당연하게 생각한다. 그렇다고 제초제를 뿌려대면 내 건강도 망치므로 적절한 때에 잡초를 뽑아주는 것이 좋다. 매년 꽃이 피고 씨가 퍼질 때는 건잡을 수 없는 잡초가 난다. 그러나 잔디밭처럼 이미 밭이 형성된 후라면 자주 제거하지 않아도 된다.

한국교회 역사가 140년이 되면서 다양한 잡초도 무성하다. 세습으로 공신력을 상실하더니, 안티 진화론 창조과학, 안티 주사파 태극기 부대, 안티 코로나19 유엔(癒N) 카드 잡초까지 자라고 있다. '안티'만 붙이면 교회에서 불티나게 팔리는 세상이다.

이번에 논란이 된 癒 카드는 원래 도교에 있던 악귀를 물리치는 부적 신앙의 일종이다. 악귀나 병을 물리치는 방법은 크게 네 가지로, 부적(글과 이미지에는 신비한 氣가 있다), 명당(땅에는 신비한 氣가 있다), 주문(말에는 신비한 氣가 있다), 그리고 약이라는 방법이 있다. 일제 강점기부터 신흥종교나 이단들은 이 네 가지 방법을 잘 활용해왔다. 무당이나 판수(박수)는 물론 타락한 주지들도 이용한 방법이다. 일본 신사에서도 부적을 발행해 돈을 벌었다. 또한 암을 고치는 생명수, 부인병을 고치는 치병수를 팔았다. 물과 부적을 파는 것이 가장 돈이 많이 남는다. 연세대 Dr. Kim은 대학교수라는 직위, 가짜 해외 저널 논문, 가짜 특허 번호 등을 담은 물과 부적을 팔아 돈벌이를 한 것이다.

한국 대형 교회는 여의도나 강남의 명당에 자리 잡고 학위증 부적을 가진 목사들이 매년 남의 말을 교묘하게 짜깁기한 설교 약을 팔고 그것을 모아 설교집 부적(면벌부)을 팔고, 삼박자 주문(영혼 구원, 물질 번영, 신체 치유)을 외우거나, 아홉 자 주문(예수 믿고 복 받으세요 → 예수님은 사랑이시다) 이나 열한 자 주문(모든 것은 하나님이 하셨다)을 매일 중얼거렸다.

그러니 癒 카드를 믿는다고 놀랄 일이 아니다. 기관 출입용 아이디 카드나 신용카드가 신분을 나타내듯이, 코로나 시대에는 '안티 코로나19 유엔 카드'라는 종이 부적 한 장이 안전을 보장해 준다니 마다할 이유가 있으랴? 평소에 명당에서 주문을 외며 면벌부를 사서 몸을 보호해 왔으니, 공짜 카드를 지갑에 넣고 다닌다고 해서 하등 이상할 것이 없다.

이것이 한국 기독교의 혼합주의요 우상숭배로 인한 정체성 상실이요 청산할 패러다임이다. 기적과 요행과 운과 복을 바라는 잡초들이다. 오직 믿음, 오직 은혜, 오직 성경은 어디로 가고, '이것도 좋고 저것도 좋은 신앙'이 넘친다. 합리, 이성, 근면 노력, 근검절약, 투자의 과정은 어디 가고, 신자유주의 시대의 한탕주의와 부적과 요행주의만 넘친다. 교회가 상식 대신 마술을 원한다.

인터콥이 궁금하다

얼마 전 인터콥 선교회가 문제를 일으키기 이전까지만 해도 대다수 시니어 선교사들은 그곳에서 부르면 얼른 가서 강의를 하고 최바울 대표와 사진을 찍고 밥을 먹었다. 선교 대회를 하면 국민일보나 여러 기독교 신문에서 크게 실어 광고했다. 전후 사정은 모르지만 최 대표는 상주시로부터 20,000평의 땅을 증여받고 120억 정도의 재정을 투입하여 3,500명을 수용하는 대강당, 강의실, 숙소 등을 건축하고 선교 사업을 해왔다.

대형 건물에서 수천 명을 동원하는 능력은 별로 대단한 게 아니다. 이단은 더 많이 모은다. 문제는 그런 곳에서 "백 투 예루살렘"(BTJ)을 외치며 가르치고 배우는 내용이다. 코로나 바이러스 전파보다 더 무서운 것이 인터콥이 세상을 바라보는 선악 대결 구도의 세계관, 반이슬람의 배타적 선교관, 비과학적 사고의 음모론, 선교에 대한 BTJ 세대주의, 정복주의, 승리주의, 한국이 세계사의 중심에 있다는 국수주의 관점 등이다. 이슬람과 코란에 관해 제대로 공부도 하지 않은 채 무조건 악의 세력으로 몰고 멸공하듯이 멸이슬람하려 한다.

이런 신학에 대해 한국 교계가 지금처럼 문제가 될 때만 냄비 끓듯 반응하고 사후 조치나 대책이 없다면 불상사는 계속될 것이다. 한국교회와 선교 사업은 망가질 것이다. 불타는 선교열은 좋지만 방향이 잘못된 열정은 맹목적 신앙을 낳고 수많은 인생을 낭비하게 만든다.

2월 10일

윈 형제의 『백 투 예루살렘』 비평적 읽기

1970년대부터 백 투 예루살렘 운동을 하고 있는 류젠잉(刘振营, Brother Yun, 1958-)은 『백 투 예루살렘』(*Back to Jerusalem*, 홍성사 역간, 2004)에서 중국 지하 교회 지도자들의 영적 비전이나 견해들을 인용하고 자신의 견해를 밝힌다. 인터콥 최바울 대표의 『백 투 예루살렘』(펴내기, 2007)에 영감을 준 책이다. 최바울은 BTJ가 1920년대 이후 중국 지하 교회의 비전이지 자신이 만든 것이 아니므로 문제가 없는 것처럼 말하지만, 그는 중국 교회의 BTJ를 한국판으로 변용해서 선교 운동에 동원해왔다. 중국 지하 교회 것이든 인터콥 것이든, 내용에 신학적·역사적 문제가 있으면 비판을 받아야 한다. 책의 1-2장만 비판적으로 읽어보자.

제1장 중국 교회

31쪽에서는 윈 형제가 이삼십 년 후 중국에 2-3억 신자가 생기지 않을까 전망하자, 한 지도자는 "물론 이삼십 년 후에는 중국의 모든 사람이 주님을 알게 될 것입니다"라고 말한다. 그러면서 중국이 아시아에서 진정으로 거듭난 첫 번째 기독교 국가가 될 것이라고 확신하고 윈도 이를 수용한다.

과연 그런가? '아시아 첫 기독교 국가' 예언은 1890년대엔 일본, 1900년대엔 한국을 향했다가, 여기서는 1990년대 중국을 향해 선포됐다. 일본과 한국의 경우에는 그래도 외부인들이 말했으나 중국은 중국인이 스스로 그렇게 말했다. 다 틀린 말이다. 그로부터 이삼십 년이 두 번이나 지난 지금, 중국은 비기독교인이 가장 많은 나라로, 인구의 3%인 4,400만을 기독교인으로 보는 게 일반적이다. 현재 14억 4,000만 인구로 볼 때 8,000만 신자가 있다면 5.5%가 기독교인의 비율이다. 윈 형제나 지하 교회 지도자들의 예언과 얼마나 다른가!

32쪽에는 고대 한자가 창세기 이야기와 원리를 담고 있다는 내용이 나온다. 세대주의자나 창조과학자들이 이렇게 주장하지만, 이는 근거도 없고 해석도 틀린 사이비 학설이다.

33쪽을 보면 중국은 고대부터 황제가 상제를 섬겼고 세계사에서 특별한 목적을 지녔다고 주장한다. 고대 시대에 섬긴 상제에 대한 인용문은 제임스 레게(James Legge)의 *The Notions of the Chinese Concerning God and Spirits*(1852), 24-25에 나온다. 이는 『대명회전』(大明會典, 1509)에 나오는 황제의 한 기도문으로서 고대의 글이 아니고 명나라 때 글이다. 고대 중국의 원시 일신교에 대한 한 방증은 되겠지만, 어디까지나 16세기 명 황제가 천단(天壇)에서 하늘(天)에 올린 기도문이었다.

이 책은 이처럼 제1장 처음부터 페이지마다 역사에 대한 엄중한 지식 없이 필요한 부분을 선별적으로 취해서 자기 생각에 끼워 맞추는 사관을 드러낸다.

40쪽 이하 핍박과 순교 이야기는 다시 읽어도 감동적이다. 다만 중국 지하 가정 교회의 뿌리가 허드슨 테일러의 중국내지선교회와 그 신학에 있었기 때문에, 1930년대에 들어서면서 대개 핍박 속에서 근본주의 신학과 세대주의 종말론으로 무장했고, 1950-1960년대에는 가족 공동체로서 핍박을 견뎠다.

결국 제1장은 중국 교회를 세계사의 중심에 놓는다. 스스로 그렇게 볼 수도 있겠지만, 이는 자국 중심주의의 오류에 빠진 생각이다.

제2장 '백 투 예루살렘 운동'의 뿌리

예루살렘이 '땅끝'이라는 이해는 19세기 선교관의 일부인 세대주의적 시온주의의 연장으로, 마태복음 24:14에 대한 오해다. 예루살렘은 선교의 시작점(행 1:8)이지 끝점은 아니다. 20세기 후반에는 예루살렘이라는 지리적 개념보다 대위임령(마 28:19-20)에 나오는 '모든 민족'을 중시하여 미전도 종족 선교를 강조하다가, 다시 지리적 개념인 '10/40 창' 개념이 나왔다. 지금 보면 북위 10-40도를 벗어나는 지역에 얼마나 많은 비기독교인이 있으며, 그 안에도 얼마나 귀중한 기독교인들이 있는가! 하지만 2000년대 BTJ 운동에는, 이 10/40 창의 지리적 인식에 땅끝 개념과 중국 중심 세계사 인식이 복합되어 있다.

이와 같이 원 형제의 『백 투 예루살렘』에서는 근본주의, 세대주의, 시온주의, 중국 중심주의, 중국 인종 중심주의, 세계 선교사에 대한 1930년대식 시대착오적 단순 이해, 중국사에 대한 얕은 이해, 전투적 선교관 등을 볼 수 있다. 그러나 역사는 시나리오대로 흘러가지 않는다.

최바울은 이러한 바탕에 9·11 이후 이슬람과의 대결 구도를 넣어 '서구 대 비서구'라는 이상한 세계관을 형성하고 '한국(교회) 중심의 세계사 인식'이라는 국수주의를 덧붙였다. 지리적 국수주의에 종족적 국수주의 개념이 혼합된 형태다. 이 그림대로라면 중국은 비서구로서 기독교적 서구와 대결하는 구도인데, 어떻게 이러한 구도 속에서 복음의 서진 대 이슬람의 동진 대결을 말하는 중국의 BTJ를 이해할 수 있을까?

평양을 한국의 예루살렘으로 보고 '백 투 조선의 예루살렘 평양'을 내세우는 이들도 정신 차려야 한다. 만일 역사가 '백 투 예루살렘'이라면, 모든 곳이 예루살렘이라는 점에서 백 투 예루살렘이다. 백투 J가 바로 되려면 J는 Jesus라야 한다.

'조선의 예루살렘 평양'은 신화에 불과

지난 10년 동안의 내 연구 결과 중 중요한 논문 하나가 "'조선의 예루살렘 평양' 담론의 실상", 「기독교사상」 717(2018): 9-18이다. 1920년대 반기독교 운동이 고조되자 평양의 기독교인들은 평양을 성시화하는 프로젝트를 가동했다. 그들은 평양을 '조선의 예루살렘'으로 부르고 로버트 토머스(Robert Jermain Thomas)를 그 예루살렘의 수호 순교자로 만들어나갔다. 그러면서 공적 영역은 정부와 사회주의에 내어주고 교회 안으로만 들어갔으며, 공적 영역까지 교회 안으로 끌고 들어와 교회화하기도 했다. 사회가 사용하는 언어의 문법과 어휘를 상실했다. 교회에서 외치는 소리는 교회당 안에서만 메아리쳤다.

　반면 지식인과 사회주의자들은 '조선의 예루살렘' 대신 '예루살렘의 조선'이라는 말로 비꼬았다. 이는 종교의 조선이라는 뜻으로, 종교 환원주의로 현실을 무시하는 평양 기독교를 비판한 것이다. 그 비판에 조명된 평양 교회의 실상은 장로와 그 가족의 사기, 간음, 고리대금, 술 취함, 연회와 유흥 즐김, 가난한 자 외면, 식민 사회 현실의 무시, 노령화된 목사/장로와 청년 간의 분쟁으로 인한 교회 분열, 그리고 '가나안 성도'의 대량 발생이었다.

　이러한 1920년대와 2010년대가 유사하다. 지난 몇 년 동안 나는 한국교회의 문제를 해결하려면 현재와 더불어 1920년대를 연구해야 한다고 했다. 지난 100년에 걸친 한국교회 혼란의 뿌리가 그 시대에 있기 때문이다.

'조선의 예루살렘 평양'은 신화에 불과하다. 일제 강점기 문서에서는 그 말을 찾기가 쉽지 않다. 해방이 있었던 1945년 이전 그 말의 용례는 적다. 그런데 평양의 기독교인들은 남한으로 이주한 이후, 상실한 평양을 돌아보면서 한 걸음 더 나아가 '동양의 예루살렘 평양'이라며 그리워했다. 그러나 그것은 그들의 상상 속에서 미화된 도시였다. 1920년대 평양 교회에는 조선이 사라진 상태였는데 어찌 조선의 예루살렘이 있을 수 있었겠는가?

만일 누가 "조선의 예루살렘 평양으로 돌아가자"고 외친다면 그에게 묻고 싶다. 어느 때의 평양으로 돌아가고 싶은가? 1907년에는 극소수의 기독교인이 있었으나, 그들은 '조선의 소돔' 평양에서 참다운 신앙인으로 살고자 했다. 1920년대의 평양 교회는 사회 문제를 외면한 채 타락과 서로 간의 분쟁과 근본주의에 중독된 기저 질환 속에서, 1930년대 동양의 바빌로니아 일제가 신사 참배를 요구하자 힘없이 무너지면서 다시 '조선의 소돔'으로 되돌아갔다. 과연 지금 한국교회는 언제의 평양으로 되돌아가고 있는가? 1941년의 평양은 아닌가?

그러니 제발 다시는 '조선의 예루살렘 평양'이라는 말은 사용하지 말라. 지금이라도 서울이 '한국의 예루살렘'이 되기 원한다면, 예루살렘을 꿈꾸기 전에 교회 안의 한국부터 회복하라.

2월 18일
좌파냐 우파냐

1905년 한국 안에 있는 네 개의 장로교 선교회와 두 개의 감리교 선교회
는 통합하여 하나의 대한예수교회를 설립하기로 결정했다. 칼뱅교도 웨
슬리교도 아닌 예수교를 세우자고 할 만큼 열려 있었던 것이다. 비록 본
국의 반대와 식민지화로 이 결정이 실행되지는 못했으나, 하나의 성경,
찬송, 신문을 가지고 연합 사업을 했다.

　1915년 전후에 일본 조합교회를 거쳐 한국에 들어온 독일 자유주의
신학(고등 비평, 문서설, 역사적 예수 연구)은 미국 복음주의를 한물간 구시대
신학으로 비판했다. 한국 신학 논쟁의 첫 단추가 일본 총독부의 지원을
받는 조합교회에 의해 정치성(반미, 반한국민족주의)을 띠고 끼워진 것은 비
극이었다.

　1925년부터 들어온 미국 기독교 근본주의는 한국 장로교회를 나누
기 시작했다. 자유와 보수가 함께 가지 못하고, 전투적 편 가르기를 하
는 근본주의자들이 교권을 잡고 자유파를 이단으로 몰았다. 청년들이 떠
났다. 세월이 흐른 지금 장로교회는 200개가 넘는 교단으로 갈라진 상태

이며 다른 교파들도 분열되었다.

1920년 이후 감리교회는 자유 신학과 사회 복음을 수용했으나 기관·기구주의로 무너졌고, 1930년대 신사 참배와 1940년대 친일 전쟁 지원으로 파산했다.

1946년부터 서북계·호남계·영남계 연합 보수는 반공의 이름으로 자유파를 빨갱이로 몰았다. 여기에 반이슬람, 반동성애 등 적을 찾아 사탄의 세력과 전투를 벌여야만 직성이 풀리는 근본주의자들은 친미, 친트럼프, 반공, 반북, 반중, 반이슬람, 반동성애 노선을 유지하며 반노무현정권, 반문재인정권 투쟁을 벌여왔다. 이러한 투쟁이 코로나19라는 새로운 적을 만나자 광화문에서 철수한 그들은, 미국이 만든 유튜브에서 물 만난 듯이 매일 잡설을 올리며 수입을 올리고 있다. 그들의 상업주의는 미련하게 자꾸 배를 키우던 개구리마냥 우물 안에서 스스로 배를 터트리게 할 것이다.

서울, 경기, 함경도, 간도를 배경으로 하는 장로교회 자유파는 1965-1987년의 사회 참여와 민주화 투쟁 이후 소위 진보의 이름으로 훈장을 달았다. 이들은 김대중, 노무현 정권에 참여하여 시혜를 누리거나, 뉴라이트로 배를 갈아타고 이명박, 박근혜 정권의 떡고물을 먹은 결과 차세대 양육에 실패했고, 결국 노령화로 인해 촛불 탄핵 이후에는 발언권을 상실했다.

1982년부터 성장한 신복음주의나 현실 참여적 복음주의 세력도 은퇴 시기가 지났으나, 후세대가 급변하는 사회적 과제 앞에 공부가 치열하지 못하고 실천이 애매하여 광장에서 무력한 상태다. 근본주의 우파가 종북 좌파, 친동성애 세력으로 프레임을 걸어 공격해오는데도 맷집이 약하여 제대로 변증하지 못하고 있다.

그 와중에 아파트촌에서 성장한 중대형 교회 사두개파는 세습으로 원로 목사 아들을 옹립했으나, 영빨이 떨어져 전전긍긍 중이다. 반면 열불이 난 무소속파는 범 가나안 교파가 되어 찻집에서 차만 팔아줄 뿐 최대 교파라는 이름에 만족하며 오리무중 속에 있다.

자유파든 복음파든 무당파든 여호수아 세대가 일어나지도 못했는데 모세 세대가 사라지고 있다. 근본주의파에서 수준 이하의 유튜브 세대가 일어나 온갖 가짜 뉴스와 음모론으로 검버섯처럼 자라고 있는데, 이를 막을 건전한 보수 세력도 없다.

좌우를 겸한 남은 자는 어디에 있는가? 좌뇌와 우뇌를 함께 움직일 여호수아 세대는 어디에 있는가? 1905년으로 돌아가 하나가 되어 또 하나의 대회개 운동을 할 수 있을까? 115년의 세월이 무상하다.

한국교회의 한 병폐 : 본질주의

애니미즘(animism)은 지금도 살아남아 생각보다 강력하게 작동하고 있다. 애니미즘은 19세기에 본질주의(essentialism)로 발전했는데, 백인 인종주의가 그 대표적인 예다. 히브리 성경은 인류가 아담과 하와라는 단일 조상에서 나왔다는 단일 유전 발생론(monogenism)을 말했다. 그런데 인종주의는 백인만 아담과 하와의 후손이고 다른 인종은 다른 조상의 후손이라며 분리시켰다. 다유전 발생론(polygenism)이다.

'과학적' 인종주의는 인종 차이의 본질을 피부색에 이어 골상의 차이에서 찾다가, 다음엔 뇌의 차이로 규정하다가, 지능(IQ)과 DNA로 넘어갔다. 인종들 사이에 무언가 독특한 내재적·본질적 차이가 있다는 것이다. 과거 원시인들이 비의 배후에 비의 신이 있다고 믿고 비가 오지 않으면 기우제를 드렸듯이, 19-20세기 인종주의자들은 유색 인종 안에 본질적인 저열성이 있다고 믿었다.

20세기에 일제는 조선인을 본질주의 관점에서 바라보면서 '조선인론'을 전개했다. 지금도 일본인은 재일 한국인을 2등 인종 취급하고 피를 운운하면서 그것이 과학적인 것이며 경험적으로도 옳다고 믿는다. 미국에도 여전히 본질주의자들이 많다. 성차별도 본질주의의 한 예다. 아직도 남성은 화성에서 왔고 여성은 금성에서 왔다고 말한다.

그러면 지금 한국교회에는 어떤 본질주의가 있을까? 당장 눈에 띄는 것은 성 본질주의다. 하나님이 여자를 다르게 지었으므로 (본질적으로 다르므로) 여자는 목사에 적합한 행동과 사고를 하지 못하고, 따라서 안수를 줄 수 없다고 주장한다. 과연 그럴까?

어떤 집단을 차별하거나 적대적 타자로 만들기 위해서 작동하는 본질주의는 일견 과학적으로 보일지 모르나 실은 미신적 애니미즘의 다른 모습에 지나지 않는다. 단순, 무식, 용감의 길로 가고 있다면 일단 멈춤을 하고 뒤돌아보자. 그리고 '왜'를 질문하자. 교회의 본질에 반공 DNA가 있어야 하는가? 과연 한국교회는 1970년대의 사고방식처럼 성장과 "중흥의 역사적 사명을 띠고" 태어났는가? 과연 원로 목사 아들은 원래 교회를 세습할 만한 탁월한 유전자를 타고났는가? 본래 그렇게 태어난 것이 아니다. 가난하거나 작은 교회를 하는 사람이 두뇌가 모자란다든지 피가 달라서 그렇게 사는 것도 아니다.

내 눈이 잘못된 것이다. 내 눈에서 '본질주의'라는 들보를 빼면 세상이 달리 보일 것이다. 내 프레임이 들보다. 형제의 눈에서 티를 보기 전에 내 눈에 있는 프레임을 제거할 일이다. 프레임이 본질주의다. 사람은 본질주의를 가지고 태어나 그것이 교육으로 강화되며 일상에서도 본질주의를 자동으로 실천하며 살게 된다. 교회에 오래 다니면 교회 특유의 본질주의에 눈이 먼다.

기독교인 유튜버나 일부 목사의 IQ는?

1월 12일 법주사에 여러 승려가 모여 법회하는 것을 보여주면서, 기독교 예배당에 여러 교인이 모여 예배드리지 못하도록 규제하는 것이 종교 탄압이라고 주장하는 목사와 유튜버들이 있다. 정말 사찰과 동일한 거리두기 법이 적용되어야 할까? 승려가 공동체를 이루고 사는 사찰은 일반 사회와 분리된 공간이다. 내부 환자가 없고 외부인과의 접촉이 엄격히 제한된다면, 간혹 수십 명이 함께 모일 수도 있다. 한 가족이 일곱 명이고 그중 환자가 없는데 4인, 3인씩 따로 앉아 밥을 먹어야 할까? 예배당은 사찰이나 가정집 같은 곳이 아니다. 교회는 산속에 고립된 공동체가 아니기 때문이다.

예배당 인원 통제에 대해 술집, 식당, PC방, 헬스장 등의 사업장을 예로 들면서 항의한 목사들도 꽤 된다. 많은 이가 지난 1년 동안 지적한 바와 같이, 소규모 사업장은 영업 행위를 하지 않으면 생계가 곤란하다. 교회의 경우 현장 예배를 드리지 않으면 헌금이 줄지만, 중형 이상의 교회라면 생계가 곤란해지지는 않는다. 항의하는 목사 중에는 대형 교회 소속도 꽤 있는데 그런 대형 교회를 작은 가게 영업과 비교해야 속이 편한가?

작은 교회들이야말로 거리두기 법 때문에 제대로 모이지 못했다. 중

대형 교회가 그런 작은 교회를 도울 방안을 마련하고 돕는다면 칭찬을
들을 것이다.

2월 24일

집요한 저류

신발이 잘 팔리면 너도나도 신발 장수가 되고, 주식이 오르면 너도나도
'주린이'가 되고, 불교가 잘 되던 고려 때는 모두가 절에 가고, 1990년
대에는 친구 따라 앞다퉈 강남 교회에 갔다. 이는 진덕규의 『한국정치의
역사적 기원』(2002) 서문에 나오는 신채호의 말을 약간 바꿔 적어본 것
이다.

진덕규는 이 책에서 한국 정치를 망치는 "집요한 저류"(persistent
undercurrent)를 찾기 위한 역사 정치학을 제창한다. 현재만 보면 일면만
보는 것이다. 또한 서구 정치학 이론을 한국에 바로 적용할 수 없다. 그러
므로 한국 정치의 저류를 2,000년 한국 역사에서 확인하는 작업이 필요
하다.

그는 연구의 결과, 이 저류의 하나가 '강고한 정치 이권 투쟁'이라고
규정한다. 전 정권과의 차별성을 통해서만 현 정권을 유지할 수 있는 구
조의 악순환이 이어진다. 또 하나는 '전제적 통치권'자다. 그런데 이런 두

저류를 특정 종교가 지지해 주었다. 고려 시대에는 불교, 조선 시대에는 신유학, 해방 이후에는 개신교와 불교가 그런 역할을 했다.

한국 역사 정치학의 집요한 저류 개념을 한국 신학과 교회에 적용해 보자. 직업적 교권 목회자와 교회 정치가들은 권력과 부를 장악하기 위해 암투하면서 반공 이념과 반자유주의 신학을 내세웠고, 여기에 휘둘린 교회는 부패, 갈등, 분열을 거듭했다. 이로 인해 교회는 에너지를 낭비하고, 밥그릇만 챙기는 패거리 교권주의자, 사대주의 수입상 신학자, 거짓 예언자, 뱀 장수 부흥사, 무소불위의 세습 원로 목사와 그 가족의 배만 불렸다.

지난 100년간 교계 신문을 장식한 교계 분열과 투쟁에 순진한 교인들이 얼마나 당해왔던가! 장로교회만 교단이 200개가 넘는 이유는 무엇인가? 1920년대 교계 신문이나 2010년대 신문이나 같은 내용이 반복되는 것은 왜 그런가?

법과 합리성과 제러마이어드(jeremiad, 긴 탄식과 비판을 하는 예언자의 소리)가 사라진 한국교회는 위험한 저류에 휘말려 익사하고 있다. 1,000만이라는 허수가 10년 후 400만이 되었을 때, 강고한 濁流가 아닌 한국 개신교에 남은 신학과 영성과 복음의 淸流은 무엇일까? 600만 거품을 만드는 집요한 저류를 비판할 수 있는 신학적 안목과 교회 재편 운동은 어디서 올까?

2월 24일

9월 9일이 문제인가?

광주안디옥교회 박 모 목사 왈, "어떤 분들은 왜 지금 코로나하고 WCC 를 연관시키냐고 하지만 나는 영적으로 연관이 된다고 생각한다. 한국 역사를 보면 1938년도 9월 9일 날 신사 참배가 통과되었는데, 그 9월 9일 날짜가 이상한 게, 1948년 9월 9일 조선인민공화국 북한이 만들어졌고 1958년 9월 9일 날 전 북한 교회가 폐쇄됐고 그리고 1998년 9월 9일 날 김정은(김정일을 잘못 말함)이 취임했다. 그리고 2019년 9월 9일 날 정확하게 조국을 법무부 장관으로 임명하더라. 9월 9일 날짜가 이렇게 여기까지 왔다."[3]

첫째로 코로나와 WCC의 연결성에 9월 9일이 왜 나오나? 둘째로 신사 참배 결의는 1938년 9월 10일 오전 10시 50분경에 이루어졌다. 9월 9일은 총회가 개회한 날이다. 한국교회사 다시 공부해라. 첫 단추부터 잘못 끼워 놓고 이리저리 끼워 맞추려는 사고방식, 이것이야말로 코로나19에 대해 과학적·영적 대응을 제대로 못하게 만들고, 코로나와 WCC를 연결하는 정신 상태를 만든 원인이다. 목사나 거짓 점쟁이들의 귀추법

---

3   최승현, "'144명 확진' 광주안디옥교회 박영우 목사 '우리가 뭘 잘못했는지 모르겠고, 죄인 취급도 이해 안 돼'", 「뉴스앤조이」(2021. 2. 23).

이 맞을 때도 있지만 역사에서는 안 맞는 경우가 많다. 바로 그런 역사의식이 한국교회를 지금의 위기로 몰았다. 누군가가 의도적으로 북한 창건일과 신사 참배 결의일이 9월 9일로 같다고 왜곡한 이후, 기독교 반공주의 우파들은 걸핏하면 9월 9일을 들먹인다. 신사 참배 관련 1차 자료 한 장이라도 제대로 읽고, 제2의 신사 참배 결의이자 우상숭배인 세습에 대해 반대라도 한 번 하고 9월 운운하기 바란다. 9월 총회 때 신사 참배 결의나 세습 결의를 회개하는 성명서라도 내고 9월 운운하기 바란다.

셋째로 1945년 9월 9일은 조선총독부가 미군에 정식 항복한 날이다. 그날도 재수 없는 날인가? 1920년 9월 9일. 이날은 북간도에 있던 서로군정서 사관 양성소에서 사관 298명을 배출한 날이다. 이것도 종북의 날인가? 1831년 9월 9일, 교황 그레고리오 16세는 천주교 서울 대교구를 한국 가톨릭 최초의 교구로 설정했다. 이것도 북한과 연관되는가?

한국에 9월 9일생이 얼마나 많겠는가? 그들의 생일을 망치지 말기 바란다. 9월 9일에 돌아가신 분은 또 얼마나 많을까? 그들의 기일을 망치지 말라. 박 모 목사는 역사적 사실 왜곡과 무식에 대해 사과 성명을 내기 바란다.

왜 한국인 저자의 책은 읽지 않을까?

1-4세기 교회사는 시리즈 서적까지 구입해가며 열심히 공부하면서, 19세기 말에서 20세기 초 한국교회사를 이야기하면 현실과 너무 동떨어져 도움이 안 된다고 한다. 1,800년과 대서양과 태평양을 뛰어넘는 축지법 상상력은 있는데, 100년의 벽은 너무 높다고 한다. 16-19세기 유럽과 미국 신학자의 책은 단어 하나까지 파고들며 세심히 읽으면서, 일제강점기 한국 기독교인들이 쓴 저술은 무엇이 있는지조차 모른다.

신학교 교수들이 유학 때 공부한 것을 풀어먹어야 하기 때문일까? 출판사의 상술(번역판 양산)에 목회자와 독자들이 말려든 탓일까? 남의 다리 긁으면 시원할까?

길선주(2), 김교신(8), 김인서(6), 김재준(18), 김정준(6), 김흥호(27), 나운몽(24), 문익환(12), 박형룡(20), 백낙준, 변선환, 안병무, 안창호, 양주삼, 유동식, 유영모, 윤성범, 이근삼, 이명직(16), 이성봉, 이승만, 이용도, 이종성, 장준하, 최병헌, 최태용, 한경직, 함석헌(20) 등의 전집이 있다. 괄호 안은 책의 권수다. 이들의 책을 모국어로 읽으라.

당대의 신문을 읽으라. 잡지를 펴보라. 「대한크리스도인회보」(1897-1903), 「그리스도신문」(1897-1907), 「신학월보」(1900-1909), 「시조」(1909-), 「기독신보」(1915-1937), 「신학세계」(1916-), 「신학지남」(1918-), 「활천」

(1922-), 「성서조선」(1927-1942) 등이 있다. 가슴이 뛸 것이다. 서구 어느 신학자의 글과 비교할 수 있으랴! 1940-1950년대의 고난과 고뇌 속에서 나온 책과 자료를 읽으라. 어찌 가슴이 아프고 뜨겁지 아니하랴!

2월 28일
한국 남자의 생애 주기와 불온의 미덕

20년 전만 해도 한국의 교수들은 조로했다. 60세에 회갑 논총을 내고 폼을 잡았다. 40대 후반에 학과장, 50대 초반이면 학장이나 처장을 맡다 보니 인생의 의미가 공부에만 있지 않다는 생각과 함께 노숙한 세련미를 더하면서, 50대 중반이면 중후한 얼굴을 하고 정치 쪽으로 가거나 새 논문을 쓰지 않았다. 5년만 공부하지 않아도 따라잡기 어렵기 때문이다.

재벌 회사에 다닌 나의 친구들은 더욱 조로했다. 50이 되기 전에 상무가 되더니 한국의 체제를 바꿔나가는 역량으로 프로젝트를 처리했다. 다행히 전무나 사장까지 가는 경우도 있었으나 대개는 60세 전에 은퇴했다. 군에서 장군으로 승진한 친구들도 오래가지 못했다. 내 세대 동창들은 경제적 사정이 좋아 좋은 아파트에 살면서 편안하지만, 남은 30년을 어찌 보낼지는 걱정일 것이다.

그런데 요즘은 65세에 은퇴한 교수도 조로하지 않았다면 70대까지 책을 낸다. 5년이나 10년의 긴 호흡으로 책을 내주면 후학에게 자극이 될 것이다. 인문학자는 70대에도 책을 낼 수 있다. 회갑 때 학술서 한 권을 내고 65세와 70세에 각각 한 권의 저서를 낼 수 있는 신학자, 교수들이 되면 좋을 것이다.

한국의 50대 남성 중 상당수가 작은 사업을 한다. 그러나 사업은 5년이나 10년 단위로 위기가 오기 때문에 파산 위험이 크다. 목사도 자영업자에 해당하는 이들이 많다. 70세가 은퇴이므로 영력이 되면 그때까지 완주하면 좋다. 그런데 건강이 좋지 않거나 생계에 걱정 없다면 60세나 65세에 조기 은퇴하여 1-2년 건강을 회복하면서 새로운 일을 모색하는 것도 좋겠다. 법적으로 70세 은퇴지만 65세 은퇴를 염두에 두고 생을 설계하는 것이 좋다. 현재 40대인 목회자의 경우, 5년 후엔 교인이 절반으로 줄 것을 예상하고 대비해야 한다.

지금의 60세는 과거 50세와 동일하다고 하지만 그래도 60이 되면 몸이 달라지고 생각은 많아진다. 50대의 열정과 행동이 줄어든다. 생각이 많아질 때 말을 적게 하고 바른 판단을 하려면 욕심을 줄여야 한다. 욕심이 앞서면 마음이 망가지고 건강을 해치고 50대의 물욕이 지속되는 한편 60대의 명예욕에 지배당한다.

한국 사회가 노령화되고 교회도 늙어가고 있다. 지금 60-70대 한국 노인들은 사회의 압축 발전을 겪은 탓에 내면 세계가 그리 평온하지 못하다. 그런 노인들이 모이는 교회에 분쟁과 다툼이 없지 않을 것이다. 내

나이가 한국교회 평균 나이일 가능성이 크므로 나의 생애 주기에 맞는 활동을 생각해 본다. 앞으로 10년이 지나면 한국교회엔 백발만 남을 듯한데, 노인과 함께 가는 목회와 신학은 무엇일지, 노인을 위한 한국교회사는 무엇일지 생각해본다.

90까지 인생 설계를 하는 동시에, 5년 후 일할 수 없는 밤이 속히 오리라고 생각하면서 인생 후반전을 계획할 일이다. 50대는 전력 질주하고, 60 이후엔 한발씩 물러서면서 人不知而不慍 不亦君子乎(남이 알아주지 않더라도 서운해하지 않는다면 군자답지 않겠는가?[4])를 늘 생각할 일이다.

3월 1일
기미년 3·1절에 읽은 성경 구절

다음은 한국 기독교인들이 1919년 3·1 운동 때 읽은 성경이다.
매일 아침 6시, 정오, 저녁 7시에 기도하고,
주일에는 금식하면서 묵상했다.
식민지에서 죽기를 각오하고 감옥 가기를 결심하고 임했다.

---

4   『論語』學而篇,「한문독해첩경」(2021. 3. 14) https://hm.cyberseodang.or.kr/verbaltrans/classic_view.asp?idx=2061&listLevel=.

오늘날의 한국교회를 보면서 동일한 한 주를 보낼 때다.

어떤 심정, 어떤 신학으로 3·1 운동을 했는지 함께 따라가 보자.

2월 28일(금): 에스더 3-10장(황금 구절은 4:13-17)

3월 1일(토): 사도행전 12:1-25

3월 2일(일): 예레미야 12장

3월 3일(월): 신명기 28:1-14, 마태복음 5:43-48, 마태복음 6:30-34

3월 4일(화): 야고보서 1장, 5:13-14

3월 5일(수): 이사야 59:1-21

3월 6일(목): 로마서 8장

3월 4일

대형 교회에 호소함: 풍년 7년과 흉년 7년

1980-2010년의 30년 동안 대형 교회들은 수평 이동에 의해 성장했다. 이는 창세기 41장 요셉의 원리를 적용하자면, 2010-2040년 흉년 때 다른 교회들을 도와주기 위해 성장한 것임을 깨달아야 한다.

교회마다 사정이 다르겠지만, 이를테면 한 교회가 2000년을 기준으로 하여 교회 규모를 줄이고 그 이상의 성장은 한국교회에 돌려주면 좋겠다. 만일 1990년에 500명, 2000년에 2,000명, 2020년에 10,000명이 되었다면, 2,000명 규모로 돌아가고 나머지 8,000명은 20개 교회로 나누어 독립시키고 자체 발전할 수 있도록 하는 방식이다. 이미 일부 교회가 비슷하게 실천하고 있으므로 꿈같은 일은 아니다. 그런 래디컬(radical)한 실천이야말로 성경적이고 실제적일 뿐 아니라 근본적으로 상생하는 방법이다.

중대형 교회 당회와 제직회는 바로 이때를 위해 과거 30년간 수평이동을 통해 성장했다고 생각하고, 하나님과 한국교회에 감사하는 마음으로 20년 전 규모로 돌아가기를 간절히 바라고 제안한다. 그러면 향후 20년간의 흉년에 한국교회가 살아남을 수 있을 것이다.

우리는 청지기일 뿐이다. 잠시 맡아 저장했던 것을 이제는 나눌 때다. 코로나19를 거치면서 큰 규모만이 능사가 아니며, 대면/건물 중심의 교회에 어떤 문제가 있는지를 알게 되었다.

조선 시대에 양반가는 흉년이 들면 곳간을 열고 빈민을 구제했다. 그래야 평소에 빈민들도 양반가를 돕고 보호했다. 베풀 때 인심이 나오고 천심이 움직인다. 조선 유교 정부는 풍년에 현이나 읍마다 곡식 창고를 채웠다가 흉년이 오면 구휼미로 푸는 복지 정책으로 공동체 정신을 유지했다. 기독교가 그보다 못해서야 되겠는가? 창고에 채우기만 하다가 오늘 밤 그 영혼이 하나님의 부르심을 받는다면 어떻게 되겠는가?

대형 교회 목회자부터 창세기 41장을 다시 묵상하고, 한국교회의

7년 흉년에 대비하기 위하여 적극적으로 곳간을 열기 바란다. 이때를 위해 성장했다고 믿고 기쁜 마음으로 수평 이동으로 돌려주는 아름다운 일이 일어나기를 빈다.

임진왜란이 끝난 후 서애 류성룡은 1604년 『징비록』을 완성했다. 선조 때 도체찰사 겸 영의정(=총사령관)으로서 임진왜란의 국난을 극복한 그는 난이 끝난 후 벼슬에서 물러나 하회(河回)에 은거하면서 이 책을 썼다.

"징비"(懲毖)는 『시경』(詩經)의 "예기징이비기후"(豫其懲而毖其後)에서 따온 것으로서 미리 (전날을) 징계하고 후환을 엄히 경계한다는 뜻, 즉 지난 잘못을 거울삼아 후일을 조심한다는 뜻이다. 자신이 전쟁 중에 경험한 일을 후세들이 참고하여 다시는 그런 불행을 겪지 않기 바란다는 뜻을 담았다.

한국교회는 임진왜란에 버금가는 '7년 대환란'을 겪고 있으며 그 시간은 아직 끝나지 않았다. 임진왜란 전에 조선도 왜군이 침략할 것을 알고 대비하면서 공격로를 따라 성을 수축했다. 하지만 백성과 양반들의 반대가 많았다. 또한 성을 쌓되 쓸데없이 크게 지어 그럴듯해 보이기만 했지, 실전에 맞는 작아도 강한 성을 짓지 못했다.

『징비록』 1권의 한 구절을 보자. "경상·전라 양 남도(南道)에 쌓은 성도 모두 올바른 형태를 갖추지는 못했고 쓸데없이 규모가 크기만 했다. 특히 진주성(晉州城) 같은 것은 본래 험한 산을 의지해서 세웠기 때문에 지킬 만했던 것인데, 이제 와서 너무 작다고 하여 동쪽 평지로 옮겨서 크게만 쌓았다. 그래서 그 뒤에 적들이 침입해왔을 때는 저항하지 못하고 무너졌던 것이다. 대체 성이란 작더라도 견고한 것을 위주로 하는 것인데, 이와 반대로 크게만 만들어놓았으니, 이는 모두 시론(時論)이 그렇게 시끄러웠던 때문이다. 또 군정(軍政)의 근본이라든지, 장수를 뽑아 쓰는 요령, 또는 군사를 조련하는 방법 같은 것은 한 가지도 연구하지 않았던 까닭에 전쟁은 자연 패할 수밖에 없었던 것이다."

대형 교회만 지어놓으면 세상과의 전투에서 이기는 게 아니다. 유약한 아들에게 물려준다고 성이 보전되는 게 아니다. '작아도 견고한 성'을 짓고, 세상에 대한 목사의 전투 작전 능력과 교인의 전투 능력을 기르지 않으면 백전백패한다.

왜 한국교회가 쇠퇴하는지, 난리 중에 『난중일기』를 쓸 때다. 왜 한국교회가 쇠퇴했는지, 『징비록』을 쓸 때다. 한가히 태평성대를 노래하던 시대는 지났다. 한해 교인이 10만 명씩 사라지는 교단에서 난중일기나 징비록을 쓰지 않는 것은 이미 전쟁을 포기한 처사다. 한가히 "15-20세기 서구 신학자 왈"만 붙잡고 있다면 '신주'도 챙기지 못한 채 피난을 가야 할 것이다.

『난중일기』를 쓰는 심정으로 한국교회 현대사를 쓰자. 『징비록』을 쓰는 눈물로 지난 30년의 한국교회사를 쓰자. 다시 총검술 훈련을 하고, 교회 성벽을 재건하자.

2021년 4월, 캘리포니아의 한 작은 도시에서_ 옥성득

쇠퇴하는 한국교회와 한 역사가의 일기

2016-2021

Copyright ⓒ 옥성득 2021

1쇄 발행 2021년 4월 27일

지은이   옥성득
펴낸이   김요한
펴낸곳   새물결플러스

편 집   왕희광 정인철 노재현 한바울 정혜인
           이형일 나유영 노동래 최호연
디자인   윤민주 황진주 박인미 이지윤
마케팅   박성민 이원혁
총 무   김명화 이성순
영 상   최정호 곽상원
아카데미 차상희

홈페이지 www.holywaveplus.com
이메일   hwpbooks@hwpbooks.com
출판등록 2008년 8월 21일 제2008-24호
주 소   (우) 04118 서울시 마포구 마포대로19길 33
전 화   02) 2652-3161
팩 스   02) 2652-3191

ISBN 979-11-6129-199-4 03230

책값은 뒤표지에 있습니다.